캐나다에
말 걸기

밴쿠버에서 퀘벡까지 인문여행서

캐나다에
말 걸기

초판발행 2014년 6월 2일
초판 3쇄 2020년 2월 10일

지은이 최혜자
펴낸이 채종준
기 획 권오권
편 집 한지은
디자인 이명옥
마케팅 황영주

펴낸곳 한국학술정보(주)
주 소 경기도 파주시 회동길 230(문발동)
전 화 031) 908-3181(대표)
팩 스 031) 908-3189
홈페이지 http://ebook.kstudy.com
E-mail 출판사업부 publish@kstudy.com
등 록 제일산-115호(2000.6.19)

ISBN 978-89-268-6215-5 03040

밴쿠버에서 퀘벡까지 인문여행서

캐나다에 말 걸기

TALKING TO CANADA 🍁

글 · 사진 / **최혜자**

Special thanks

이 책에 나오는 모든 분들에게 감사의 말씀을 전합니다. UBC에서 문화 간 소통Intercultural Communication에 관한 연구를 하시는 김효신 박사님과 한국인보다 한국말을 더 잘하는 UBC 아시아문학과 러스 킹Ross King 교수님 부부, 캐나다에 이주하여 이주민지원단체인 옵션스Options에서 일하는 전찬영 선생님과 아름다운 가족(강영석 선생님, 강정민, 강정연), UBC의 신실한 친구 마그 토론척Marg Toronchuk과 남편 피터 시몬스Peter Simmons, 언제나 따뜻하게 도와주는 팻 마셜Pat Marshall에게 감사를 전합니다.

밴쿠버 커뮤니티 칼리지VCC의 루스Ruth와 로리Lorry, 리틀 마운틴 네이버후드 하우스Little Moutain Neighbourhood House의 에린 캐스로Erin Cathro, 마리아 발렌주에라Maria Valenzuela, 제니퍼 위즈맨Jennifer Wesman. 밴쿠버 교육청의 진 엔겐Jin Engen 선생님 등은 제가 캐나다를 이해하는 데 많은 도움을 주신 분들입니다.

이탈리아계 친구 토니와 프랑카 부부Tonny & Franka Burno, 토론 상대가 되어 준 듬직한 조카 경민, 메지드Majid, 탄야 던Tanya, 에디Eddy, 하니Honny, 콜린Collin, 펀Fern에게 감사하며, 이명신 교수님, 이연희 님, 고복진 님, 이선옥·손봉기 선생님에게도 감사함을 전합니다. 캐나다에 이주민으로 와 있던 일본인 이웃 가나코Kanako, 헝가리 박력 여성 샤나Shana, 동갑내기 체코 친구 자나Jana 그리고 그녀의 딸Kate과도 좋은 관계를 맺었습니다. 여행 중에 만난 몬트리올의 삐에르 빠레헹Pierre Pellerin 판사님, 브라질 친구 주히라Juira, 스페인 친구 엘레나Elena, 에스토니아 친구 조셉Joseph, 뉴욕에서 어려움을 같이 헤쳐 나갔던 프랑스 친구 소피Sophie 등 수많은 사람들에게도 감사한 마음입니다. 특히 뉴욕에서 돈을 잃어버리고 난감할 때, 놀라운 영성으로 나의 어려운 처지를 꿈으로 인지하고 아들을 보내 직접 도와준 김지나 선생님과 아들 두기에게 깊은 감사를 드립니다.

출판을 도와주신 이담북스 관계자 분들에게도 감사를 드리며, 무엇보다도 이 나이에도 혼자 배낭여행을 할 수 있게 용기를 준 남편과 세영, 세윤이에게 감사를 보냅니다.

이 책은 이런 여행이 로망인 어머니 유엽자 여사에게 바칩니다.

우스갯소리로 하는 농담이 있다. 캐나다는 '심심한 천국'이고, 한국은 '재미있는 지옥'이라는 말이다. 4시면 퇴근하고 10시면 잠자리에 드는 캐나다의 일상은 사실 그리 자극적인 삶이 아니다. 밤늦게 술 마실 곳도 별로 없고, 한국의 명절에 해당하는 부활절이나 크리스마스 휴가 때는 거리의 상점조차 문을 닫아 버린다. 소비를 하기도 쉽지 않고, 놀기는 매우 어렵다. 자극적인 놀이나 밤 문화에 익숙한 한국인들에게는 참으로 심심한 나라이다. 그에 비하면 한국은 모든 것이 다이내믹하다. 놀고 즐기는 것이 매우 용이하며, 다양한 재미들이 첩첩이 쌓여 있다. 돈만 있으면 얼마든지 재미있게 놀 수 있다.

한국과 캐나다는 확실히 일상이 참으로 다르다. 한국인은 일상에서 자기를 표현하는 방식이나 타인과 관계 맺는 방식이 캐나다에 비해 굉장히 강렬한 편이다. 그것이 각 사회의 문화적 차이 혹은 일상의 방식이라고 치더라도 '심심한'과 '재미있는'이라는 각각의 형용사 뒤에 붙는 단어는 심상치 않다.

심심하지만 천국이고, 재미있지만 지옥이라고 하는 언사에는 참으로 많은 것을 포함하고 있다. 일상의 단면이야 그렇다 쳐도 캐나다가 가지고 있는 사회 시스템에 비해 한국의 그것은 매우 경쟁적이며, 피곤하고, 전투적이기조차 한 것이 사실이기 때문이다. 그래서 일상에 지친 한국인들은 자연친화적이면서 평화로운 캐나다의 일상에 대해 동경을 나타내기도 한다. 그러나 막상 한국의 강렬한 자극과 속도전에 익숙한 한국인 생활전사들이 캐나다 사회의 저강도 자극과 하염없이 기다리는 사회 속도에 적응하기란 쉬운 일이 아니다. 아마 천국과 같은 평화는 신경을 자극하고 숨을 헐떡이는 패턴에서는 도저히 나오지 않는 것인가 보다. 그런 의미에서 한국인에게 캐나다는 천국까지는 아니더라도 '유사 천국' 정도의 평화로운 나라로 인식되고 있다.

캐나다는 땅이 넓고 자연환경이 좋아서 천국 반열에 드는 나라는 아니다. 땅이 넓기로 하면 러시아나 미국, 중국, 브라질, 인도 등 얼마든지 있다. 또한 인구 밀도가 낮아서라면 캐나다뿐 아니라, 몽골, 나미비아, 호주, 아이슬란드, 리비아 등도 전 세계적인 저밀도 국가들이다. 아마 캐나다 사람조차 손발이 오그라들 정도의 이러한 과분한 칭송을 듣는 이유는 두 가지 요소에 기인하는 것으로 보이는데, 높은 경제수준과 시민의식, 그리고 다른 문화에 관대한 다문화주의 정책 등이 바로 그것일 것이다.

천혜의 조건이 아닌 그러한 이유, 즉 '살기 좋고 인심 좋은' 이유라면 그것은 지극히 사회 시스템에 관한 것이다. 그런데 이것을 자세히 이해하기 위해서는 사회경제적인 분석만으로 이해되기 어려운 문화적 맥락과 일상의 방식에 대한 이해가 필수적이다. 세상의 어떠한 좋은 사회 시스템도 그것이 만들어진 사회의 문화적 맥락과 일상의 방식으로부터 산출된 것이며, 이것은 또한 제도를 받아들이는 특정 사회의 같은 이유로 인해 다르게 변형되기도 하기 때문이다.

나는 캐나다 다문화주의에 대한 관심을 가지고 2년여 간 밴쿠버에 있는 UBC(University of British Columbia)에 머물게 되었다. 그러나 세계에서 가장 살기 좋은 도시, 태평양을 내려다보는 아름다운 캠퍼스에서는 다문화주의를 깊게 살펴보는 데 한계를 가질 수밖에 없었다. 나는 캐나다 다문화주의에 대한 기본적인 과정을 끝내고 다문화주의가 살아 있는 일상을 탐색하였다.

학교, 커뮤니티센터, 거리의 일상에서 다문화주의는 다양한 얼굴을 하고 있었다. 사람과 사람의 관계 맺는 방식, 사회와 개인의 관계, 국가에 대한 신뢰 정도 역시 다문화주의의 내용을 결정짓는 요소였다. 물론 차량이 빼꼭히 앉은 소위 노는 청년들이 인도에 서 있는 나에게 "우엑 커리 냄새" 하고 지나가는 일도 간간이 있다. 인도인으로 대표되는 동양계에 대한 인종차별적 발언이며, 상대적으로 약자로 보이는 여성이나 아이들에게 가해지는 길거리 인종차별 행태이다. 영어를 못 알아들을 것이라는 전제하에 뒤통수에서 가하는 인종차별적인 수군거림도 있다.

그러나 그럼에도 불구하고 캐나다 사회는 그러한 행위를 대놓고 공공장소에서 하는 경우가 거의 없다. 다른 문화에 최소한 우호적인 듯한 태도를 보이는 것이 일반적인 모습이다. 그렇지 않은 경우 거리를 두는 태도를 취하기도 하는데, 대놓고 적대적인 태도를 취하는 것은 상당히 용감하기는 하지만, 문제가 있는 태도이거나 범죄행위에 해당된다.

캐나다가 지옥은 아니지만, 그렇다고 천국도 아니다. 심심하고 재미있는 것은 그야말로 취향의 문제이며, 캐나다가 심심하다는 것에 나는 동의하지 않는다. 인간관계나 관계 맺는 방식이 한국과 다르다고 해서 관계가 없거나 문제가 있다고 말할 수는 없는 것이다. 캐나다는 공동체를 만들고 유지하는 일에 매우 정성을 쏟고 있다. 다만 우리가 말하는 끈끈한 공동체와는 성격이 다소 다르다는 점은 분명하다.

이주국가인 캐나다의 시민들은 수많은 공동체에 속해 있으면서 상호 간의 다양한 문화를 이해하고 받아들이는 것에 매우 익숙하다. 그래서 캐나다인들은 타인에 대해 '수용적인agreeable' 태도를 배우고 익혀 왔으며, 그렇지 못한 사람은 매우 문제가 있는 사람으로 취급하는 경향이 있다. 그래서 혹자는 캐나다인들이 수용적이지 못한 사람으로 보일까 봐 걱정하는 일종의 스트레스를 겪고 있다고도 한다. 캐나다 사회를 살아가는 일상의 덕목으로 강조되는 태도인데, 이것을 이해하지 못할 경우 가식적으로 보이거나 앞에서는 친절한데 뒤에서는 냉정하다는 오해를 하게 된다. 때로는 상대적으로 다른 문화에 기꺼운 반응을 하지 않는 한국인들이 상대하기 어려운 사람으로 보일 수도 있다.

2년여의 밴쿠버 생활을 마치고 나는 캐나다 횡단을 결정하였다. 관심이 있는 부분을 끝까지 추적해 보고 싶은 욕심도 있었고, 밴쿠버에서 본 다문화주의의 얼굴과 다른 부분을 찾아보고 싶었다. 나는 결국 캐나다에서 탐색자이자 여행자로서 밴쿠버에서 퀘벡시티까지 훑어 다녔고, 캐나다의 민얼굴을 만나려고 애를 썼다. 여행은 그러한 캐나다인들의 일상의 순순한 모습을 살펴보는 기회가 되었다.

이 여행기는 바로 그러한 기록이다. 캐나다인이 사는 일상과 학교, 모임 등을 참여해 본 감상도 있고, 캐나다의 자연과 문화를 보고 기술한 것도 있으며, 캐나다의 역사와 문화적 토양에 대해 탐색한 기록 역시 포함되어 있다. 여행기는 밴쿠버에서 퀘벡시티를 거쳐 뉴욕에서 끝나지만, 밴쿠버에서의 2년여 생활과 약 두 달에 걸친 캐나다 횡단 기록을 하나의 흐름으로 정리한 것이다. 그 넓디넓은 캐나다를 약 두 달에 걸쳐 다닌다는 것은 거의 불가능한 일이다. 때문에 여행은 캐나다 하이웨이 1번을 달리는 그레이하운드 버스를 타고 이동하였으며, 중간에 큰 도시나 지역들(로키산맥, 캘거리, 토론토, 몬트리올, 퀘벡시티)을 거쳐 뉴욕까지 이어졌다. 밴쿠버 주변의 이동을 제외하고도 여행 거리가 7,217km에 달하며, 10월 12일에 떠나 밴쿠버로 다시 돌아왔을 때는 11월 19일이었고,

서울에 도착했을 때는 11월 29일이었다.

이 여행기는 개인적으로도 의미를 가지고 있다. 인생의 후반을 준비하는 나로서는 내 삶을 정리하고 성찰하고 싶은 욕구를 가지고 있었고, 그럴 수 있는 기회가 생겼을 때 다른 핑계를 대지 않고 과감히 배낭을 짊어졌다. 젊은 친구들에게는 상대적으로 손쉬운 일이었을 것이다. 그러나 나이 50의 아줌마가 아이들을 두고 혼자 떠나는 여행은 신나는 것만은 아니었다. 인생의 매듭을 풀고 싶은 생각과 새롭게 신발끈을 매고 싶은 욕구가 동시다발적으로 심장을 두들겼기에 이 미치지 않고 하기 어려운 짓을 하게 되었다. 그래서 더 늙기 전에, 심장이 터지기 전에 나와의 긴긴 대화를 하기로 하였다. 이 책의 수많은 이야기 사이의 그 긴긴 침묵은 오로지 나와 내 안의 나 사이의 무뚝뚝한 대화의 시간이었다. 그 대화가 끝나는 시점이 바로 자유의 여신상 뒤로 지는 석양을 바라보는 대서양에서였다. 참 눈부시게 아름다운 석양이 있어 그 대화는 아름답게 끝을 맺었다.

이 책은 캐나다에 유학 혹은 어학연수를 희망하는 학생들과 그 가족들이 캐나다를 이해하는 데 도움이 될 수 있을 것이다. 캐나다의 문화적 맥락을 모르고 단지 영어를 하는 나라로만 이해하고 유학이나 연수를 간다면 많은 어려움에 처하거나 끝내 영문을 모르는 채 수많은 일이 지나갈 것이다. 따라서 캐나다의 문화적 맥락을 이해하는 데 이 책은 충분히 도움이 될 것이라 자부한다. 또한 이 책은 다문화주의를 이해하고자 하는 연구자, 기획자들에게 도움이 될 것이라고 생각한다.

다문화주의라는 복잡한 시스템을 단지 한두 줄의 내용으로 이해하는 것은 불가능하다. 다문화주의라는 것이 발화하기 위해서는 인간의 삶과 공동체의 보편성Universality에 대한 사회적 합의, 즉 민주적이고 공평한 사회에 대한 캐나다 전반의 합의가 있었으며 이것에 대한 자부심이 상호 간의 인정을 촉진한다는 점을 염두에 둘 필요가 있다.

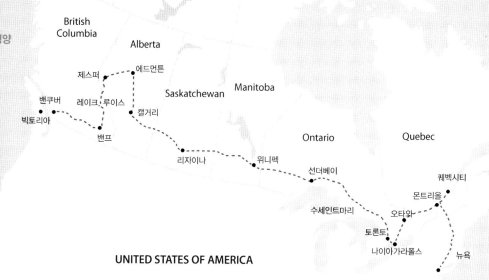

CANADA

British
Columbia

Alberta

Saskatchewan   Manitoba

제스퍼   에드먼튼

뱅쿠버   레이크 루이스

빅토리아   밴프   캘거리   Ontario   Quebec

리자이나   위니펙

선더베이   퀘벡시티

수세인트마리   오타와   몬트리올

토론토

나이아가라폴스   뉴욕

UNITED STATES OF AMERICA

평양   대서양

밴쿠버에서 **퀘벡**까지 **인문여행서**

캐나다에 말걸기

contents

세 계 에 서
가   장
살기 좋은
밴 쿠 버

나는 밴쿠버 공항에서
살아남았다

캐나다 영화 중에 〈원 위크One Week〉라고 있다. 우리나라에서도 2009년에 개봉된 적이 있는데, 캐나다적인 느낌이 깊은 영화이다. 영화에서 말기 암 진단을 받고 병원을 나오던 벤은 급정거하는 트럭에 하마터면 죽을 뻔했다는 표정을 지으며, 우연히 모터사이클을 파는 노인을 만난다. 캐나다에서는 개라지 세일Garage Sale이라는 개인 거래방식이 있는데, 보통 자기 집 뜰에 물건을 내놓고 지나가는 사람과 흥정을 해서 파는 것이다. 주인공 벤은 그렇게 산 모터사이클을 타고 1주일간 여행을 떠난다. 그가 교사로 일하고 있는 토론토에서 서쪽으로, 서쪽으로 간 곳이 바로 태평양의 밴쿠버 섬Vancouver Island. 암이라는 절박한 상황에서 일상을 전복하고 마침내 일탈된 여행을 통해 그가 만난 것은 성장기의 트라우마와 일상의 당위 속에 묻어둔 삶의 상상력이었다. 캐나다라는 광활한 땅에서 펼쳐지는 벤의 일탈은 내 머릿속은 물론 근육 하나하나까지 충동으로 일렁이게 하였다. 그러나 그것은 그저 상상 속의 반란일 뿐. 그 후 나는 캐나다 밴쿠버에 얼마간 머무는 기회를 얻게 되었지만 그런 일탈을 여전히 상상조차 하지 않았다. 그저 내가 머물 캐나다에서의 생활이 걱정되기만 하였다. 나는 낯섦의 설렘과 두려움 속에서 갈팡질팡하였을 뿐 〈원 위크〉에 나오는 것과 같이 대륙 횡단 같은 미친 짓에는 일절 관심이 없었다.

처음 캐나다에 가게 되었을 때 내가 집중한 것은 오로지 그곳에서 살아남기였다. 캐나다로 떠나기 전에 온갖 두려움에 이것저것 정보를 찾아보았다. 그러는 중에 매우 인상적인 인터넷 기사를 발견하였다. 바로 밴쿠버 공항에서의 전기총격 사건. 2007년 폴란드 출신의 청년이 캐나다에 사는 친어머니의 초청으로 밴쿠버를 방문하였는데 영어를 하지 못하던 청년은 가족과 엇갈렸다고 한다. 의사소통이 안 되던 청년을 수상히 여긴 캐나다 이민국 직원이 청년을 사무실로 데려갔고, 이에 청년은 거칠게 저항하였다. 결국 이민국 직원들이 청년

밴쿠버 공항의 환대를 표현한 원주민조각 모습(밴쿠버 공항 홈페이지)

밴쿠버 공항의 다양한 원주민 조각상(밴쿠버 공항 홈페이지)

에게 수갑을 채우고 11시간 동안 방치하였는데, 공포에 질린 청년은 거의 난동 수준의 저항을 하였다고 한다. 마침내 밴쿠버 공항 경찰은 난동을 피우는 청년을 향해 전기총(테이저건)을 발사하였고, 그들의 과잉 행동으로 청년은 마침내 사망에 이르게 되었다. 이 사건이 상당한 파장을 일으키게 된 것은 누군가 이것을 촬영해 인터넷에 올렸기 때문이다. 더구나 다문화주의를 표방하며 각자의 모국어를 가지고도 소통이 가능한 사회임을 자랑스럽게 여기던 캐나다는 일대 충격에 빠졌다. 한때 밴쿠버 공항을 통과할 때 "영어 못합니다. 나에게 제발 전기총을 쏘지 마세요" 또는 "나는 밴쿠버 공항에서 살아남았다"라는 티셔츠를 입는 게 유행일 정도였다고 한다.

나라는 국력이 있고 볼 일이다. 김구 선생이야 자기의 소원이 세 가지라고 하면서 세 개 다 줄줄이 독립국가라는 말을 하였지만, 세상은 독립만으로는 되는 게 아니다. 풍족하게 살 만한 부력과, 남의 침략을 막을 만한 강력을 가진 문화국가를 꿈꾼 김구 선생에게 한 가지만 건의하자면, 비자가 쉽게 나올 정도의 국가위상을 꼽을 수 있다. 외국에 나가면 내 나라의 국력이 나의 인격이 되는 경우가 많이 있다. 특히 지구촌을 구성하는 국가로서 경제적 역량 못지않게 문화 역량, 민주주의적 성숙 정도는 나라의 이미지를 결정하는 중요한 요소가 되며, 마침내 그것이 나의 인격으로 치환되는 경우가 많다. 우리나라가 국제적으로 모범적이고 존경받는 나라였으면 하는 것이 여행객의 소망이며, 국민으로서의 열망이다.

다행히 우리나라 사람들이 캐나다로 여행을 갈 경우 별도의 비자가 필요하지 않다. 여행의 목적과 거처가 확실하고 캐나다에서 출국할 비행기표가 구비되어 있으면 출입국 심사대에서 그냥 입국도장을 찍어준다. 그런 의미에서 보면 나는 폴란드 청년과 같은 대우를 받을 가능성이 크지 않다. 그러나 나의 경우는 좀 더 까다로웠다. 나는 밴쿠버에 있는 브리티시컬럼비아대학교University of British Columbia, UBC의 프로그램으로 갔는데, 이때는 취업비자를 받게 된다고 한다. 실제 취업은 아니지만 연구 과정이기 때문에 특별 취급을 하는데, 나의 경우 아이들을 동반하기 때문에 캐나다 이민국이 예의주시하였다. 왜냐하면 캐나다 이민국에서는 우리나라나 일본, 중국의 부모들이 아이들의 교육목적으로 다양한 편법을 쓰는 사례를 가지고 특별 관리를 하고 있기 때문이다. 나는 내심 밴쿠버 공항에서 편법을 자행하는 한국 아줌마로 취급당할까 봐 걱정이 되었다. 험악한 얼굴을 한 이민국 직원이 굵은 성대에서 미끄럽게 쏟아져 나오는 영어로 의심하는 듯한 질문을 쏟아내면 대답을 못할 것 같은 불안감이 오디오에 비디오 지원까지 되어 떠오르기 시작하였다.

드디어 도착한 밴쿠버 공항. 공항은 뭐니 뭐니 해도 인천공항 같은 데가 없다. 인천공항에 은근한 자부심을 느끼는 것도 유치한 국가주의라면 할 말이 없지만, 일단 옹색한 것보다는 좋은 것이 사실이다. 2010년 동계 올림픽을 치른 밴쿠버 공항도 특색 있고 정갈했지만 이때 나는 그리 관심이 없었다. 다른 때 같으면 공항을 찍는다고 한창 나대고 있었겠지만, 나는 가족과 함께 묵묵히 취업비자 인터뷰 장소로 갔다. UBC의 초청장과 주한 캐나다대사관의 입국허가서가 있지만 정작 비자는 공항 출입국사무실에서 받기 때문이다.

취업비자 신청자를 위해 마련된 사무실에 들어서자마자, 심사대 직원이 나에게 심사대 앞으로 오라는 서양인 특유의 손가락 동작을 취해 보였다. 우리식으로 하면 강아지를 부르는 동작이기 때문에 항상 욕같이 느껴지는 그 동작. 이민국 직원은 나에게 입국 이유, 기간, 대학에서 내가 하려는 일에 대해 물어보았다. 그녀의 손가락 동작, 허접한 질문이 마땅치 않았지만 그래도 열심히 대답하고 가급적 귀 가까이까지 입을 걸어놓고 웃고 있으니 뭐라고 하였다. 나는 그저 웃으며 쳐다보다가 "뭐라고?" 하고 물으니 그녀는 귀찮다는 듯이 "뒤로 가서 앉아 있으라고 했어"라고 또박또박 말을 하면서 피식 웃음을 날렸다.

영어 앞에 언제나 작아지는 만성울렁증. 잠시 후 그녀는 좋은 생활이 되라고 하면서 비자를 내주었다. 비자를 손에 쥐고 나니 그녀의 웃는 얼굴이 예쁘다는 생각이 들었다. 어쩌면 조금 전의 그 피식하던 웃음도 예쁜 웃음이었는지도 모르겠다.

그토록 긴장한 것은 그냥 밴쿠버 공항의 흑역사와 관련된 공포만은 아닐 것이다. 낯선 것과 잘 지내야 한다는 긴장감, 새로운 것을 만나는 공포감이 컸을 것이다. 사실 나는 캐나다 생활과 여행 기간 내내, 노골적인 인종차별을 받아본 적은 거의 없다. 우리나라에서 외국인들이 받는 대우를 생각하면 캐나다에서의 나의 생활은 아주 만족스러웠다. 그러나 익숙한 것과 분리되어 있다는 단절감은 머릿속의 공포를 끊임없이 생산하는 것이 아닌지, 낯선 곳에서의 삶과 여행은 그것과의 싸움이었다.

우리말로 우뢰매라고 부르는 원주민 전설 속의 새의 조각(밴쿠버 공항 홈페이지)

내해를 낀 개스타운

밴쿠버여행 4종 세트 1:
개스타운 Gastown

밴쿠버 자체가 오래된 전통 도시가 아니라는 것은 잘 아는 사실. 아시아 쪽으로 난 캐나다의 관문 밴쿠버는 그러한 콤플렉스를 가지고 있을 수밖에 없지만, 캐나다의 관광 매력이 오랜 역사만은 아니다. 밴쿠버 도심 여행의 핵심을 이야기하면 밴쿠버 여행의 키워드가 보인다. 누가 가든, 언제 가든 밴쿠버 도심 여행은 4종 세트로 설명될 수 있다.

그 시작은 당연히 개스타운이다. 세계 어느 곳이나 가장 오래된 거리는 그곳의 역사와 깊이를 간직하고 있다. 밴쿠버의 가장 오래된 거리, 개스타운도 밴쿠버의 짧은 역사가 가진 소소한 깊이를 그대로 담고 있다. 개스타운은 조그만 동상이 있는 광장에서부터 전철과 시버스 Seabus를 탈 수 있는 워터프런트 Waterfront 역까지 약 1km의 거리를 중심으로 늘어진 지역이다.

개스타운이 시작하는 곳. 왼쪽에 개시 잭의 동상이 있다.

동상 주변은 카페와 상점들이 늘어서 있는데 저녁쯤 되면 사람들이 붐빈다. 동상을 뒤로 두고 눈앞에 보이는 건물은 밴쿠버에서 상당히 유명한 건물인데, 마치 치즈케이크를 조각으로 잘라 놓은 모양과 같다고 해서 유명해졌다. 치즈케이크와 같이 비정상적으로 얇은 모양의 건물도 막상 앞에 가보면 그리 얇지만은 않지만, 그래도 그 용도가 자못 궁금해질 만큼 비효율적인 모양이다. 1908년 지어 이미 100년이 넘은 건물은 오랜 세월 다양한 용도로 사용되다가 지금은 아파트로 사용된다는데, 재미난 모양으로 누구나 한번쯤 사진기에 담는 밴쿠버의 명물이다.

　　보통 30~40년의 건축연한을 가진 우리나라와 달리, 캐나다의 건물들은 꽝장히 오랫동안 고치고 고쳐 쓴다. 한번은 밴쿠버에 사는 친구의 집에 방문했는데 그가 진지하게 자신의 집이 얼마나 되었는지 알아맞혀 보라고 한 적이 있다. 비교적 깨끗한 3층짜리 집이라 그리 오래되지 않아 보였지만, 질문하는 태도로 봐서 나의 생각보다 오래된 것이 분명해 보였다. 그래서 실제 보이는 것보다 3배쯤 불려 40년이라고 대답했다. 그 정도의 시시한 덫에 걸릴 내가 아니기 때문이다. 그러나 친구는 아주 만족스럽다는 얼굴을 하고는 "85년"이라고 답해 주었다. 우리나라로 치면, 1920년대 건물에 아직도 멀쩡히 사람이 산다는 사실이 건물에 대한 기존의 감각을 혼란스럽게 했다. 바로 사소한 것에서 중요한 것까지 아끼고 고쳐 쓰는 캐나다인의 생활 습성을 그대로 보여주는 대목이다.

◀ 개시 잭의 동상 앞에 있는 치즈케이크 모양의 건물

이제 개스타운의 광장에 설치되어 있는 동상의 주인공에 대해서 설명할 차례이다. 우리나라 같으면 역사상 위대한 위인이나 최소한 이 지역의 유명한 예술가의 동상이 있음직한 자리이다. 그러나 그렇게 생각하면 캐나다를 이해하는 데 시간이 많이 걸린다. 이 술통 위에 올라가 있는 아저씨는 개스타운에 처음으로 문을 연 술집의 주인인 존 데이튼John Deighton이다. 그는 과거 개시 잭Gassy Jack으로 불리며, 이곳을 드나드는 선원을 대상으로 술집과 여관을 운영하였던 사람이다. 이 거리의 이름도 이 아저씨의 이름에서 따와 '개스 네 동네'라고 붙은 것이다. 철도도 개통되지 않던 척박한 이곳에서 선원과 제재소 노동자를 상대로 장사를 하던 그는 활발한 성격으로 사람이 머무는 곳을 조성하는 데 기여한 사람임이 분명하다. 그래서 오늘날 그는 '밴쿠버 건설의 아버지'라는 어마어마한 이름으로 불리고 있다. 보통 뭔가의 아버지 혹은 어머니라고 불리는 것과 상당한 차이를 보이는 대목에서 독자들은 이민국가 캐나다의 놀라운 '소소함'을 발견하게 되리라. 일종의 스토리텔링이다.

밴쿠버 건설의 아버지라는
개시 잭의 동상

연방기마경찰복을 입은 허드슨베이 기념품점의 대형 곰 인형

　캐나다의 기념품 가게 중에 선두주자는 허드슨베이사Hudson's Bay Company의 기념품점이다. 허드슨베이사는 1670년 세워진 영국의 국책회사로 북미 대륙에서 모피무역을 주로 한, 이를테면 식민회사이다. 우리에게는 교과서에서 보고 배운 일본의 동양척식주식회사와 같은 식민회사가 버젓이 존재하는 것이 의아할 수 있지만, 캐나다가 식민모국인 영국과 전쟁을 치른 것도 아니고, 더구나 현재까지 국가원수가 영국의 엘리자베스 여왕인 점을 감안한다면 그리 놀라운 일이 아니다. 허드슨베이사는 북미 대륙에서 가장 오래된 회사로 현재도 유통업에 종사하는데, 백화점, 더 베이The Bay나 할인점, 질러스Zellers를 운영한다.

개스타운에는 이러한 베이를 닮은 기념품점이 많은데, 영화 〈트와일라잇 Twilight〉에 나온 드림캐처dreamcatcher처럼 원주민 문양을 이용한 기념품이나 북미 대륙의 동물을 상징한 장식품, 메이플 시럽을 응용한 제품을 보게 된다. 그러나 그에 못지않게 잘 팔리는 것이 바로 캐나다 특유의 후드 티셔츠이다. 캐나다는 후드 티의 본고장으로 겨울 4~5개월 동안 부슬부슬 비가 내리는 밴쿠버에서는 필수적인 옷이다. 영하로 내려가는 일이 좀체 없는 밴쿠버의 겨울은 우기이다. 우산을 쓸 정도는 아니지만, 머리가 젖는 겨울 날씨의 특성에 적응하는 데 안성맞춤인 후드 티는 개스타운의 인기 기념품이 아닐 수 없다.

개스타운은 벽돌길 위로 차가 다니는 길이다. 거리를 위해 돈을 들이지 않는 캐나다인의 특성상 낡은 거리의 벽돌은 교체되지 않은 상태로 때워지고 기워진 채 오랫동안 사용된다. 그 길을 따라 서쪽으로 걸어가면 개스타운을 상징하는 스팀시계가 나온다. 스팀시계는 말 그대로 증기기관차처럼 연기를 뿜는 시계이다. 15분에 한 번씩 '삐이빅~' 하는 소리를 낸 후 '피시식~' 하고 증기를 내뿜는다. 그것을 보기 위해 사람들이 주변에 모여 사진을 찍는다. 키가 5m 정도이고 무게가 2톤에 이른다는 이 증기시계는 1875년에 만들어진 세계 최초의 증기시계라고 한다. 1977년부터 이 자리에 세워져, 현재는 주변 건물에서 동력을 가져다가 증기를 생산해 시계를 돌리는 시스템이라고 한다. 이 스팀시계는 관광을 아는 녀석이다. 항상 같은 소리를 내지는 않는다. 정시와 30분에는 좀 더 길게, 좀 더 힘차게 증기를 내뿜음으로써 보는 이들을 더 즐겁게 하는데 그것을 모르고 간이 스팀 소리만 한 번 듣고 가는 사람이 대부분이다. 여행 중에 다른 사람보다 더 자세히, 혹은 더 멋진 것을 보면 마음이 훈훈해지기 마련인데, 두 번의 소리를 통해 뭔가 더한 것을 얻은 듯 괜히 즐거워졌다.

증기를 내뿜는 스팀 시계 ▶

조금 더 북서쪽으로 올라가면 워터프런트 역이 있는데, 이 역은 스카이트레인Skytrain이라고 부르는 전철과 시버스라고 부르는 배를 타는 역이다. 그리고 역에서부터 밴쿠버 금융가가 시작되고 자연스럽게 개스타운을 벗어나게 된다. 바다를 끼고 있는 밴쿠버 시는 구불거리는 해안을 끼고 형성되어 있는데, 모든 건물들이 바다와 어울리게 건설되어 있는 게 특색 있다. 놀랍게도 밴쿠버 앞바다는 파도를 볼 수 없을 정도로 잔잔한데 그것은 태평양 쪽에 있는 북미 대륙의 최대 섬인 밴쿠버 섬이 앞을 차단하고 있기 때문이란다. 특이하게도 워터프런트 근처의 바다 안에는 해상 주유소가 있다. 수상 헬기나 시버스가 주유하는 곳이라고 하는데, 기름과 바다를 불안스러운 조합으로 생각한 내게는 상당히 충격적인 모습이었다. 바다가 오염되지 않을까 하는 걱정을 하며 하염없이 바라보기도 했는데 해안 생태계 오염과 관련된 기준이 철저한 캐나다는 매우 자신 있는 모양이다.

개스타운이 끝나는 지점에 있는 캐나다 플레이스Canada Place 역시 그런 밴쿠버의 분위기를 잘 보여주고 있다. 1986년 세계만국박람회를 하기 위해 건설된 이곳은 바다를 향해 쭉 뻗은 모습을 하고 있는데, 아름다운 지붕 모양으로 밴쿠버의 랜드마크가 되었다. 바다를 향해 만들어진 건축물들은 간결한 선과 비상하는 듯한 날렵함에 하얀색이 결합되어 보기만 해도 시원하고 아름답다. 시드니 오페라하우스가 그렇지만 이 건물 역시 그렇다. 마치 비상하듯이 떠 있는 캐나다플레이스는 밤의 자태가 더욱 멋진데, 자기 모습을 바다에 비추는 듯이 낮에 본 비상의 이미지는 온데간데없고 고요함만이 남는다. 매년 7월 1일 캐나다 건국기념일인 캐나다데이Canada Day에 수많은 밴쿠버 시민이 불꽃놀이를 감상하는 밴쿠버의 상징공간이 이곳이다.

▲ 개스타운의 북쪽 끝에 있는 해상 주유소가 이색적이다.
▼ 캐나다 플레이스를 해 질 녘 전망대에서 바라보았다.

밴쿠버여행 4종 세트 2:
차이나타운_{Chinatown}

　세계 어디를 가나 차이나타운이 없는 곳이 없듯이 밴쿠버도 역시 차이나타운이 있다. 밴쿠버는 광업 · 제재업이 활성화된 곳이기 때문에 몸을 쓰는 남성 노동력이 필요했고, 대륙횡단열차가 만들어진 시기에는 더욱 그러했다. 지리적 특성상 밴쿠버에 아시아계 노동자들이 많이 유입된 것은 당연한 일이다. 샌프란시스코에 북미 최대의 차이나타운이 형성된 것도 같은 이유이다.

　모든 차이나타운은 도시의 막노동꾼이 저렴한 비용으로 살아갈 수 있는 지대로서 대개 도심의 확장으로 인해 오늘날 도시 한가운데 들어서 있기 마련이다. 밴쿠버의 차이나타운 역시 개스타운의 바로 옆에 형성되어 있으며 지금은 도심 한가운데 있다. 밴쿠버 시가 이를 관광자원으로 인식하게 된 오늘날에도 이곳은 가난한 사람들이 장을 보는 곳이며, 동시에 노숙자들이 기대고 사는 곳이기도 하다.

　밀레니엄 게이트_{Millennium Gate} 주변의 상점 벽에는 중국인 초기 이민사가 벽화로 그려져 있다. 그냥 한눈에 보기에도 이민자 삶의 고단함과 북미 땅에 이식된 중국 문화의 흔적들이 고스란히 남아 있다. 한동안 눈을 떼지 못하고 그림을 넋 놓고 보고 있으니 어느 중국인 할아버지가 말을 건다. 당연하다는 듯이 그분은 중국어로 말을 걸었고, 나는 그럴 줄 알았다는 듯이 웃으면서 한국인이라고 말했다. 그러자 미안할 것도 없이 그냥 영어로 말씀하시는 폼이 영락없이 중국분이다. 같은 문화를 가진 사람들 간에도 계층에 따라 표현방식이 다르겠지만 시장에서 만나는 중국 노인들은 언제나 돌직구 스타일의 대화방식을 구사한다. 할아버지의 발음을 알아듣기가 쉽지 않았지만, 그는 쑨원 선생에 대해 이야기를 하면서 매우 자랑스러운 표정을 지었다. 그리고 그림을 하나하나 설명해주고 싶어 했는데, 그때는 이미 30분 넘게 이야기를 듣고 난 후였다. 아마 말 상대가 그립고, 들어주는 친절이 아쉬운 분이었던 듯하다.

차이나타운의 밀레니엄 게이트. 차이나타운이 관광자원으로 인식된 것은 1980년대 이후이다.

밀레니엄 게이트에서 쑨 얏센 파크 쪽으로 걸어가다 보면 삼기빌딩이라는 건물이 있다. 밴쿠버가 지속적으로 도로를 넓히고 도심을 재활성화하고 있기 때문에 현재 차이나타운 거리는 도로 확장을 겪었다고 한다. 삼기빌딩은 도로 확장으로 건물의 대부분이 떨어져 나갔지만 여전히 건물로서 존재하는 세계에서 최고로 얇은 빌딩이다. 건물의 길이가 30m, 두께가 1.5m라고 하는데, 옆 건물에 거의 빌붙어 있는 모양새이다. 안전에나 영업에는 아무 문제가 없는 것 같지만, 보기에는 배보다 배꼽이 더 큰 모양새의 발코니가 붙어 있어 영 불안하기 그지없다.

이민국가인 캐나다는 중국인 노동자를 데려다 쓰고 다시 돌려보낼 처지가 못 되었다. 언제나 노동력 부족에 시달렸기 때문에 되레 중국인 이민은 끊임없이 이어졌고, 1960년대 인도 펀잡 지방의 이민자들이 대거 들어왔다. 초기 건

차이나타운의 중국이민 역사가 그려진 벽화를 지나 걸어가면 세계에서 제일 얇은 건물이 있다.

설 작업에 동원된 중국인 노동자와 달리 인도 노동자들은 대개 농업노동자로 일을 하였기 때문에 현재에도 중국인 이민자들은 도심에 살고 인도인 이민자들은 농촌지역에 살고 있다. 그러나 우리나라식의 사농공상의 이데올로기로 이해하면 또다시 오해가 발생한다. 육체노동의 가치를 중요하게 여기는 캐나다의 노동전통상 건설업·광업·농업에 종사하던 노동자들은 사무직·금융직에 종사하는 사람들보다 높은 급여를 받기 때문이다. 이들 중에는 스스로 사업을 시작해 일정한 부를 축적하기도 하였는데, 그들이 오늘날 아시아계 이민자들의 지도자가 되었다.

밴쿠버는 정말 다양한 인종의 전시장이다. 백인 사회도 영국, 프랑스, 독일과 라틴계, 북유럽계, 그리고 동유럽계가 전혀 다른 문화적 내용을 가지고 있는데, 남미계가 유입되면서 문화의 다양성을 확연히 촉진하였다. 거기에 일찌감치 이민이 이루어진 중국계, 일본계, 인도계를 이어 1970년대 이란혁명으로 인한 이란계의 유입, 1980년대 홍콩의 중국반입으로 인한 홍콩계의 유입, 1990년대 한국 이민 붐에 이은 필리핀·베트남 계의 급격한 유입으로 인해 문화의 복잡성이 놀라운 정도이다. 그러나 최소한 밴쿠버에서 새로운 문화의 핵심은 중국인이며, 밴쿠버 인구의 26%가 중국 출신 이민자라는 사실은 그 변화의 구체적인 내용이라고 볼 수 있다.

◀ 쑨 얏센 파크의 쑨원 선생의 흉상
▶ 이곳 차이나타운에는 중국식 운동을 하는 노인들을 쉽게 볼 수 있다

음식점, 옷가게, 건어물가게, 야채가게, 빵가게, 마사지가게 등으로 이어진 차이나타운에는 아름다운 중국식 정원이 있다. 쑨 얏센 파크Dr. Sun Yat-Sen Park라는 곳인데 쑨원 공원이다. 중국은 만주족이 세운 청나라에 침략을 당한 상태에서 서양 근대화의 물결을 만났다. 그래서 한족이 스스로 독립을 쟁취하고 서양의 침략에 맞서야 하는 과제를 안고 있었는데 그 역사적 역할은 쑨원의 지도하에 이루어졌으며, 쑨원 선생은 근대 중국의 아버지이다. 중국 이민자들에 의해 만들어진 이 공원은 바로 쑨원 선생의 이름에 기대서 가장 중국적으로 지어졌는데, 이것이 소위 정통 중국문화를 상징하는 남방 한족 방식의 공원이다. 안쪽으로 들어가 보면 확실히 알 수 있는 항저우의 졸정원 분위기. 저 멀리 보이는 정자 지붕은 역시 과시하는 것처럼 보이면서도 위엄이 있는 중국풍의 지붕이며, 정원의 모양새와 구성이 화려하기 이를 데 없다. 밴쿠버의 서양식 빌딩이 동양식 정원 연못에 비치는 것을 보며 동서양의 만남을 넘어 중국 속의 밴쿠버를 보는 듯한 것은 나만의 느낌일까?

▲ 쑨 얏센 파크 차이니스 정원의 모습
▼ 밴쿠버 속 중국 문화 모습

밴쿠버여행 4종 세트 3:
스탠리 파크 Stanley Park

스탠리 파크는 공원이라고 부르기에는 민망한 자연, 그 자체이다. 그만큼 자연의 모습이 그대로 담겨 있으며, 인공이 가미되기에는 너무도 거대하다.

스탠리 파크는 원래 미국과의 전쟁을 대비한 군사기지로 밴쿠버의 해안 높은 지대에 위치한 곳이었다가, 1888년 시민들을 위한 휴식공간으로 재정비되었다고 한다. 누구든 스탠리 파크를 보면 고급 주택지로 최적지임을 느낄 수 있을 것이다. 태평양이 훤하게 내려다보이는 곳에 남쪽으로는 해안가가 그림처럼 펼쳐져 있고, 북쪽은 산악지대로 들어가는 길목이다. 따라서 요트와 스키를 타기에 아주 좋으며, 드넓은 앞마당에 골프장을 만들면 최고의 주택지가 될 수 있는 곳이다. 그런데 이것을 시민들을 위한 공원으로 조성했으니 1888년에 생각한 공공성이 어떤 종류의 것인지 참 놀랍기까지 하다. 미국도 그렇지만, 캐나다는 우리 사회에서 생각하기 어려운 시민성이 존재한다. 대개 귀족들의 자선이나 양보 혹은 타협의 산물 같은 유럽의 공공성과 달리 일종의 시민권처럼 접근하는 공공성이 존재하는데, 1888년 조성을 결정한 스탠리 파크에서도 그러한 시민권이 확인된다.

스탠리 파크 입구

공원의 북쪽에 있는 라이언스 게이트브리지. 해협을 건너면 노스 밴쿠버를 거쳐 휘슬러로 간다.

    스탠리 파크의 넓이는 1,000에이크가 넘는다고 하는데, 이는 122만 평에 해당한다. 좀 더 자세히 설명하면 서울숲의 4배, 여의도 면적의 1/2에 해당하는 공원이다. 스탠리 파크는 잉글리시 베이English Bay의 끝자락에 툭 튀어나온 반도이다. 오래된 나무와 호수, 태평양을 바라보는 전경 등은 아름답기 그지없다. 이곳은 노스 밴쿠버North Vancouver로 가는 길목이기도 한데, 공원의 한가운데에 나 있는 도로가 바로 북쪽과 남쪽의 육지를 잇는다. 그리고 주변에는 작은 도로가 있어 어느 정도까지 차가 진입하는 것이 가능하다. 그러나 공원을 돌아다니려면 결국 자전거를 이용하거나 걸어서 돌아봐야 한다.

    이쯤에서 소개할 만한 한 가지 일화가 있다. 밴쿠버는 세계에서 가장 살기 좋은 도시에 해마다 선정되어 왔으며 스스로 자부심이 굉장하다. 이는 서구적인 기준을 반영하고 있지만 영 엉터리 기준은 아니다. 살기 좋은 도시로 10년째 1위를 한 밴쿠버가 2012년 1위를 호주 멜버른에 빼앗기고 2위도 아닌 3위를 하였다는 것은 밴쿠버 사람들에게는 매우 충격적이며 상처가 되는 사건이었다. 여전히 각 평가 항목에서 2위와 격차를 벌이면서 1위를 달리는 밴쿠버가 도대체 무슨 이유로 그렇게 되었을까? 바로 밴쿠버 북쪽의 교통 체증이다. 문제의 장소는 스탠리 파크 가운데를 뚫고 북쪽으로 가는 길목인데, 그 선정위원회가 놀고먹는 곳이 아니구나 하는 생각이 들 정도로 정말 심하게 막힌다. 가변차선을 만들어 실시간 교통 상황을 반영하고 있지만 공원을 관통하는 도로의 확장 없이는 더 이상의 답이 나오지 않는다. 그러나 이러한 상황에서도 공원을 훼손하는 도로 확장은 여전히 주민반대에 봉착해 있다. 우리나라 같으면 정부가 강권을 행사하고 지역주민을 님비NIMBI, Not In My Back Yard로 몰아붙일 판이지만, 교통을 생각하지 않는 주민을 비난할 권리가 있다면, 자기 동네의 자연을 지킬 권리도 보장되는 곳이 캐나다이다.

스탠리 파크는 밴쿠버의 총독이었던 스탠리 경의 이름을 따서 만들었다고 한다. 그동안 여러 차례 자연 재해로 인해 훼손되기도 하였지만, 그때마다 밴쿠버 시민의 성금으로 다시 복원시키기를 반복하였다. 해 좋은 날, 밴쿠버 시민들은 도시락 싸가지고 와서 스탠리 파크 품에 안기곤 한다. 밴쿠버는 정말 공원이 많은 도시이며 그 크기도 굉장히 넓다. 땅이 넓은 나라라서 그러겠거니 생각하면 사고의 경직성이 만개한 증거이다. 나라가 크더라도

밴쿠버 시민 누구나 속빈나무(Hollow tree) 앞에서 찍은 사진을 가지고 있다.
(밴쿠버 시청 홈페이지)

개발에 대한 규제가 강한 곳이 캐나다이다. 나무가 없으면 사람이 죽는 줄 아는 캐나다인에게 공원은 여유가 아니라 생존의 필수요소이다. 공원이 넘치는 밴쿠버를 보면 자연과 사람이 하나 되는 삶을 느낄 수가 있는데, 그 많은 사람이 공원에 쏟아져 나와도 혼잡한 곳이 없다는 것은 공원의 크기나 개수를 설명하는 증거가 될 듯하다.

　좋은 행정가 한 사람이 100년을 넘게 공덕을 베푸는 스탠리 파크. 이 대목에서 최치원 선생이 생각나는 것은 당연한 일이다. 평생 6두품의 한을 품고 당나라 유학을 가서 이름깨나 날렸지만 고국 땅에서 여전히 푸대접을 받았던 최치원 선생은 함양의 군수를 지낸 적이 있었다. 해마다 하천이 범람하여 고을이 침수되고 농토가 수몰되는 함양에서 그는 하천 주변에 인공림을 조성해 홍수를 대비하였다고 하는데, 이것이 천 년을 이어오면서 그동안의 홍수를 막았던

스탠리 파크의 산책로(http://www.vancouvertrails.com/trails/stanley-park/)

것은 물론, 오늘날 함양 시민의 휴식처가 되고 있다. 멀리 캐나다까지 들여다 볼 필요도 없이 경상도 함양의 상림이 좋은 교과서인 셈이다.

　스탠리 파크는 수많은 공공정원이 있는 밴쿠버 시민의 생활을 그대로 보여 주는 밴쿠버다운 코스이다. 위험성이 제거된 자연을 도시 안에서 만난다는 것은 정말 행복한 일이다. 밴쿠버 사람들은 산책로와 자전거 길을 통해 숲의 내부를 걷거나 달릴 수 있고, 바다를 곁에 둔 외부는 씨월Sea Wall을 통해 걷거나 달린다. 중간에 기념비적인 조각이나 시설을 두어 휴식 공간으로 사용하기도 하는데, 100년도 넘은 이곳은 숲과 바다가 만나는 최적의 장소로, 시민의 정원으로 살아 있다.

그랜빌 아일랜드 위를 지나는 다리에서 내려다본 모습

밴쿠버여행 4종 세트 4:
그랜빌 아일랜드Granville Island

　밴쿠버의 지형을 보면 알 수 있지만, 도심과 주택지가 있는 지역 사이에는 그랜빌 아일랜드라는 조그만 섬이 있는데, 과거에는 항구와 산업기지로서 역할을 하였지만 지금은 관광의 요지가 되어 있다. 그랜빌 아일랜드는 브리티시컬럼비아British Columbia, BC 주의 농산물이 소매로 팔리는 재래시장으로 유명하다. 그러나 농산물시장의 역할만 하는 것이 아니라 우리나라로 치면 인사동과 동대문의 역할을 하고 있는 셈이다.

　그랜빌 아일랜드는 여러모로 구경할 거리가 많은 곳이다. 그저 관광버스에서 내려 휙 둘러보고 승차하기에는 매우 많은 이야기가 숨어 있기 때문이다. 이곳은 낡은 공장지대와 더러운 선착장을 정비한 원도심 재생의 성공사례이다. 과거를 반영하되 오늘날에도 살아 숨 쉴 수 있는 공간으로 만들었다는 것이 그 첫 번째 성공의 증거가 된다. 또한 재활성화의 방식과 과정이 밴쿠버 시민의 자부심을 한층 높였다는 것에 중요한 의미가 있다. 주말이면 차량 주차가 어려울 정도로 시민과 여행객이 찾는 명소가 되었다는 것은 확실한 성공을 이야기해주는 또 다른 증표이다.

그랜빌 아일랜드 입구에 있는 맥주공장. 시음과 구입이 자유롭다.

그랜빌 아일랜드에 가면 가장 먼저 눈에 띄는 것이 크고 작은 공장들이다. 그중에서 가장 유명한 것은 맥주공장. 캐나다는 지역과 마을마다 그들만의 독특한 맥주가 있다. 밴쿠버 사람들에게 고향의 술맛은 그랜빌 아일랜드라는 이름의 맥주이다. 8가지 종류의 맥주는 그 맛도 좋아 현재까지도 사람들에게 사랑을 받고 있다. 과거 근대화 시기 우리나라는 집에서 술을 담그지 못하도록 한 적이 있었다. 수많은 문화적 흔적은 근대화와 함께 자취를 감춰 이제는 전국 어디를 가나 도별로 지정된 술을 먹곤 하는데, 집집이 이어진 술맛이 사라진 것은 아쉬운 일이 아닐 수 없다. 1920년대부터 강력한 음주법의 역사를 가진 북미 대륙에 속하는 캐나다에서는 지금도 길거리에서 술을 먹는 것이 금지되어 있는 등 여전히 술과 관련되어 그다지 친절하지 않다. 그렇다고 술을 빚어 이웃과 나누던 사적 영역까지 침범한 것은 아닌 듯싶다. 그러한 사적 문화

보존이 현재는 맥주나 와인 산업의 원동력이 되고 있다.

그랜빌 아일랜드에 현존하는 공장들도 현재 다른 용도로 쓰이고 있는데 학교나 극장, 상점, 호텔, 예술가의 스튜디오, 실내 시장 그리고 공동주택으로 쓰이고 있다. 대부분 구조 변경을 통해 현대식 건물로 변모했지만, 공장풍의 외관과 기둥 등을 그대로 살려 지역의 역사를 담는 독특성을 유지하고 있다. 특히 그랜빌 아일랜드 남쪽에 있는 미술대학인 에밀리카대학교Emily Carr University가 리모델링한 공장건물을 사용하는 것이 재미있다. 물론 안으로 들어가면 완벽하게 현대적인 시설을 갖추고 있지만 요소요소 과거의 목재, 기둥을 그대로 사용한 흔적들이 있다.

남서쪽에 위치한 에밀리카대학교(위)와
덕사이드호텔의 모습(아래) 역시 독특하다.

그랜빌 아일랜드는 다양한 예술섬과도 같다.
거리의 예술가, 크리스탈을 파는 마녀 같은 여자,
모두 새로운 광경이다.

그러나 그랜빌 아일랜드가 사랑받는 진짜 이유는 이곳에서 다양한 예술 활동이 이루어지기 때문이다. 축제가 많기로 세계에서 둘째가라면 섭섭할 밴쿠버의 여름은 다양한 공연활동으로 가득 차 있다. 특히 그랜빌 아일랜드에서는 국제 재즈 페스티벌이나 연극제가 열리는데 이때 수많은 젊은이들이 이곳으로 몰린다. 공장처럼 보이는 다양한 소극장들이 즐비하고 야외 공연장 또한 바다를 향해 가슴을 열고 있으니 여름철 여행객에게는 더없이 즐거운 장소가 아닐 수 없다. 비단 공연장만 있는 것이 아니다. 섬 전체에 예술가들의 스튜디오와 상점들이 있어 독특한 장식품이나 가죽제품, 옷, 그림 등을 파는데, 걷고만 있어도 눈이 즐겁다.

거리 역시 즐거움과 활기가 넘친다. 모든 건물들은 약간의 공간을 두고 만들어져 있어 거리 악사나 예술가에게는 그야말로 무대가 마련된 셈. 오늘은 배가 나온 남자가 자신의 입담을 과시하며 불 막대기로 저글링을 하는가 하면 자신의 몸을 묶게 하고 빠져나오는 묘기를 부리면서 여행객의 발을 잡는다. 사진기를 들이대면 매릴린 먼로의 섹시 포즈로 팬서비스를 하는 그의 재치에 많은 사람들이 몰려들어 있었다.

그의 쇼가 있는 광장은 바게트 빵을 파는 가게와 재래시장(퍼블릭시장) 사이에 있는 작은 광장인데, 모든 길거리 쇼의 최고 명당이다. 왜냐하면 그랜빌 아일랜드를 찾는 대부분의 사람들이 이 재래시장을 보러 오기 때문이다. 내가 서 있는 동안에도 한국 관광객을 실은 차량 2대가 시장 앞에 사람들을 하차시키고 2시간 만에 떠나버렸다. 한국 관광객들은 이 아름다운 그랜빌 아일랜드를 감상하지도 못하고 시장에서 물건을 산 후 떠나 버린 것이다. 그들이 부리나케 들른 시장은 각종 채소, 치즈, 햄, 고기, 장식품 등 BC 주에서 나오는 생산물을 모아놓은 곳이다. 시장이 매우 깨끗하기도 하지만, 물건도 색다르고 품질이 좋다. 물론 파는 사람들도 매우 친절하고 사과 하나를 산다고 해도 즐겁게 파는 분위기이다. 나는 여기서 사과 두 개를 사보았다.

물건을 파는 매대도 깔끔하기 이를 데 없어 작은 공간에 많은 품목들이 집적된 재래시장의 장점이 그대로 드러난다. 특히 빵과 다양한 차茶 제품은 사지 않아도 좋은 구경거리가 되는데, 골목 사이를 다녀보면 털로 짠 각종 소품이나 북미 인디언의 목공품, 메탈공예품 등도 판다. 이곳이 여행객에게 환호받는 이유에는 전통적인 방식을 고수하고 있는 제조방식에 대한 믿음도 있고, 북미 원주민들의 일상 음식도 쉽게 구할 수 있다는 장점도 있다. 쇼핑몰에서는 볼 수 없는 현지 산물을 만나는 것은 여행객에게 여간 매력이 아닐 수 없다. 시장의 양쪽 끝에는 시장에서 산 음식을 먹을 수 있는 공간도 있다. 바다를 보면서 시장에서 산 음식을 먹는 즐거움이 쏠쏠한 곳이다.

우리나라에도 재래시장을 살리자는 노력이 수년 동안 지속적으로 이루어져 왔는데, 여기에는 많은 어려움이 있다. 구상을 가지고 상인들이 시장 활성화를 위한 주체가 되어야 하는 것은 물론, 전문적인 문화디자인과 마케팅 전략의 수립도 절실하다. 그러나 결정적으로 우리네 삶의 방식이 변하지 않는다면 성공하기 쉽지 않다. 왜냐하면 수많은 일이 산적한 바쁜 현대의 삶 속에서, 재래시장은 설득력을 주기 어렵기 때문이다.

고기와 야채는 재래시장에서 주종을 이루는 품목이다.

◀ 북미 원주민이 주로 먹던 메이플 시럽 연어고기
▶ 시장 내 음식을 먹는 자리

시장을 나와 조금만 걸으면 론 배스포드 파크Ron Basford Park가 나오고 언덕 위로 올라가면 경사를 객석으로 만든 야외공연장이 보인다. 언덕은 자연 상태의 언덕이 아니라, 객석 구실을 할 수 있게 경사를 조절하여 앉을 수 있는 턱을 만든 모습이다. 무대 쪽은 나무를 조성하여 외부를 차단하였고, 무대를 향하는 경사는 중간 중간 둔덕을 만들어 앞사람의 머리에 막혀 시야가 가려지는 일이 없게 만들었다. 그랜빌 아일랜드는 수많은 소극장이 몰려 있는 곳이기도 하지만, 이러한 야외공연장도 보유하고 있어 언제든 누구나 자유롭게 즐길 수 있는 낭만의 섬이다.

이곳에는 공장지대에 불과하던 그랜빌 아일랜드를 도시의 오아시스로 만든 로널드 배스포드Ronald Basford의 기념비가 있다. 공장의 건물이 그대로 있고, 기계들마저 도시 재생의 중요한 자원으로 사용한 밴쿠버의 그랜빌 아일랜드. 갈아엎지 않고 도시가 재생될 수 있으며, 아파트나 대형 몰을 만들지 않아도 지역의 부가가치나 문화가치가 높아지는 멋진 전략을 그들은 어찌 알았을까?

◀ 야외 객석에서 본 여성들. 야외 음주가 불법이기 때문에
  스타벅스 컵은 종종 맥주 음용 컵으로 둔갑한다.

밴쿠버 일상을 만드는 선과 점: 수변공간과 도시공간

관광객들은 도심코스를 돌고 밴쿠버 올림픽이 열렸던 휘슬러나 로키산맥으로 떠난다. 그러나 여행객은 이제부터 시작이다. 여행은 겉을 걷어내고 속을 만나는 과정이기 때문이다.

여러 도시를 다니다 보면 도시를 관통하는 일정한 기준이 있기 마련이다. 물론, 그것은 어느 정도 규모까지만 가능한데, 뉴욕이나 서울, 도쿄 같은 메트로폴리탄은 도시를 이루는 중심이 여러 개로 분산되어 있어 매우 혼란스럽다. 반면 유럽의 도시들은 고대 그리스 로마의 도시건설에서 응용된 모양새를 유지하고 있어 시청과 광장을 중심으로 도시를 파악하면 된다고 한다. 실용적인 북미 도시 밴쿠버는 도심의 위치, 주요도로, 기차나 버스터미널, 시청의 위치 등을 파악하면 얼추 알 수 있는 내 손 안의 도시이다. 그럼에도 그곳에 살지 않으면 알 수 없는 일상의 공간은 따로 있다.

밴쿠버 시민의 일상 공간은 어디일까? 저녁 5시 이후의 일상과 주말을 책임질 밴쿠버 시민의 휴식공간은 시민 삶의 질이 보장되는 공간이다. 삶의 질이 좋다는 밴쿠버 시민들이 가는 곳을 가만히 보면 선線과 점點이 보인다.

평소 '호기심은 나의 힘'이라는 자세로 살고 있는 나는 눈으로 보는 밴쿠버의 이면을 알고 싶어 이곳저곳을 부지런히 쫓아다녔다. 그중 하나가 선거유세장이다. 그렇게 함으로써 연방 의회 선거 때는 캐나다 공동체 전체의 이슈가 무엇인지, 이들이 자신의 정치적 욕구를 어떻게 표현하는지를 아는 데 도움이 되었다. 그러나 지방 선거를 이해하기 위해서 보다 많은 시간이 소요되었는데, 그것은 관료성이 강한 우리의 시각에서 시민자치의 개념을 명확히 이해하기 어려웠기 때문이다.

시장과 시의원 선거 때 교육위원회 선거를 치르는 것은 우리와 다를 바 없다. 그러나 그다지 비중이 있어 보이지 않는 공원과 휴식위원회Vancouver Board of

왼쪽의 도심과 오른쪽의 스탠리 파크 사이에 캐나다 플레이스가 보인다. (출처: http://vancouver.ca/aboutvan.htm)

Parks and Recreation의 선거를 같이 하는 것은 이해가 되지 않았다. 공원과 휴식위원회에서 담당하고 있는 일은 시의 공원, 커뮤니티센터, 사회체육센터를 관리, 발전시켜 시민 삶의 질을 높이는 업무이다. 시의 재정 지원 없는 교육자치조차 쉽지 않은 한국의 현실을 생각하면 공원과 휴식위원회가 무슨 역할을 할 수 있는지 도무지 이해가 가지 않았다. 그런데 여기에 핵심이 있었다. 정책 수행을 위한 재정 확보는 결국 타협의 산물이며, 그 타협과정은 독주를 막는 중요한 장치이다. 그러한 장치를 만들어서라도 굳이 관철하고자 한 것은 정치영역으로부터 교육 영역과 시민의 삶의 질 영역의 독자성 확보이다. 공원과 휴식위원회는 바로 밴쿠버 시민의 일상을 보장하는 선과 점을 만드는 곳이었다.

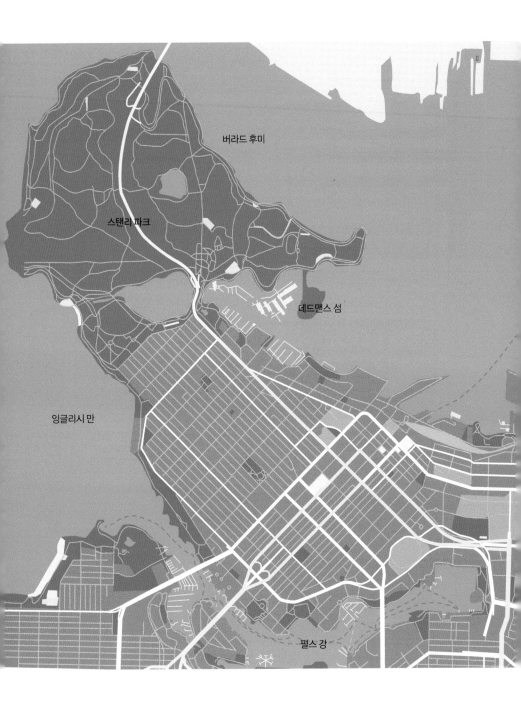

버라드 후미

스탠리 파크

데드맨스 섬

잉글리시 만

펄스 강

밴쿠버 시민에게 걷기는 일상이다. 그래서 밴쿠버는 걷기에 좋게 설계되어 있다. 또한 자전거는 일상의 교통수단이다. 도시는 자전거를 타기 좋게 꼼꼼하게 연결되어 있다. 이렇게 선線을 따라 움직이는 밴쿠버 시민들의 일상 공간은 당연히 길이다. 밴쿠버 앞바다에 버티고 있는 밴쿠버 섬 덕에 거친 파도 한 점 없는 밴쿠버의 바다는 사시사철 잔잔하다. 당연히 수영을 하고 놀 것이라고 생각하지만, 천만의 말씀이다. 이곳의 여름바다는 한류의 영향으로 차고, 겨울바다는 난류의 영향으로 따뜻하단다. 그러니까 밴쿠버의 바다는 여름에 수영을 못하는 대신 도시의 기온을 선선하게 유지해 주며, 겨울임에도 바닷물의 온도가 높기에 도시를 따뜻하게 할 뿐 아니라, 기압골을 형성하여 우기를 만든다고 한다. 위도가 상당히 높은 밴쿠버의 기후가 온화한 이유가 바로 여기에 있다.

바닷가에 접해 있음에도 수영이 여의치 않은 밴쿠버 시민들은 주로 씨월이라는 바닷길을 걷고, 뛰며, 달린다. 밴쿠버의 외곽은 육지로 연결된 동쪽을 제외하고 모두 수변공간이다. 앞에서 설명한 스탠리 파크의 외부는 모두 씨월로 둘러쳐 있고, 그랜빌 아일랜드 역시 씨월로 연결되어 도시는 마치 둘레길처럼 씨월로 둘러쳐 있다. 자칫 지저분해지기 쉬운 수변공간 전체가 깨끗한 나무 길로 연결되어 있고 군데군데 예쁜 카페들이 있어 밴쿠버 특유의 여유와 낭만이 넘친다. 4개월을 쉬지 않고 그저 부슬부슬 내리는 밴쿠버의 겨울비에도 튼튼한 방수재킷 하나만 걸치고 산책하기에 충분하다. 그랜빌 아일랜드나 예일타운Yaletown, 잉글리시 베이English Bay 혹은 키칠라노 비치Kitslano Beach의 씨월을 걷는 것은 밴쿠버 산책의 맛을 느끼는 데 최고이다.

▲ 목재 길을 만든 그랜빌 아일랜드의 씨월
▼ 모래사장 안쪽에 길을 만든 키칠라노 비치의 씨월

씨월은 선으로 된 공원의 형태이다. 물론, 도심 안에는 수많은 점으로 된 공원이 있다. 도심 안에 조성된 공원 중에서 가장 유명한 곳이 퀸 엘리자베스 파크Queen Elizabeth Park라는 데 이의를 제기하는 사람은 없을 것이다. 왜냐하면 퀸 엘리자베스 파크는 스탠리 파크와 쌍벽을 이루는 명성을 가지고 있기 때문이다. 스탠리 파크가 원시림으로 구성된 나무 중심의 공원이라면, 퀸 엘리자베스 파크는 커다란 정원이다.

산이 거의 없는 밴쿠버에서 가장 높은 산은 퀸 엘리자베스 파크가 있는 해발 152m의 리틀 마운틴Little Mountain이다. 과거에는 채석장이었던 것을 정원으로 꾸며 시민들이 쉬는 공간을 만들었는데, 사시사철 정원처럼 가꾸어져 있어 밴쿠버 시민들이 즐겨 찾는 곳이다. 정상에 있는 시즌 레스토랑은 가격 대비 맛과 분위기가 좋으며 밴쿠버 시내를 굽어보면서 식사를 즐기는 운치가 일품이다. 입구에 1993년 빌 클린턴 미국 대통령과 보리스 옐친 러시아 대통령이 정상회담을 한 곳이라는 기념비가 있어서 왠지 더 근사한 기분이 든다.

◀ 퀸 엘리자베스 파크 정상에 있는 시즌 레스토랑 옆 조각상
▶ 시즌 레스토랑에서 내다보는 공원 풍경

◀ 공원에 벌렁 누워 책을 보거나 일광욕을 즐기는 밴쿠버 시민들
▶ 개 목줄을 해야 하는 공원과 풀어도 좋은 공원이 표시되어 있다.

    밴쿠버 시민의 일상적인 공원 내 모습은 바닥에 커다란 타월을 펴고 일광욕을 하거나 책을 읽는 모습이다. 백인들의 피부는 빈약한 멜라닌 성분에 의해 신기할 정도로 햇빛에 무반응한 피부이다. 그래서 햇빛만 보면 사족을 못 쓰고 좋아하는 백인과 달리 조금이라도 탈까 봐 절절매는 아시아인, 특히 한중일 3국의 태도는 최고의 비교거리이다. 햇빛 아래 피부색의 변화가 없는 백인이나 흑인에 비해 변화무쌍한 피부를 가진 한중일 아시아인들은 언제나 햇빛과의 전투를 치른다고나 할까.

    밴쿠버의 공원은 사람만을 위한 곳이 아니다. 개가 없는 곳은 가정이 아니라는 생각을 하는 밴쿠버 시민들은 개를 위한 공원을 만드는 것에 아무런 이의가 없는 듯하다. 한국에서는 개를 키워도 작은 강아지를 키우지만, 대개의 밴쿠버 시민들은 어른이 감당하기도 어려운 송아지만 한 개를 키우는 경우가 많다. 그래서 운동량이 부족한 개를 위해 전용 공원을 만들었으니 가히 밴쿠버의 개는 개가 아니라 반인반견의 대우를 받는 존재이다. 이것을 가지고 한인사회에서 만든 농담이 있다. "밴쿠버에서 존중받는 다섯 개체는 여성, 아이, 노인, 장애인, 그리고 개"이다. 아마 한국 여성들이 밴쿠버를 좋아하는 이유가 여기에 있지 않나 싶다.

공원과 휴식위원회가 담당하는 임무 중에는 커뮤니티센터가 있다. 밴쿠버시의 대민 행정업무는 주민서비스 개념으로 전환되어 사회적 서비스 기관들에 위탁하는 형태이다. 사회적 서비스 기관들은 정부기관인 경우도 있지만, 업무에 따라서는 민간에 위탁을 주는 형태를 취하고 있다. 그러니까 밴쿠버에 있는 모든 커뮤니티는 오로지 주민서비스 기능만 가지고 있고, 일하는 사람은 직원이더라도 운영주체는 주민 모집을 통해 구성된 자원봉사 이사진이다. 우리의 시각에서는 가능해 보이지 않지만, 주민자치라는 것은 의외로 우리의 상상보다 훨씬 공동체적 정신에 입각해 있다고 느껴진다.

예술프로그램이 많은 도심의 라운드하우스 커뮤니티센터

지역 모임 중심의 마운틴프레젠트 커뮤니티센터

밴쿠버의 커뮤니티센터는 공원과 체육 시설을 동시에 가지고 있는 대규모 시설인데, 보통 작은 극장을 가진 건물과 공원, 천연 잔디 축구장은 기본이고, 커뮤니티에 따라 수영장, 빙상장을 가지고 있는 곳도 있다. 일상의 공간이기 때문에 별다르게 보이지도 않지만, 여행객으로 구경을 가면 밴쿠버인의 내적 영역을 보는 기회를 얻게 된다.

밴쿠버 시민들의 일상의 질을 담보하는 또 하나의 점_點은 도서관이다. 오래 전부터 나는 북미 대륙 도서관 운동이 얼마나 강렬하게 불었는지에 대해 알고 있었지만, 밴쿠버에서 확인한 일상과 도서관의 관계는 상상 밖이었다. 사람은 누구나 자신이 살던 문화에서 사고하기 마련이다. 여행이 그러한 사고에 변화를 주는 무지막지한 지각변동인 이유가 '상상 밖의 세계'를 만나게 되기 때문이다. 밴쿠버의 도서관도 그중 하나였다.

미국과 캐나다는 매우 비슷해 보이지만, 국가 시스템이나 국가 공동체가 추구하는 가치는 거의 정반대라고 해도 과언이 아니다. 미국은 대체로 비즈니스가 중심인 나라로서 국제정치와 관련된 비대한 구조를 가지고 있지만, 국내 분야는 작은 정부를 구현하고 있다. 그러나 캐나다는 많은 부분을 공공 시스템에서 해결하고 있으며 그것을 정부의 역할이라고 본다. 캐나다는 북유럽식의 큰 정부를 가지고 있으며, 도서관은 중요한 공공 영역이다.

나는 도서관이 그 나라의 품질이라고 믿고 있는 1인이다. 그래서인지 밴쿠버 도서관이 내게는 참으로 인상적이었다. 밴쿠버 지역Great Vancouver은 250만 광역지역이지만, 정작 밴쿠버 시는 55만이 사는 도시이다. 그 55만 명의 도시는 서울의 강서구나 노원구보다 작으며, 전주시 · 청주시보다는 훨씬 작다. 그런데 여기에 공립도서관만 22개가 있다.

밴쿠버 도심에 있는 중앙도서관이라는 곳은 고대 로마의 콜로세움 형식을 따서 지은 건물로 유명하다. 외관을 두르고 있는 띠 같은 건물의 안쪽은 온통 유리로 되어 있어 누구나 인상 깊은 건물로 지목한다. 밴쿠버를 여행하는 사람들은 이곳에 들러 책을 보거나 휴식을 취하기도 하는데, 다국적 언어 서비스가 잘되어 있어 이용하기에도 쉽다. 외국인은 장기 거주가 확인되어야 회원증을 발급해주는데, 그냥 이용하는 것은 언제든지 가능하다.

콜로세움의 경기장처럼 벽으로 둘러서 있는 중앙도서관과 내부

밴쿠버 도서관에서 놀란 것은 건물 때문만은 아니다. 어느 나라에서나 멋진 도서관 한두 개쯤을 찾는 것은 어려운 일이 아니기 때문이다. 다국적 서적을 구비한 것 때문에 그런 것도 아니다. 메인 층인 2층에 위치한 한국 도서 코너가 두 칸이나 있어서 감동하기는 했지만, 그것은 이곳이 밴쿠버의 대표 도서관이며 다문화주의를 표방하는 캐나다이므로 가능한 일이라고 생각한다. 우리나라처럼 정숙을 요구하는 분위기가 아닌 편안한 분위기가 인상적이었지만 그것이 전부는 아니다. 소파와 벽난로가 있는 편안한 도서관의 풍경도 아름다웠지만, 그것은 그들의 문화이다.

내가 진정 감동한 것은 책을 읽는 밴쿠버 사람들의 태도이다. 이곳에서는 한꺼번에 30권까지 빌릴 수 있고 15일에서 30일까지 빌릴 수 있다. 실제로 중앙도서관이나 동네의 도서관에 앉아 있으면 한꺼번에 20~30권을 빌려 작은 수레에 밀고 가는 사람들을 흔히 볼 수 있다. 특히 할머니나 할아버지가 와서 엄청난 양의 책을 내려놓고 다시 그만큼의 양을 빌려가는 모습을 보면 깜짝 놀라게 된다. 그만큼 도서관이 책을 많이 보유하고 있으며, 그만큼 사람들이 책을 많이 읽는다는 것이다. 더 놀라운 것은 책이 손상되는 것에 대해 그다지 두려움이 없다는 것이다. 도서관에서 CD, DVD 등도 대여하는데, 아주 쉽게 손상됨에도 그들의 관심은 오로지 시민들이 많이 이용할 수 있는가 하는 것이다.

우리나라도 기적의 도서관 운동이나 작은 도서관 운동 같은 국민운동에 힘입어 도서관이 이전보다 생활 속에 다가와 있다. 그러나 밴쿠버의 도서관과 비교했을 때 가장 큰 차이점은, 죽어라 하고 공부해야 하는 열람실이 없다는 것이다. 책은 문화이지 교재가 아니다. 또한 그것은 비단 책이 아니라 문화의 깊이에 대한 것이다.

▲ 중앙도서관의 한국 책 코너
▼ 벽난로가 있는 마운틴 플레즌트 분관

세계에서 가장 살기 좋은 도시의
또 다른 이야기

한국과 캐나다는 비교하기가 어려운 사회이다. 두 사회가 중심에 두는 가치가 매우 다르기 때문이다. 한국 사회의 피로성에 지친 사람들은 캐나다의 자유롭고 훈훈한 분위기에 매료되곤 하지만, 한국사회의 신속성과 편리성을 즐겼던 사람들은 캐나다의 속 터지는 속도에 혈압이 오르락내리락하기 마련. 그러한 차이를 인정하더라도 여전히 한국인 여행객들에게 아리송함을 주는 것은 도심에서 광범위한 활동(?)을 하는 홈리스들의 존재이다.

서울의 주요 역에서나 볼 수 있었던 홈리스들이 이곳 도심 곳곳에서 활기차게 살아가는 모습을 보면 복지사회의 도덕적 해이라는 단어가 빛보다 빠른 속도로 떠오른다. 나는 한때 홈리스들이 내게 말을 걸까 봐 두려운 마음을 가지고 있었다. 뭔가 범죄적 느낌이 나는 얼굴과 강렬한 냄새 때문만은 아니었다. 그동안 백인 홈리스들을 본 적은 없었지만 상상은 가능했다. 그러나 도심의 거리를 어슬렁거리는 원주민 홈리스를 마주하는 낯섦은 상상 밖의 두려움을 주기에 충분하였다.

어느 날 올 것이 왔다. 어느 원주민 홈리스 아저씨가 말을 걸었는데, 나는 영어를 못한다는 동작을 해보였다. 물론 일부러. 그러자 그 사람은 내 옆에 있는 예쁜 백인 여성에게 말을 걸고 그 여성은 아무런 거리낌 없이 그의 말을 들어주었다. 자신이 예술가라고 이야기하는 아저씨의 말을 매우 진지하게 들어주던 여성이 마침내 버스가 왔다며 떠나야 한다고 이야기하자, 그녀에게 좋은 밤이었다고 악수를 청했다. 여성도 아주 즐거웠다고 인사한 후 그 자리를 떠났다. 20분도 넘는 대화 모습을 예의주시하던 나는 그때 뭔가를 보았다. 편견과 차별이 없는 아름다움. 밴쿠버 생활이 익숙해질 무렵 나는 몇 개의 자원봉사 중에 아주 특별한 곳에 자원봉사를 신청하였다. 그곳은 바로 카네기 도서관 커뮤니티센터 Carnegie Library and Community Centre였다.

앤드류 카네기.
부자가 되는 것은 훌륭해지기 어려운 길인데,
그는 부의 역경을 극복하고 훌륭해진 듯하다.

카네기 커뮤니티센터의 전경

　뉴욕의 예술 공연장의 느낌과 비슷한 이름의 이곳은 전혀 다른 곳이다. "부
자로 죽는 것은 불명예"라는 신념을 가졌던 강철왕 앤드류 카네기는 기부왕으
로도 유명하다. 카네기는 도서관의 수호신Patron Saint of Libraries이라는 칭호를 얻
을 만큼 도서관운동을 통해서 자신의 부를 나누었다. 그는 영미권 국가에 도서
관을 자그마치 1,509개 설립했는데, 그중의 하나가 밴쿠버 도심에 있는 카네
기 도서관. 그러나 정작 그곳에 가면 다소 실망하게 된다. 많은 책들이 있을 것
같지만 현재 카네기 도서관은 커뮤니티센터의 기능을 하고 있다. 또한 센터가
위치한 지역 특성상 지금은 홈리스와 가난한 사람들의 공간으로 변해 있다.
　밴쿠버 메인가Main ST.와 이스트 헤이스팅스가East Hastings라는 거리는 밴쿠버의 유명한 슬럼가이다. 마약을 하는 홈리스들도 많이 있으며, 값싼 물건들이 많은 차이나타운이 있는 관계로 가난한 사람들이 많이 모여 살고 있다. 밴쿠버의 초기 유명건물들이 몰려 있는 근대문화 유적지이기도 하지만, 밤에는 일반인들이 꺼리는 지역이다. 고무가 타는 것 같은 마리화나의 독특한 냄새는 이 거리의 고유 냄새이다.

세계에서 가장 살기 좋은 도시라는 밴쿠버에 오는 한국사람 중 대다수가 많은 홈리스들을 보고 깜짝 놀란다. 과연 한국에 비해 캐나다의 사회여건이 좋은 것이 아니라는 결론을 내리는 사람들도 있다. 홈리스가 많은 이유에는 여러 가지가 있다. 무엇보다도 그것은 가족제도에서 연유한다. 대개 서구사회는 고등학교를 졸업한 자녀를 돌보는 것이 상식적이지 않다. 그래서 가족이라도 일정 수준 이상의 보호는 기대하기 어렵다. 절대 자녀를 포기하지 않는 한국의 가족관계에서 보면 냉정하기 이를 데 없는 개인주의적 태도인데, 그렇기 때문에 유독 홈리스 중에는 백인이 많다. 서양인들이 매우 가족중심적인 태도를 가지고 있다지만, 성인인 경우에는 일정 수준 이상의 가족적 보호는 기대도 하지 않고, 아무리 가족일지라도 타인의 삶을 간섭할 수 없기 때문이다.

일정 수준 이상의 가족 보호를 넘어선 사람은 사회보장제도 속에서 보호될 수 있다. 그러나 그것도 한계가 있다. 그 사람이 직업을 갖기 위해 노력하고 삶을 적극적으로 살려는 어떠한 노력도 보이지 않는다면 보호의 수준이 달라진다. 바로 사회불안 세력으로 변하지 않도록 관리받는 대상이 된다. 밴쿠버 시에서는 홈리스들에게 일주일에 한 번씩 마약을 주사해 주는 제도를 운영한다. 거리에는 이동 간호사들이 다니면서 필요한 조치를 취해주기도 한다. 이를테면 콘돔을 나누어 준다든지 하는 것이다. 가족이나 사회의 지원과 보호 대상에서 한 단계 전락한 사람들은 바로 관리의 대상이 되는 것이다.

물론 이들도 기회가 있다. 지속적으로 공공자금이 투입되면서 이들이 커뮤니티에 적응하고 작은 일이라도 할 수 있게 하는 민간 활동이 이어진다. 민간의 후원도 끊이지 않는다. 단순히 먹을 것을 주는 것을 떠나 이들이 뭔가를 할 수 있도록 일거리 혹은 참여거리를 주는 것이다. 카네기센터는 바로 그런 사람들에게 참여거리를 주고 서로 간의 지지 커뮤니티를 만드는 일을 한다. 카네기센터에 들어서면 사진 찍는 것이 자유롭지 않다. 대개 가난한 사람이나 홈리스가 많기 때문에 사진을 찍다가 불쾌한 일이 생기기 때문이다.

카네기센터 로비에서 2층으로 올라가는 계단에 인물 세 명의 스테인드글라스가 있다. 가장 왼쪽에 있는 아저씨는 뉴턴Newton이다. 자연과학계 대표선수다. 가장 왼쪽에 있는 아저씨는 스펜서Spencer로, 인문과학계의 대표선수이다. 중앙에는 누가 있을까? 바로 셰익스피어Shakespeare. 카네기 도서관이 무엇을 지향하는지 보여주는 상징적 구조물이다. 그들은 서양 근대 문화의 정수인 과학과 이성의 세계를 지향한다. 근대의 과학과 이성이 품었던 찬란한 이상은 르네상스적 세계를 열기도 했지만, 그 계몽성과 폭력성은 식민과 야만적 전쟁의 시대 또한 열었다. 오늘날에는 이들이 가진 사상적 한계를 이야기하지만, 이 낡은 사상도 한때는 혁명적일 때가 있었다.

▼ 로비에서 손짓하는 사람이 사진을 찍지 말라는 사인을 보냈다.
▶ 1층에서 2층으로 올라가는 계단의 세 분의 아저씨

그러나 근대를 건너온 오늘날의 카네기센터는 스스로 새로운 역할을 만들었다. 그것은 커뮤니티센터의 기능을 더욱 강화하는 것이며, 이것은 수많은 사람들을 주체로 세우는 활동을 통해 가능해졌다. 이곳 카네기센터는 그저 가난한 시민과 홈리스들이 와서 공공서비스를 받는 곳이 아니라, 그 이상이다. 지역의 가난한 시민들의 모이고, 배우고, 운동하고, 소통하는 커뮤니티 공간이며, 이들 중 일부와 외부에서 온 수백 명의 자원봉사자들이 자신들의 열정을 내놓는 곳이다. 때문에 커뮤니티 안에서 이들의 모습은 수백 명의 느슨한 가족 같은 모습이다.

나는 이곳 카페테리아에서 음식을 파는 자원봉사를 하였다. 이곳에서는 365일 하루 세 끼의 식사를 판다. 한 끼에 2달러 50센트니까 우리 돈으로 3,000원꼴. 보통 일반인들의 점심이 10달러 정도인 것을 감안한다면 매우 싼 가격이다. 처음에는 주방에서 요리보조를 담당하면서 씻는 일과 써는 일을 했다. 당시 내가 단 하루에 썬 야채의 양은 평생 썬 야채 양보다 더 많을 정도였다. 요리보조를 거쳐 카페테리아에서 음식 주는 일을 했다. 그릇에 담아주고 잘 먹으라고 이야기하는 등의 일은 내 성격에 딱 맞았다. 원래 사람이든 짐승이든 먹을 것 주는 사람을 잘 따르기 마련이니, 그저 웃는 얼굴만 추가하면 완벽했다.

이곳에서 일하다 느끼는 점 몇 가지. 일단 한국인이나 캐나다인이나 음식을 듬뿍 주면 좋아한다는 것이다. 어릴 적부터 먹음직스럽게 담는 일의 중요성을 귀에 못이 박이도록 듣고 실천한 나로서는 아주 쉬운 일이었다. 또 다른 한 가지는 세계 어디에서든 웃으면서 일하는 사람을 싫어하는 곳은 없다는 것이다. 캐나다 사람들이 아주 친절하다고 하지만 모두 그런 것도 아니며, 언제나 그런 것도 아니다. 더욱이 이곳은 생활이 어려운 사람들이 많이 오는 곳이라 예의를 힘차게 지키지도 않으며, 때로는 거친 태도의 사람을 만나게 될 때도 있다. 그러나 어떤 거침도 웃음을 넘지는 못했다.

물론 어려움도 있다. 음식 이름이 생소한 내게 누군가 어눌한 발음으로 주문을 하면 몇 차례 물을 수밖에 없는데, 그럴 때 버럭 화를 내는 사람도 있다. 세계 각국의 사람들이 사는 밴쿠버에서 영어 발음은 제각각이다. 미국식 영어발음이 English라면 영국 악센트가 강한 영어는 Benglish, 중국발음은 Chenglish, 한국발음은 당연히 Konglish가 되기 마련. 그리고 발음은 교육 수준이나 자기 존중감에 따라 영향을 받는데, 이곳 카네기센터는 대개 발음을 명확하게 해야하는 사회적 필요를 경험하지 않은 사람이 많은 듯했다. 특히 이빨이 세모모양으로 닳은 마리화나 중독자의 발음은 가장 알아듣기 어려웠다.

자원봉사를 하는 사람들 중에 비교적 교육 수준이 높은 사람은 개인지도 자원봉사를 한다. 카페테리아로 와서 나에게 농담을 자주하는 칼은 공부방에서 영어가 부족한 사람들을 돕고 있다. 밴쿠버 태생인 그는 60살이다. 그는 '인생을 즐기는 문제'를 최대의 과제로 삼고 있다. 모든 종류의 스트레스는 거부하지만, 모든 종류의 토론에는 적극적이라서 정치면 정치, 문화면 문화, 사랑이면 사랑에 대해 준전문가 급의 로직이 줄줄이 나온다. 아름답고 이지적인 여성(남성은 자체 완성도가 낮단다)은 모든 사람들을 행복하게 해주기 때문에 존경받아 마땅하다는 인간 철학을 가진 그는 가난을 단지 그의 삶의 방식으로 선택한 듯 보였다. 칼뿐 아니라 밴쿠버의 홈리스들 중에는 도시적 유목을 삶의 방식으로 선택한 사람이 꽤 있다. 그런 사람들의 특징은 매우 유쾌하다는 것. 서울역이나 종각역에서 본 한국의 노숙자의 어두운 모습과 놀라우리만치 차이가 있다.

홈리스들과 이야기하는 것에 거리낌이 사라진 어느 날 도서관에서 있었던 일이다. 인터넷 검색을 하고 있는데, 옆에 있던 홈리스로 보이는 사람이 어느 나라 사람이냐고 물었다. 한국이라고 하자, 밝게 웃으며 자신이 아주 좋아하는 한국 동영상이 있다고 하는데, '홈리스 소년'이라는 제목을 가진 유튜브 영상이었다. 그의 권유 때문에 마지못해 영상을 보았는데, 배우 송윤아 씨와 영화감독 장진 씨 그리고 음악감독 박칼린 씨가 심사를 하는 서바이벌 재능 프로였다. 그의 말대로 홈리스 소년의 인터뷰가 있었고, 마침내 놀라운 성량을 가진 소년의 '넬라 판타지아Nella Fantasia'가 흘러나왔다. 홈리스 생활을 하는 소년이 독학으로 성악을 했다는 사전 내용과 그 노래의 수려함 때문에 울컥하고 있는데, 심사위원들도 소년의 노래에 울컥하는 모습이 화면에 잡혔다. 그는 영상에 얼마나 감동받았는지를 좔좔 이야기하였다. 그리고 하는 말.

"그런데 이 여자는 누구예요?"

"아, 한국의 유명한 여배우인데, 송윤아라는 배우예요."

"정말 아름다워요. 특히 그녀의 감동하는 모습은 완전히 천사 같아요."

"그래요? 다른 배우들도 아름다워요?"

나는 인터넷 창에 이영애 씨의 얼굴을 띄워 보여 주었다. 그는 송윤아 씨가 더 예쁘다고 단호하게 이야기하였다. 다시 김태희 씨의 얼굴을 띄웠다. 그는 자신의 마음은 변하지 않는다는 듯 송윤아 편에서 요지부동이었다. 여성의 미모를 가지고 경합을 벌이는 이 게임을 계속하는 것도 우스워 그만두려고 하는 순간 깜짝 놀랐다. 나는 7~8명의 홈리스들로 포위되어 있었고, 그들은 스크린을 쳐다보며 예쁘다고 또 보여 달라고 난리가 났다. 이 바보 같은 게임의 마지막을 장식하기 위해 이번에는 송혜교 씨를 띄웠다. 드디어 이들 간에 분열이 일어났다. 일부는 송윤아 씨가, 일부는 송혜교 씨가 더 마음에 든다고 토론을 하지 않는가 말이다. 그러면서 하는 말 "한국에는 모든 '송'들이 예뻐요?"

지식을 나누는 개인 교습 교실

브리티시
컬럼비아
서   쪽
밴쿠버 섬

주의사당 앞의 빅토리아 여왕 동상(좌)과 BC의 대표 예술가인 에밀리 카의 기념비(우)

밴쿠버의
서쪽 섬

캐나다에 대해 우리가 가지고 있는 몇 가지 혼동이 있다. 우선 캐나다의 국가원수는 누구일까? 캐나다에 누군가 있겠거니 생각하는 독자도 있겠지만, 영국에 있는 엘리자베스 여왕이다. 그렇다면 캐나다의 수도는 어디일까? 토론토나 몬트리올을 생각하는 독자가 있겠지만, 행정수도 오타와이다. 마지막으로 BC 주의 주도는 어디일까? 밴쿠버 시를 생각하겠지만, 의외로 외진 밴쿠버 섬의 빅토리아 시이다. 이것을 질문할 때 틀릴 것을 기대하는 캐나다인의 얼굴을 보면 아마 세계 대부분의 나라 사람들이 잘못 알고 있는 내용인가 보다.

제일 많이 틀리는 질문의 답, 빅토리아 시. 일단 들어본 적이 없는 곳이다. 캐나다에서 프랑스보다 더욱 프랑스다운 도시, 퀘벡시티Quebec City가 있다면, 영국보다 더욱 영국다운 도시는 밴쿠버 섬에 있는 빅토리아Victoria이다. 캐나다 동부는 원래 영국 식민지와 프랑스 식민지 간의 각축이 심했던 곳인 반면, 서부 쪽은 밴쿠버 섬을 중심으로 일찌감치 영국의 식민지가 건설되어 있어 보다 영국적인 정서가 많은 편이다.

지금으로부터 340여 년 전 영국의 무역회사, 허드슨베이사가 모피무역을 목적으로 진출하면서 영국령이 된 곳이 바로 밴쿠버 섬이다. 밴쿠버라는 이름은 이 지역을 탐사했던 선장 조지 밴쿠버의 이름에서 비롯되었다. 전쟁에서 지휘하던 장군의 이름이 흠모의 대상으로 남겨지듯이 식민지 쟁탈시기 탐험가의 이름은 그렇게 섬에 남아 있다.

인류의 역사에서 물건을 교환하기 위해 전 세계를 누빈 무역상은 상품의 교환자이기도 하지만 문화의 전파자였다. 문화가 교차하는 지점에 위치한 지역은 상업무역이 성행하였는데, 고대 페니키아가 그랬고, 로마 지역과 중국의 장안 등이 그러하였다. 하지만 자본주의 초기 무역상은 침략자 혹은 약탈자에 가까웠다. 가만히 생각해 보면 그들의 용기(?)와 탐욕은 정말 대단했다. 북미 동부지역의 모피도 모자라 서부지역까지 긴 항로를 마다 않고 와서 모피를 퍼다 유럽에 뿌린 것이 300~400년 전인데, 파나마운하가 개통된 것이 1914년이라는 점을 상기해 보자. 그들의 항로가 그 길고 긴 남미를 돌 수밖에 없지 않은가 말이다. 그 광기어린 무역으로 대영화가 완성된 것이 바로 빅토리아 여왕의 재임기였다. 영국의 식민지였던 곳에서는 빅토리아라는 이름을 수없이 찾아볼 수 있는데, 우리가 흔히 보는 홍콩의 항구 사진이 바로 빅토리아항이다. 밴쿠버 섬의 빅토리아 역시 영국의 빅토리아 여왕의 이름을 땄다.

밴쿠버 섬은 미국과의 국경을 만든 조약이 예외적으로 적용된다. 미국과 캐나다는 위도 49도 선을 중심으로 국경을 나누었다. 이것은 캐나다가 영국의 식민지로 있던 1842년, 영국과 미국 사이에 맺어진 웹스터-애슈버턴 조약Webster-Ashburton Treaty의 결과이다. 물론 국경 분쟁은 그 이후에도 계속되었지만, 들쭉날쭉하더라도 결국 49도가 국경의 기준이다. 이는 미국이 캐나다를 침략했던 1812년 이후 30년 만에 국경이 확정된 것이었는데, 예외적으로 밴쿠버 섬의 빅토리아는 북위 49도 이남에 버젓이 위치하고 있다.

BC 주는 캐나다 연방에 비교적 늦게 가입하였다. 동부의 5개 영국 식민지가 캐나다 연방으로 독립을 선언할 때 참여하지 않은 BC 주는 4년 후인 1871년 연방에 가입한 것이었다. 당시 BC 주의 가치는 엄청나게 높았다. 캐나다는 '대서양에서 태평양까지'라는 모토를 가지고 연방 건설에 박차를 가하고 있었기에 태평양 연안에 있는 BC 주의 가입이 절실했다. 미국 역시 알래스카를 러시아로부터 사들였던 때가 1867년이다. BC 주만 연결되면 미국의 영토는 본토와 알래스카까지 연결되는 완결성을 가질 수 있는 상황이었다.

그러나 BC 주는 캐나다를 선택하였다. 그 이유는 두 가지다. 하나는 재정적인 어려움과 고립이며, 다른 하나는 미국의 위협이었다. 영국의 식민지 경영능력이 날로 약화되고 있던 당시 BC 주는 재정적 어려움을 겪고 있었으며, 영국에 대한 향수를 가진 그들이 적대국인 미국을 달가워할 리가 없었다. 그래서 그들은 달콤한 미국 연방 가입 제안을 물리치고 동부 중심으로 연방을 만든 캐나다에 합류했던 것이다.

나는 밴쿠버 섬은 대륙횡단에 앞서 관광 코스로 다녀왔다. 우리 일행은 밴쿠버 시의 북쪽에 있는 홀슈즈 베이Horse Shoe's Bay 항구에서 출발하여 밴쿠버 섬의 나나이모Nanaimo 항구로 입항한 후 빅토리아에서 1박을 하고, 다음날 빅토리아 항에서 밴쿠버 시 남쪽 항구인 타와센Tsawwassen 항구로 나왔다. 우리나라 같으면 주도가 있는 밴쿠버 섬을 당연히 육지와 연결하여 세계에서 손꼽히는 긴 다리를 가졌다고 자랑스럽게 여길 만도 한데, 캐나다인들은 그런 것에 관심이 없다. 다리 건설비용이 없거나 기술력의 문제가 아니다. 독자들은 캐나다인들이 자연을 해치는 일에 얼마나 기겁을 하는지 짐작하기가 쉽지 않을 테지만, 그게 캐나다식의 사고이다. 그들은 차들이 질주하고 삶을 훼손할 교량을 놓기를 원하지 않을 뿐 아니라, 고비용의 삶을 살지언정 멋진 범고래가 출몰하고 바다사자와 돌고래가 찾아오는 바다를 포기하려 하지 않는다. 수준 높은 시민의식과 자연과 더불어 살 줄 아는 나라라고 말하고 싶지만, 그 이면에는 밴쿠버 섬에서 육지로 쇼핑을 다니는 번거로움과 비용에 대해 크게 신경을 쓰지 않아도 되는 여유도 있다. 지금도 밴쿠버 섬 주민들은 설계도면까지 완성되어 있는 다리의 건설을 거부하고 있으며, 주민들이 거부하면 할 수 없는 것이 캐나다의 행정이다.

그래서 빅토리아로 가려면, 눈이 튀어나오게 비싼 페리를 타거나, 그보다 더 튀어나오게 비싼 수상비행기를 타는 방법, 또는 공항 비행기를 타는 방법이 있는데, 이것이 여의치 않으면 다소 힘들더라도 수영하는 방법 등이 있다. 그러나 가장 보편적인 수단은 역시 페리. 페리는 엄청난 규모를 자랑한다. 배에 직접 올라타는 사람도 있지만, 차를 몰고 탑승하기도 하고, 관광버스나 직항버스 통째로 탑승하기도 한다. 배 안에서는 차에서 내려 1시간 반을 자유로이 즐길 수 있다.

밴쿠버 섬과 육지를 오가다 보면 간혹 횡재를 한다. 횡재라는 게 바로 범고래 떼를 보는 것. 밴쿠버 섬에서 육지로 오는 길에 범고래를 보았다. 눈썰미 좋은 사람들이 범고래라고 손가락질을 하고 사람들이 우르르 몰려 셔터를 누르고…….밴쿠버 섬은 그 재미로 가는 것 같다. 사실 내 눈에는 그저 검은 물체가 수면 위에 떠 있기만 하여 고래인지 바위인지 알 길이 없는 풍경이었다. 센스 있는 고래라면 물을 뿜어주든지 아니면 꼬리라도 들어주련만…….

▲ 고래가 나타났다는 말에 들썩이는 페리 안
▼ 항구 주변에 사는 바다사자

갤러리 마을,
슈메이너스와 아름다운 정원 길

　나나이모는 엄청 커 보이는 도시지만 실제 8만 명 안쪽의 인구가 거주하는 밴쿠버 섬 제2의 도시이다. 대개의 캐나다 도시들은 사람이 적게 산다. 이곳에서 바다를 배경으로 만들었다는 나나이모 항구극장Nanaimo Port Theater을 보고 싶었지만, 일정상 불가능하였다. 우리나라에도 거제 문화예술회관은 바닷가를 끼고 지은 모양새가 근사하지만, 낭만이 디자인되어 있지 않은 것이 함정이다. 사진으로 볼 때 이 극장도 그리 근사해보이지 않았다. 혹시 캐나다 특유의 여유와 낭만이 디자인되어 있지 않을까 하는 호기심이 생겼지만 이 여행은 일행이 있는 여행인지라 일정상 슈메이너스Chemainus로 향하였다. 우리나라에도 제법 알려져 있는 슈메이너스는 노스 코위찬North Cowichan 시의 작은 마을로 인구가 불과 4,500명 정도이다.

　슈메이너스는 주민들이 마을을 잘 가꾸기로 유명하다. 주민들은 200여 년 전의 물건들을 모아 마을 박물관을 운영하고 있었다. 동물 모양의 독특한 서까래가 있는 마을 박물관에서는 초로의 고운 여성들이 반갑게 맞아주었다. 그녀들은 문턱을 들어서는 나에게 인사하며 어디서 왔냐고 묻더니, 서류함에서 종이 한 장을 꺼내 준다. 한국어로 된 마을 소개서였다. 그들의 얼굴에는 전 세계 대부분의 언어로 마을 소개서가 있다는 자부심에 부푼 표정이 가득했는데, 소개서는 그냥 복사물에 불과하였다. 아마 어느 한국인 유학생의 도움으로 한글 소개서를 만든 듯하였다.

　전시된 물건들은 수십 년 혹은 백여 년 전에 쓰인 물건들. 그야말로 슈메이너스 마을 주민들의 손때가 묻은 물건들을 모아 전시하고 있었다. 그러나 슈메이너스 마을이 유명한 것은 마을 박물관 때문만은 아니다. 우리나라에도 지자체가 직접 하지 않아도 잘 돌아가는 생활사 박물관들이 얼마든지 있다. 단언컨대 정선의 아리랑학교는 슈메이너스 마을 박물관보다 매력적인 박물관임에

틀림없다.

슈메이너스 마을이 유명한 것은 바로 벽화. 마을은 1982년부터 벽화를 그리기 시작하여 현재 150여 개의 벽화가 있다. 첫해 5개의 벽화를 마을의 담장에 그리기 시작하여, 매년 2~3개씩 그려온 결과다. 대개의 벽화는 가로, 세로 5~10m 사이의 대형벽화로 구성되어 있는데 벽화의 내용에는 슈메이너스 마을의 역사가 담겨 있다. 초기 벌목공의 생활, 소를 통해 목재를 나르는 노동, 바다에 목재를 담그는 과정, 일본에서 온 여성 이주민, 2차 대전 때 군사우편을 전달해주던 집배원의 모습……. 마을 전체가 대형 벽화로 가득 차 있다.

여기까지는 어려운 일이 아니다. 우리나라였다면 그 오랜 세월 동안 벽화를 그릴 게 아니라 한 벽화당 1,000만~2,000만 원을 들여 50개쯤 만드는 것은 일도 아닐 것이다. 그래봤자 전체 예산이 5억~10억 원 사이니 슈메이너스처럼 마을벽화를 만드는 것은 6개월이면 상황 종료. 그러나 주민들의 동의와 스스로의 결단이 없으면 벽화라는 것은 3년이면 벗겨지기 마련이고, 그 앞에 쓰레기를 버리고, 빨랫줄을 걸어두면 끝장 나 버리게 되어 있다. 더구나 관광객이 몰려오면 사생활의 침해 문제가 대두되고 민원이 발생하게 된다. 돈으로 안 되는 것이 바로 사람의 마음이고, 일상성과 공동체성을 잃은 작업은 문화가 아니다.

슈메이너스의 벽화는 마을 프로젝트로 1980년대 초부터 논의되기 시작하였다고 하니, 쇠락해가는 마을과 마을의 공동체성에 대한 고민이 우리보다 30년은 앞서 있다. 벽화 아이디어는 마을이 쇠락해가는 것을 걱정하던 주민 사이에서 나온 것으로, 이것을 노스 코위찬 시가 적극 수용하여 시의 사업으로 확장하였다. 이후 시장과 시의원까지 포괄하는 추진위원회를 통해 작품 선정과 작가 선정 과정에 대한 기나긴 합의가 있었다. 또한 이를 관리하고, 외부인에게 설명하며, 자신의 집을 벽화에 어울리게 고치는 마을 주민들의 적극적 동의와 자원봉사가 있었다.

목재산업이 주를 이룬 이곳 구경제의 단면을 그린 그림 ▶

이 마을의 벽화가 의미 있는 것은 목재산업이 사양화되어 쇠락한 산촌마을이 새롭게 재생된 성공사례이기 때문이다. 농촌이 공동화되는 우리나라의 현실에서 보면, 정말 주옥같은 사례가 아닐 수 없다. 사실 전 세계적으로 도시화가 이루어지면서 삶의 공간을 새롭게 창조하려는 노력이 지속적으로 이어져 왔다. 물론 우리나라에서도 새마을운동이나 뉴타운사업이 더 이상 우리의 삶을 긍정적으로 변화시키는 것이 아니라는 의식에 차츰 도달하고 있다는 것은 반가운 일이다. 더구나 현대 사회의 가치는 획일적으로 디자인된 아파트에서는 발견되지 않는 독특성 같은 것이 아닌가? 그래서 차츰 가치와 취향을 만들어가는 마을 공동체를 살리려는 다양한 노력들이 진행되고 있다. 삶의 공간이며, 자급자족에서 복지까지 구성되는 공동체적 도시와 마을을 재건하는 것은 이제 생명을 지키는 문제로 다가와 있기 때문이다. 실제 쇠락을 거듭하던 슈메이너스 마을은 이 벽화 작업을 통해 연간 50만 명의 관광객이 찾는 마을이 되었다고 한다. 인구가 그나마 늘어 4,500명 남짓이 된 이 마을은 이제 인구의 100배나 되는 관광객을 통해 수익을 창출하고 마을의 활력을 찾은 것이다. 전통적인 목재산업에서 현대적인 관광산업으로 경제 기반이 바뀌었을 뿐이다.

마을이 매우 작기 때문에 지그재그로 다녀도 되지만, 이곳 주민들은 벽화를 순서대로 보라고 바닥에 화살표도 만들어두었다. 그대로 따라가면 되지만, 지도에서 보이는 골목도 들어가 봐야 한다. 이제 이 마을은 벽화만 그리는 것이 아니다. 마을을 문화적으로 재생하여 낭만과 세련미가 좔좔 흐르는 아름다운 카페, 각종 조각상, 공연장 등을 차례로 갖추고 매년 축제도 열고 있다. 슈메이너스 어느 카페에 들어가도 음식이 맛있다고 느껴지는 것은 음식 맛뿐 아니라 훈훈한 분위기도 함께 음미하고 있기 때문이리라.

슈메이너스에서 빅토리아로 가는 길은 그리 멀지 않을 뿐 아니라 가는 길이 예술이다. 캐나다 전역에서 여기만큼 따뜻하고 날씨 좋은 곳이 없어서 그런지 캐나다의 부자들이 많이 산다는 영국식 저택들을 어렵지 않게 볼 수가 있었다. 영국식 캐슬이 있다는 것은 바로 영국식 정원이 줄줄이 펼쳐져 있다는 뜻이

벽화는 조각, 예쁜 카페, 공예점 등으로 이어져 마을에 관광자원이 되었다.

다. 부유한 사람들이 은퇴 후 말년에 주로 하는 업무(?)는 정원 가꾸기. 어느 나라든 상류층은 그들의 여유를 즐기는 방법으로 정원을 활용해 왔다. 우리나라에 자연과 조화를 이루면서 자연에 덧대어진 정원이 있다면, 일본은 극도의 절제미로 간결한 정원이 있으며, 중국은 화려하고 과장된 미를 통해 천하를 담은 정원이 있다. 유럽도 마찬가지이다. 프랑스풍의 정갈한 정원도 있지만, 이곳의 정원은 영국의 자연스러운 정원이다. 작은 캐슬을 연상하게 하는 집 주변에 꾸며진 정원을 보고 있으니 "남의 땅을 차지하여 잘도 사는구나" 하는 생각이 스멀스멀 올라왔다. 물론 로키산맥에 가서 보면, "지구별의 자연을 지킬 줄 아는 이들은 이 땅에 살 자격이 있구나" 하는 생각이 드는 것과 전혀 다른 느낌인 것은 북미 원주민의 아픈 역사가 진행형이기 때문이리라.

그러나 아름다움은 아름다움이다. 그 아름다운 길을 따라 빅토리아를 향해 내려오면서 중간 중간 쉬었다. 그중 하나가 제로 마일 지점0 mile spot으로 캐나다 하이웨이가 시작하는 곳이다. 광활한 땅, 캐나다에서 철도와 고속도로는 굉장한 의미가 있다. 나라를 나라답게 만드는 핵심이기 때문이다. 캐나다 횡단철도는 바다를 건너 이곳 밴쿠버 섬까지 들어올 수 없지만, 도로는 페리로 연결되어 있다. 도로는 1942~1953년에 완성된 알래스카 하이웨이와 1962년에 완성된 트랜스 캐나다 하이웨이가 있다. 트랜스 캐나다 하이웨이는 대서양의 세인트존스(뉴펀들랜드 주)에서 태평양의 빅토리아에 이르는 길이 8,000km의 대륙횡단 도로이다. 이 도로는 주마다 다른 이름으로 불리기도 하지만 하이웨이 1번이 가장 많이 통용되는 이름이다. 그 하이웨이의 시작점이 바로 빅토리아의 제로 마일이다. 내가 처음 이 제로 마일 지점에 갔을 당시 북미횡단은 생각하지도 못했지만, 좋은 의미든 나쁜 의미든 인간의 힘을 느끼게 해주는 표지석이다.

밴쿠버 섬에 있는 제로마일 지점.
이곳에서 캐나다 횡단 고속도로가 시작된다.

▲ 빅토리아에 있는 주의사당 건물
▼ 지붕 상단의 밴쿠버 선장

영국보다 더욱
영국스러운 빅토리아

우리는 나나이모에서 빅토리아로 갔지만, 빅토리아 항구로 곧장 들어온다면 바다 쪽에서 우아한 빅토리아의 모습을 볼 수 있을 것이다. 빅토리아를 찾는 관광객이 가장 먼저 가보는 곳이 주의사당 건물. 의사당이 있는 이너하버 Inner Harbour 근처가 최고의 관광지이다. 이너하버에서 항구 반대쪽으로 다운타운이 펼쳐져 있는데, 빅토리아의 다운타운은 번잡하지도 복잡하지도 않다.

이너하버는 이름 그대로 안쪽 깊숙이 들어와 있는 항구로서 빅토리아의 내항 역할을 한다. 화물선보다는 여객선이 왕래하며 육지와 연결된 페리들은 여기에 닿는다. 이 항구에서 불과 동북쪽으로 50걸음 그러니까, 눈으로 보면 엎어지면 배꼽 닿는 거리쯤에 있는 것이 주의사당 건물과 각종 호텔들이다. 주의사당 건물이 건축학적으로 의미 있는 곳인지 아닌지는 잘 모르겠다. 다만 BC주가 캐나다에 편입된 후 주 행정업무 공간을 확보하기 위해 실행한 BC 주최대, 최초의 건설산업이라고 알려져 있다. 건축 공모를 통해 래튼버리 Francis Rattenbury라는 25세의 신인을 스타로 만들었다고 하는데, 건물의 규모가 어마어마하여 1892~97년 1차, 다시 1912~16년 2차에 거쳐 최종 완성되었다고한다. 빅토리아풍의 장엄하면서도 우아하고 선이 굵은 이 건물은 캐나다인들이 무척 아끼는 건물이란다.

의사당은 중앙 건물을 두고 좌측과 우측이 같은 모양으로 연결되어 있는데, 역시 시간상 건물 안으로 들어가 보지 못했다. 건물을 찬찬히 보다가 건물의 맨 위에 있는 인물이 누구인지 궁금해져서 찍어보았다. 서 있는 폼은 그리스 조각 자세의 미소년 같다. 소년이 빅토리아 항구를 내려다보는 폼이 예사롭지 않아 필경 신화적 인물이라고 생각했다. 그런데 맙소사! 그는 밴쿠버 섬을 영국 식민지로 만든 선장 밴쿠버라고 한다. 나는 건물을 수호하는 고대 신화 혹은 성서의 좀 더 낭만적이거나 신화적인 스토리를 생각했는데, 역시 캐나다답게

그냥 액면 그대로 개척자였다.

주의사당이 빅토리아의 명실상부한 명물이 된 것은 야경 때문이다. 심하게 장수하신 빅토리아 여왕의 즉위 60주년을 기념하여 주의사당을 3,330개의 전구로 장식하였는데 그것이 지금까지 빅토리아의 밤을 지키고 있다. 1897년부터 실시했으니 100년이 넘고도 넘었다. 특히 크리스마스 때에는 장관이라고 하는데, 주변 호텔의 숙박료는 천정부지로 치솟는다고 한다. 주의사당 앞에는 몇 개의 상징들이 있다. 우선 맨 중앙에 서 있는 분은 영국 영화의 상징인 빅토리아 여왕이다. 여왕의 오른쪽으로 동상이 있는데, 한국전 참전 용사비이다.

이걸 반갑다고 해야 하나. 캐나다의 현충일은 11월에 있는데 역사가 짧은 캐나다에서는 캐나다군이 국가를 위해 헌신한 일을 기릴 게 많지 않다. 더구나 미국과의 전쟁 등 초기 과정은 모두 영국 식민지하에서 치른 영국군의 일이었기에 더욱 그렇다. 따라서 나머지 두 전쟁이 부각되는데, 캐나다군의 이름으로 처음 참전한 제2차 대전과 (캐나다인이 말하기를) 용맹스러웠다는 한국전이다. 그래서 캐나다에서 한국에 대해 가장 많이 공부하는 주제는 한국전이며, 가장 유명한 한국인은 단연 김정일이다. 그들은 김정은과 김정일의 발음을 헷갈리기 일쑤인데, 대개 김정일을 발음하고 김정은은 그냥 "그 사람Guy" 혹은 "젊은 애Young Boy"라고 칭한다. 캐나다인들은 학교 다니는 내내 이에 대해 배우기 때문에 한국전과 남북관계에 대해 관심이 많다.

◀ 주의사당 앞에 있는 한국전 참전 용사비

주의사당 앞에 있던 아름다운
나무의 외부와 내부

내가 왼쪽, 오른쪽을 가리키며 요모조모 설명하는 이유는 따로 있다. 바로 빅토리아 여왕 동상 옆에 있는 심상치 않은 나무 때문이다. 나는 원래 범상치 않은 나무를 좋아하는 사람이라 보자마자 그 모습에 반해 나무 안으로 들어갔다. 아니나 다를까 나무 안쪽은 가지가 기기묘묘하게 뻗어 있어 그 아름다움과 장엄한 자태가 무척 인상적이었다. 참 멋있다. 진짜 멋있다.

나에게 빅토리아에서 가장 인상적인 곳을 말하라면 다음날 식사를 한 식당이라고 말할 것이다. 이너하버 근처에서 불과 10분 거리에 있는 영국풍의 작은 식당에 도착했을 때, 입구에 있었던 윌리엄 왕세손과 케이트 왕세손비의 사진이 남달랐다. 그들의 결혼식이 있은 지 얼마 지나지 않았기 때문에 캐나다 전역이 살짝 설레던 것을 아는지라 그러려니 했다. 그러나 식당에 들어가서 보니 식사를 하는 분위기가 매우 영국스러웠다. 벽에 온통 왕실의 그림이 붙어 있고, 윌리엄 왕자 내외는 물론 다이애나와 찰스, 엘리자베스 여왕과 필립공, 조지6세와 엘리자베스 왕비 등이 줄줄이 걸려 있었다. 왕실 가족에 대한 애정이 풀풀 넘치고, 영국적 정체성을 드러내는 것에 자부심이 대단해 보였다. 이런게 바로 빅토리아의 분위기였다. 영국보다 더욱 영국스러운 것 말이다.

밴쿠버 섬의 별명이 정원의 섬인 것처럼 빅토리아는 정원도시이다. 세계적으로 유명한 부차트 가든Butchart Gardens은 정원이란 어떤 것인가를 보여주는 모델이 되어 전 세계에 복제되어 있다. 그러나 나의 시선을 끈 것은 빅토리아 차이나타운의 판 탄 앨리Fan Tan Alley였다. 세계 어느 곳에나 차이나타운이 있고, 사실 중국문화를 심하게 잘 아는 한국인들에게는 어떤 차이나타운이라도 관광지로서의 매력이 부족하다. 그러나 내가 이곳 차이나타운에 대해 관심을 가진 것은 살인적인 검거 색출의 역사 때문이다. 일반적으로 여행 책에는 판 탄 앨리가 마약과 도박의 소굴이었다고 쓰여 있는데, 그것의 이면에는 캐나다에 이주한 중국철도 및 광산, 벌목 노동자들의 애환이 숨어 있다. 지금 캐나다는 다문화주의 정책으로 유색인에 대한 차별이 법적으로 금지되어 있고 도리어 사회적 약자에 대한 배려정책이 제도화되어 있는 나라이다. 그러나 처음부터

그랬던 것은 아니다. 캐나다의 백인 사회도 중국인 노동자들을 돌려보낼 궁리를 했고, 고국으로 돌아가 봤자 일거리가 없던 중국인 노동자들은 법망을 피해 거주했다. 그들은 차이나타운에 거주하며 일을 하였는데, 불안한 생활로 인해 도박과 음주 그리고 마약이 성행할 수밖에 없었다.

중국인 노동자들은 캐나다 경찰의 검거작업을 피해 숨어 다녔는데, 그 결과 유명한 미로 같은 골목이 만들어졌다. 바로 건물과 건물 사이를 쏜살같이 빠져나가 차를 타고 오는 경찰을 따돌리려는 것이다. 필요할 때 쓰고, 쓰고 난 후 버리려 하는 이주노동정책은 세계 어디에서나 있었다. 문제는 거기에 대해 반성하고 있는가 하는 것이다. 우리나라도 많이 보완되었지만 이주노동과 이에 대한 규제는 커다란 사회문제였다. 캐나다 사회는 1990년 이후 국가에 의해 자행된 비인도적인 행위에 대해 국가차원의 사죄를 하고, 이를 기억하고 교훈으로 삼기 위한 프로그램을 진행하는데, 대개 각국 커뮤니티와의 협력을 통해 행사, 기록, 상징화 작업 등을 할 뿐 아니라, 교과서에도 기록하고 있다.

이와 관련된 법안이 보수당으로부터 만들어졌다는 것을 생각하면 캐나다는 우리와 달라도 너~무 다르다. 물론 보수당으로서는 세계 경제대국으로 성장하는 중국과의 관계에 대해 장기적인 포석이었을 수 있으나, 실제 학교와 사회에서는 역사적 사죄로 독해되고 있으니 다른 것이 틀림없다.

◀ 영국 왕실과 왕실 가족들의 그림이 잔뜩 걸려 있는 식당
내부는 빅토리아의 영국 분위기를 잘 보여준다.

우리 와
다 리 른
그 들 의
일 상

캐나다
학교생활

　내가 고등학교 1학년이었던 큰딸을 데리고 1년 일정의 캐나다 연수를 간 것은 사실 처음부터 무리였다. 그럼에도 아이들까지 데리고 간 것은 "모든 사람들의 인생이 다른데 꼭 단일한 방식으로 살아야 하나" 하는 약간의 배짱이 있었기에 가능했다. 고등학교를 3년 내에 마쳐야 한다는 것은 성경에도 불경에도 심지어 헌법에도 없지 않은가 말이다. 그냥 캐나다를 다녀온 후 1년 유급해서 고등학교를 보낼 요량으로 두 아이와 함께 캐나다행 비행기를 탔던 것이다.

　사람은 누구나 자기가 속한 곳과 다른 문화를 접하게 되면, 문화적 쇼크culture shock를 겪는다고 한다. 문화인류학자 칼레르보 오베르그Kalervo Oberg는 문화적 쇼크가 5단계로 진행된다고 보았다. 1단계는 허니문 단계Honeymoon Stage, 2단계는 분노 단계Irritation to Anger Stage, 3단계는 회복 단계Turning Point Stage, 4단계는 통합 단계Intergration Stage 그리고 마지막 단계는 순환 단계Re-entry Stage라는 것이다. 그러니까 외국에 여행을 가는 사람은 처음에는 허니문 단계에서 즐기지만, 여행이 길어질수록, 다음 단계로 접어들면서 무기력과 향수, 식욕부진, 좌절감 등을 겪을 수밖에 없다.

　청소년기의 이러한 경험은 매우 조심스럽다. 이는 나쁘거나 좋다는 이야기가 아니다. 아이들이 이러한 경험을 하게 될 때, 자기 문화로부터의 지지는 거의 생존 조건이 될 수밖에 없기 때문에 매우 신중하게 준비되어야 한다는 것이다. 청소년기에 여행의 중요성을 강조한 수많은 문헌이 이러한 위험을 모르는 것은 아닐 것이다. 새로운 기회를 통해 자신을 성숙시킬 수 있다는 것, 그리고 그럴 힘이 있는 아이로 키워야 한다는 전제가 깔린 이야기이다. 결국 아이의 몫이며 그 아이가 자라온 문화의 힘이다.

　우리 아이들의 캐나다 생활은 신기하게 진행되었다. 일단 선생님들은 아이를 향해 칭찬공세를 했다. 아이들은 매일 학교에서 돌아온 후 얼마나 재미있는 일이 있었는지 떠들어대고 점점 물 만난 고기, 산책 나온 강아지를 넘어 치즈 냄새 맡은 생쥐가 되어갔다. 별일 아닌 것에 퍼부어대는 선생님의 칭찬은 아이들에게 무슨 마술이라도 걸어놓은 듯했다. 아마 캐나다 선생님들이 청소년기의 문화충격에 대해 익히 알고 있지 않았나 하는 생각이 든다.

어쨌든 캐나다 학교는 학생들에게 천국이다. 공부가 즐거운 일이라는 것을 처음 알았다는 아이들의 진술을 토대로 추측건대 문화충격의 1단계는 정말이지 진한 허니문 단계인 듯하였다. 나중에 다양한 단계의 어려움을 겪기는 했지만 캐나다 생활 초기에 아이들은 엄마가 한국에 돌아가도 자신들은 캐나다에 남아 '교육망명'을 신청하겠다고 으름장까지 놓았다.

▲ 중고등학생인 딸들과 함께
◀ 캐나다 초등학교

내가 봐도 캐나다의 학교생활은 언제나 즐거운 날이 넘친다. 캐나다 학교 역시 평가도 하고 시험도 보지만, 평가의 내용이 다르고 평가의 방식이 다르다. 중간고사나 기말고사 같은 큰 시험이 없고 일상적으로 학생들의 학습을 점검한다. 그러나 시험은 아이들이 알도록 꾀어내는 과정이지, 모르는 것을 색출하는 과정이 아니다. 시험의 존재 여부만으로 즐거움이 상실되지 않는 것이다.

캐나다는 주마다 교육제도가 다르다. 우리 아이들의 수업 시간표는 아주 간단하다. DAY1수업(4과목) DAY2수업(4과목)을 교대로 하는데, 만일 DAY1에 밴드가 들어있으면 2일에 한 번씩 90분 수업을 한다. 학년마다 다르지만, 대개 고등학교 정도가 되면 학년마다 의무적으로 해야 하는 과목은 영어 · 수학 · 체육뿐. 그러니까 DAY1과 DAY2에 신청 가능한 과목은 8과목이지만, 졸업의무과목 3과목을 제외하고는 스스로 선택할 수 있다. 이과에 흥미가 있는 학생은 과학 중심으로, 문과에 흥미가 있는 학생들은 사회과 중심으로 신청을 하고, 나머지는 모두 예술과목(목공 · 미술 · 밴드 · 댄스 · 요리 등)과 실용과목(비즈니스 · 회계 · 컴퓨터 등)을 신청한다. 따라서 전체 과목이 골고루 배치됨과 동시에 자신이 좋아하는 과목을 더 신청해서 들을 수 있다. 이렇게 공부해서 대학시험을 볼 수 있을까 싶지만, 캐나다는 수능을 보는 미국과 달리 고등학교의 최종 1년 혹은 2년의 성적으로 대학에 진학한다.

체육이 중요과목이기 때문에 체육에 흥미가 없는 학생들은 자칫 난감할 수 있겠지만, 천만의 말씀 만만의 콩떡이다. 둘째아이의 체육 시간을 보니 초기 두 달 동안 다양한 체육활동을 하는데 핸드볼 → 스케이트 → 볼링 → 가라테를 했다. 다양한 체육 능력을 골고루 배울 수 있고, 능력을 발휘할 수 있어 체육 시간의 개념이 우리나라와는 전혀 다르다.

보통 청소년기 학생들은 수면욕과 배고픔에 시달리게 된다. 그래서 한국 교실의 학생들은 언제나 수업 시간에 졸고, 쉬는 시간에는 '매점 앞으로!' 질주한다. 그런데 캐나다의 성장기 학생들은 다르다. 성장기 학생들의 문화야말로 그 사회의 문화적 지향이 담긴 모습이 아닐까. 일단 캐나다 학생들은 한국 학생들

캐나다는 남학생의 체력은 물론 여학생의 체력이 정말 장사급이다.

보다 최소 2시간 일찍 자고 1시간 늦게 일어난다. 하루에 8~9시간 잠을 자는 셈이다. 그리고 그들은 "매점 앞으로"를 하는 것이 아니라, 먹을 것을 대충 먹고 날마다 뛰고, 춤추고, 노래한다. 딸아이의 증언이다.

"한국에서는 1교시 끝나고 언제 점심시간이 되나 하는 생각이 많이 들었어. 그런데 여기에서는 1교시 끝나고, 정신없이 2교시 교실에 들어가서 한참 웃다 보면, 점심시간이 되는 거야."

캐나다의 청소년들은 지식의 습득은 물론 육체와 정신의 성장에 신경을 많이 쓰는 것 같다. 큰딸은 태권도 3단으로 한국에서 '한 체력' 하였다. 특히 체육 시간을 싫어하는 여자 고등학교에서, 딸아이의 체육 실력은 단연 으뜸이었다. 딸아이의 증언이 이어진다.

"여기 백인과 중국계 캐나다 학생들의 체력이 장난 아니야. 유학 온 중국인과 한국인은 빌빌거리고. 오늘 '윗몸 일으키기' 비슷한 것을 했는데, 한국에서는 내가 반에서 제일 많이 하거든. 한 45개쯤. 그런데 여기는 60∼70개 하는 애들도 있고, 나는 중간 정도야."

현대 사회가 사냥하는 사회도 아니므로 체력이 대수는 아니겠지만, 그래도 저질 체력이 늘어가는 한국 학생들을 보면 걱정스럽기 그지없다.

학생들에게 자신의 삶을 설계할 시간과 여유를 주는 캐나다의 학교. 물론 여기에 쓴 내용이 전부는 아니다. 캐나다에도 우열반이 있고, 사립학교라는 일종의 부자학교가 엄연히 존재하고 있다. 그러나 그것이 차별의 대상이 되지 않는다는 것이 중요하다. 캐나다 사회는 사회가 필요로 하는 직종 혹은 노동의 강도가 높은 직종의 급여가 더 많기 때문에 교사나 은행원보다 기술자가 더 많은 월급을 받는데, 이 점이 삶의 설계를 다르게 만든다.

캐나다의 교육 분위기를 이해하는 데는 교육활동의 내용을 담는 형식, 즉 학교라는 시설은 중요한 관전 포인트이다. 형식은 내용과 일치하기 마련이지 않은가. 우리나라도 학교를 짓는 방식이 과거와 같지는 않지만, 그래도 사회가 변한 것에 비추어 본다면 놀라우리만치 변하지 않았다.

밴쿠버에 머무는 동안 지병인 호기심이 도져 다녀본 시설 중에는 학교가 많이 있었다. 캐나다에서는 누구나 학교에 들어갈 수 있기 때문에 수업을 하는 복도를 조용히 걸어 다니는 것이 전혀 이상한 일이 아니다. 캐나다 학교에는 비슷한 특징이 있었다. 첫째, 건물이 직사각형 혹은 정사각형으로 만들어져 있지 않으며, 내부 역시 그렇게 설계되어 있지 않다. 오래된 학교나 새로 지은 학교나 낡음의 정도가 다를 뿐이다. 둘째, 캐나다의 모든 건물이 그렇지만, 채광이 정말 중요하다. 자라나는 학생들에게 한 줄기라도 더 많은 햇빛을 만들어주려고 애쓴 흔적들이 역력하다. 셋째, 건물이 그리 깨끗하지 않다. 학생들이 여기저기에 자신들의 클럽이나 활동을 소개하는 각종 포스터들을 붙여 두었기 때문이다.

매기중고등학교Magee Secondary School는 밴쿠버 공립학교 중 하나이다. 소위 밴쿠버 명문이라는 밴쿠버 서부지역의 학교가 아니라, 그저 중간 정도 하는 수 더분한 학교이다. 넓은 잔디운동장의 끝에 있는 이 학교에 들어서면 로비가 아주 훤하게 생겼다. 로비에는 학생식당과 휴식공간들이 있다. 2층과 3층까지 공간을 비워서 시원한 공간을 만들고 공중에 조각을 배치하고 천장을 유리로 덮은 이 건물은 여느 대학건물보다 더 좋아 보였다. 2층은 건물을 빙 둘러선 복식 교실들로 배치되어 있는데 건물을 휘감는 긴 복도를 가지고 있었다.

밴쿠버의 매기중고등학교의 로비

2층의 가장 메인에 위치한 것은 도서실. 캐나다 학교에서 도서실은 실제 학과와 매우 밀접하게 연결되어 있다. 국어책이 따로 없는 캐나다에서 영어수업의 교재는 문학작품인데, 이곳은 그런 책들이 즐비하다. 수업을 자기 스스로 구성하기 때문에 빈 시간이 생긴 학생들은 주로 도서관에서 책을 보면서 다음 시간을 준비한다. 도서실 내부 역시 2개의 층을 사용해서 훤하고 쾌적한 공간을 만들었다. 역동적인 도서실을 보니 반갑고 부럽기만 하였다.

2층 복도를 돌다가 체육관을 발견하였다. 체육관은 1층에 있으면서 2층으로 트여 역시 훤하다. 캐나다 학교에서는 체육관과 강당이 분리되어 있다. 체육관은 체육을 하는 곳이고, 강당은 공연장으로 기능한다. 이것은 필수 시설이라서 어느 학교나 다 갖추고 있다. 음악·미술·체육 시설이 차지하는 면적이 학교 전체 면적에 필적할 정도였다. 캐나다에서는 예술과목을 매우 중시 여긴다. 자기를 '표현'하고 '삶의 가치'를 높이는 것은 청소년에게 중요한 일임이 분명하다. 예술 과목에 관련된 시설만 있는 것도 아니다. 생활수업으로 구성된 요리, 바느질, 목공, 비즈니스 등의 수업을 위한 별도의 시설들이 있다. 인간이라면 이런 기능을 배우지 않고 살 수 없다. 오늘날 인류가 유지될 수 있는 것은 끊임없이 삶의 기술을 전승하고 발전시켜 왔기 때문인데, 한국 교육에서는 "너는 공부만 해"라는 말 속에 인류 수십만 년의 지혜를 단절시키고 있는 것이 아닌지 곰곰이 생각해 볼 일이다.

캐나다의 중고등학교 학생들은 특별활동을 많이 한다. 이를테면 무용시간에는 무용만 배우는 것이 아니라, 댄스 공연을 위한 장비 렌트비를 벌기 위한 계획을 세우고 실행하는 등 경제활동에 대한 구상 또한 자유롭다. 수업에 관계없지만, 하고 싶은 활동이 있으면 그에 관심 있는 선생님에게 지원을 부탁하고, 클럽을 만들어 자신들의 활동을 위한 자금을 함께 조성한다. 입시교육만이 있는 사회에서 온 나는 이를 이해하기까지 상당한 시간이 걸렸다.

매기 중고등학교의 도서실(좌)과 체육관(우)

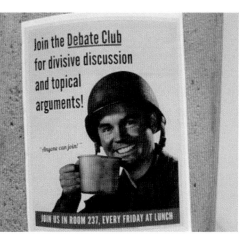

학생들이 붙인 각종 포스터

캐나다 생활의
법칙

캐나다의 교육환경은 우수하다고 평가받고 있지만, 캐나다 학교에서 모든 한국 학생들이 잘 적응할 수 있는가는 보장할 수 없다. 캐나다 사회는 한국인이 가진 보편적인 의식과 다른 면이 많은 나라이기 때문에 그들의 가치관 혹은 문화를 이해하지 못하면 상당히 곤혹스러운 것이 사실이다.

사실 캐나다와 한국의 사회적 가치와 이상에는 엄청난 차이가 있다. 사회의 기본 가치는 특별히 가르치는 것이 아니라 생활전반에 공기처럼 존재하는 것과 같이 캐나다에서도 그것을 특별히 가르치지 않는다. 이것은 그저 그들의 태도나 기대 혹은 언어 습관 속에 존재하고 있고, 이를 이해할 때 그 사회로의 적응은 물론 언어 습득도 용이해진다. 캐나다에 오랫동안 살거나 이민을 한 한국인들이 100% 동의한 캐나다 생활의 법칙이다.

첫째, 자신의 행동에 대해 책임을 지지 않으면 견디기 어려운 사회가 캐나다이다. 캐나다에서 학교를 다니는 학생들은 선생님의 훈계를 좀체 받지 않는다. 지각을 했다고 교문 앞에서 훈계하는 선생님이 없다. 수업시간에 늦은 학생에게 선생님은 "괜찮아(That's O.K.)"라고 한다. 학생들은 선생님이 천사표라고 좋아할 수밖에 없다. 한국에서는 교문 앞을 점령한 선생님이 몽둥이를 들고 다니면서 지각한 학생들을 일일이 야단치는 깨알 같은 폭력성을 보인다. 그러나 캐나다 선생님들은 학생들이 지각하는 버릇을 고칠 의무가 없다. 그것은 이미 집에서 배웠어야 했다. 어릴 때부터 그들의 부모로부터 혹은 유치원에서 익혔어야 하기 때문에 중고등학교에서 선생님이 훈계하는 일은 거의 없다.

학교에 지각한 학생의 성적은 아무런 경고 없이 이미 깎였을 것이다. 학생들의 학습태도는 성적의 15~20%를 차지하는데, 교사는 "수업 시작 시간에 네 얼굴을 볼 수 있는 기쁨을 줄 수 있겠니?"라는 유쾌한 인사와 함께 냉정하게 성적을 깎아 버린다. 물론 초등학생의 경우는 보다 관대하게 학생의 상황이 검토

되지만, 기본적으로 가정에서 배워야 할 덕목이라는 것은 다르지 않다. 다양성이 점점 확대되는 현대사회에서 학생들의 일상을 촘촘히 가르치겠다는 한국 학교가 지나치게 어려운 일을 자임하고 나선 것은 아닌가 하는 생각이 든 것은 캐나다 학교가 가진 경쾌성을 본 이후였다. 최소한 캐나다의 학교는 학생들에게 여전히 즐거운 공간으로 남아 있다.

큰 가방을 지고 가는 초등학생 ▶
학교에 붙어 있는 학생권리문 ▼

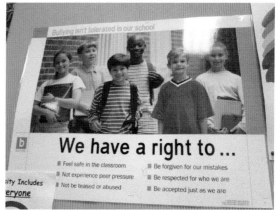

둘째, 약속을 어기면 살기 어려운 사회가 캐나다이다. 약속을 어기는 일이 한두 번 거듭되면 결코 그 사람을 믿지 않는다. 학생들이 약속을 지키지 않은, 혹은 잊어버린 경우라도 "학생이니까" 하고 넘어가지 않는다. 학생들끼리 그룹 프로젝트가 유난히 많은 캐나다 학교에서 약속을 지키지 않는 것은 대개 동양에서 온 학생들이다. 이들은 일단 말을 잘 알아듣지 못하기도 하고, 동급 학생들과의 팀 작업이나 협동에 서툰 경우가 많이 있다. 사실 시간이 많이 소요되는 팀 작업이나 협동 활동을 탐탁지 않게 여기는 부모들이 엄연히 존재하는 것이 우리 사회의 현실이기도 하니까.

그러나 그런 협동과정이 원활하지 않을 경우 팀은 엄청난 타격을 받는다. 한국 같으면 친구들이 감싸주며, 그 상황을 선생님에게 말했다면 약속을 어긴 학생보다 고자질한 학생이 문제가 되기 십상이다. 그러나 캐나다에서 약속을 어겨 피해가 발생했다면 학생들은 상황을 선생님에게 이야기한다. 자신들의 딜레마를 선생님께 알리는 정도의 생각으로. 그것은 의리라는 개념과 관계가 없을 뿐 아니라, 문제해결을 위한 바른 태도로 이해된다. 약속을 지키지 않은 것은 약속을 지키지 않은 사람의 문제이고, 이 팀이 봉착한 문제는 또 다른 차원이기 때문이다.

셋째, 거짓말을 하면 죽음인 사회가 캐나다이다. 캐나다는 어떤 것을 조사해서 가지고 오는 숙제가 매우 많다. 한국에서도 그런 조사 숙제가 더러 있다. 이때 학생들은 대개 네이버에 물어보거나 수많은 글들을 인용한다. 심지어 단락을 완전히 복사해서 붙여 버리는 경우도 있다. 물론 이런 경우 한국에서도 문제가 되지만, 캐나다에서는 좀 더 심각하다. 타인의 글을 인용하면서 출처를 밝히지 않았다거나, 한 줄 이상을 무단 인용했다면 그것은 그 학생이 한 숙제도 아닐 뿐 아니라, 도덕적 문제가 되어 때에 따라서는 심각한 상황이 된다. 거짓말쟁이이기 때문이다. 따라서 학생들을 훈련시키기 위해 인용과 관련된 교육을 철저히 시키며, 숙제를 낼 때 인용 관련 부분에 대한 가산점이 있다고 공지하기도 한다.

캐나다에서는 거짓말에 대한 반응이 한국 사회의 강도와 매우 다르다. 아주 세게, 그리고 심지어 무섭게 느껴지기도 한다. 이미 캐나다 사회의 이러한 분위기에서 자란 학생들과 한국에서 "아직 학생이니까……" 혹은 "공부하다가 그렇게 된 것이니까……" 하며 관대하게 처우받아 왔던 학생들은 완전히 다른 상황에 놓이게 된다.

넷째, 캐나다는 좋은 성적만으로 학생의 우수성을 평가하지 않는다. 학생들은 주중 1~3일은 체육활동이나 봉사활동을 한다. 오로지 공부만 한 학생은 우수한 학생으로 평가되지 않는다. 따라서 "엄마가 다 해줄게 너는 공부만 해"는 열등생을 만드는 구호이다. 물론 고등학교는 졸업할 수 있지만 대학진학에서 결코 유리한 입장이 되기 어렵다. 아무 곳에서나 자원봉사를 받아주지도 않으며, 한국처럼 대충 시켜 놓고 자원봉사 인증을 해주는 기관은 결단코(!) 없다. 더구나 개별 자원봉사 점수는 의미가 없다. 오랫동안 한두 곳에서 지속적으로 한 경우가 의미 있는 것이다. 그만큼 기관에서의 인정, 다른 사람과의 협력 등이 중요하게 다루어진다. 결코 쉬운 일이 아니고, 사회의 쓴맛, 단맛을 다 보게 되는 일이다. 그래야만 소위 명문 대학에 갈 수 있다. 공공직종에서 일을 하려면 어려서부터의 지역사회 봉사 경험이 있어야 그 직업에 적합한 사람이라고 인정해 준다는 것이 또 다른 차이이다.

마지막으로, 자신의 행동에 대한 결과를 나중에 알게 되는 것이 캐나다 사회이다. 이게 가장 중요하다. 그때그때 알려주면 고치거나 눈치라도 볼 수 있을 텐데, 캐나다 사람들은 당사자 앞에서 나쁜 소리를 거의 하지 않는다. 설사 피해자라 해도 피해를 준 사람에게 화를 내지 않는다. 카드가 연체되었어도 결코 전화해 주지 않고, 그냥 부도 처리해 버린다. 휴대전화 비용을 늦게 내도 전화로 알려주지 않는다. 물론 문자메시지를 한 통 정도 보내주지만 그게 최후통첩인지를 까마득히 모르고 지나간다. 그렇게 전화는 끊겨버리고, 다시 연결하려면 일정한 비용을 내야 한다. 이 모든 것은 계약서에 쓰여 있으며, 이를 지키지 않은 것은 나의 책임이다.

▲ 에릭햄버중고등학교의 도서관
▼ 낡은 건물을 꾸민 학생들의 솜씨

학생들도 지각이나 숙제를 하지 않은 것을 가지고 혼나지 않는다. 그러나 성적표를 받아보면 형편없이 깎여 있다. 학생들을 야단치거나 인권을 유린하면 안 되기 때문이다. 다만 그 책임은 학생이 지게 되어 있다. UBC에서 교수를 하는 분의 이야기를 들어보면 전 세계 학생 중에서 성적 때문에 교수에게 매달리는 (심지어 울기까지 하는) 학생은 한국 학생밖에 없다고 한다. 캐나다 사회가 매우 자유로운 것 같지만, 책임이 '엄정'한 사회이기 때문에 이미 성인인 대학생이 그런 행동을 하는 것은 심리적인 문제를 가지고 있는 것으로 읽힌다.

다행히 한국사회에서 그런 '생활 법칙'을 익힌 학생이라면, 캐나다는 그야말로 천국이다. 사실 캐나다에서 생활의 법칙이라고 하는 것이 우리 사회에서도 전혀 낯선 것이 아니기 때문이다. 그러나 우리 사회가 가진 관대함과 캐나다 사회가 가진 관대함은 다르다. 캐나다 사회가 사회구성원으로서의 규칙에 대해 엄정하다면, 개인 간의 관계에 대해서는 자유롭고 부담이 없는 편이다. 반면 우리나라는 선후배, 친척, 동기 등 관계에 대해 엄정한 대신 사회적 규율에 대해서는 상대적으로 관대하다고 볼 수 있다. 하지만 사회라는 공동체에서 정직하고, 협동하고, 봉사하는 일은 어디에서나 요구되는 것이지 않은가? 캐나다 사회에서 그것을 중요하게 여기고 사회전반의 의식으로 자리 잡은 것은 그 사회가 지향하는 가치와 맞아떨어지기 때문이다. 아마 우리 사회에서도 이것의 중요성에 대해서는 동의하지만, 여전히 엄중하게 다루어지지 않는 이유는 학생들에게 입시전쟁에서의 승리를 최고의 덕목으로 가르쳐야 하는 현실을 반영한 것은 아닐까? 학교는 사회의 거울이다.

성숙한 사회의
좀도둑

　나는 한국의 도서관에서나 카페에서 공부할 때 좀도둑을 특별히 의식하지 않았다. 도서관은 물론, 카페에서도 노트북을 켜놓고 화장실에 가는 일은 일상이었다. 처음 캐나다에 왔을 때 일이다. 한 카페에서 책을 보는데, 웬 잘생긴 백인 청년이 발그레한 얼굴을 디밀고, 뭐라고 이야기를 하였다. 몇 분 동안 자기 소지품을 봐달라는 이야기. '그럼 봐주고말고. 예쁜 것. 천천히 다녀와' 하는 표정으로 "Sure" 했다. 그러나 왜 봐달라는 건지 이상했다.

　그런데 한두 번이 아니었다. 캐나다 사람이 의심이 많은 건지, 내가 경비처럼 보인 건지 내게는 이상한 현상이었다. 그러나 카페만 그런 것이 아니었다. UBC 도서관에서도 자기 소지품을 봐달라는 애들이 부지기수였다. 세계 30위권에 든다는 명문대 UBC의 도서관에서 왜 이런 일이 일어나는 건지 이해가 되지 않았다. 심지어 도서관에는 경고 그림이 붙어 있기도 했다. 좀도둑이 극성이라는 것이 정답. 캐나다 친구들에게 물어보니, 도리어 눈을 동그랗게 뜨고 "너희 나라에서는 그런 것을 잊어버리지 않니?" 한다.

　결국 이를 이해할 수 있었던 하나의 사건이 있었다. 밴쿠버 생활을 시작했을 때 모든 일상이 난감하고 어렵기만 했다. 캐나다가 친절하고 합리적이지만 현지 생활에 어리바리한 내게는 정글과 같은 곳이었다. 밤에 침대에 누우면 하루 종일 온몸의 신경을 팽팽히 곤두세웠던 그 긴장으로부터 쉽게 빠져나오지 못했다. 실제로는 잘 느끼지 못했지만 몸이 많이 힘들었는지 소화가 잘 안 되고, 매일 꿈을 꾸며, 변비와 그 2차 증세로 고생을 할 뿐만 아니라, 머리칼이 한 움큼씩 빠져나갔다. 심지어 얼굴과 목을 집중 공략하는 가려움증에 고생을 했는데, 공기 좋은 밴쿠버에서 무슨 피부병이냐는 소리를 들었다. 내가 가진 최고의 기량이 있다면 베개를 본 순간 2초 안에 잠드는 점인데, 이때는 수면마저 여의치 않았다.

UBC의 도서관에 붙어 있는 경고문

　그러던 어느 날 누군가가 차 유리를 깨고 노트북과 디지털 카메라를 훔쳐간 일이 생겼다. '아~ 나는 쉽게 넘어가는 일이 없네. 이러다 죽으면 사리가 나오겠어!' 했지만, 누군가의 도움이 간절히 필요했다. 그때 휑한 자동차 유리를 쳐다보며 전찬영 선생님께 전화를 걸었다. 마침 전화를 받은 전 선생님의 남편분은 침착하게 다음 행로를 일러주었다. 그곳이 YMCA 주차장이니 일단 건물 안에 있는 스태프에게 말을 하고 도움을 요청하라는 것. 전 선생님 남편분과 침착하게 이야기를 나눈 나는 YMCA 스태프를 찾아가서 "Can you help me(저 좀 도와주실 수 있나요)?" 해야 할 것을 "May I help you(내가 도와드릴까요)?"라고 하고 말았다. 겉으로는 침착한 듯했지만, 혼란스러운 상태였다. 아니면 어떤 상황에서도 남을 도울 준비가 되었든지.

　경찰에 신고하고 주변의 위로를 받았지만, 도둑을 잡는다는 것은 불가능. 폐쇄회로를 확인한다고 하지만, 야밤에 남의 차를 부순 좀도둑을 어떻게 잡는다는 말인가. 어찌되었거나 신고까지 마치고 차를 운전하니 밴쿠버의 그 유명한 겨울 부슬비가 내리고 있었다. 유리가 빈 창으로 빗물이 쏟아져 들어오자 갑자기 눈물이 터져 나왔다. 차는 비에 젖고, 내 얼굴은 눈물에 젖고…….

그때, 남편에게서 이야기를 전해들은 전 선생님이 다시 전화를 걸어 무조건 자기 집으로 오라고 했다. 남편 분이 우리 아이들을 집에서 데리고 올 터이니 저녁 먹고 가라는 것. 당시 수술을 해서 몸이 좋지 않은 그녀임에도 그리도 무지막지하게 나를 도와주었다. 그들의 집에 도착하니 전 선생님은 다짜고짜 나를 껴안아주었다. 그녀의 얼굴을 보자 안도감에 다시 엉엉 울었다. 내가 원래 씩씩한 편이라 힘든 것을 잘 내색하지 않는다. 아마 독자들은 이 문장을 읽고 나의 병명을 짐작하리라. '자아비대증'.

그 이후에도 친구들은 내 차량에 장착한 내비게이션에 대해 우려를 비쳤다. 또 유리창을 깨고 훔쳐간다는 것이다. 캐나다 내비게이션은 아주 중후한 편이라 사전 공지를 해주는 것이 아니라 이미 지나치거나 도착한 후에나 알려주는 내비게이션이다. 그런데도 내비게이션 역시 좀도둑의 표적이다. 내가 아는 사람 중에는 운행할 때마다 내비게이션을 붙였다가 주차하면 떼어서 가지고 들어가는 사람도 있었다.

선진의식이 흘러넘치는 캐나다에서 이 무슨 황당한 일인가. 혹시 이 사회가 '자신의 공동체와 타 공동체' 간의 경계가 심한 거 아닐까, 이들의 시민의식은 '법적으로 규제한 결과'에 불과한 것은 아닐까? 하는 의심도 해보았다. 어찌되었든, 선진적인 시민의식을 가지고 있다는 것은 사회의 총량을 의미하는 것이지, 개개인의 성숙도와 일치하는 것은 아닌 듯하다. 그러나 부도덕하고 남의 눈을 속이는 사람이 있다고 해도 사회 전체의 성숙은 이를 견인하고 있지 않은가 말이다. 생각이 이쯤에 머무니, 어쩌면 개개인의 도덕성은 캐나다 사회보다 한국 사회가 보다 높은 수준을 가지고 있는 것이 아닌지, 사회 지도층의 도덕성이 우리 사회의 도덕적 수준을 낮추고 있는 것은 아닌지 모르겠다는 데 이르렀다.

캐나다 차량사고에서 본
문화적 차이

호기심은 나의 힘이라고 믿는 사람은 어디를 가도 사건, 사고가 일어난다. 이번에는 차량 사고였다. 한국에서도 불과 5m 앞에서 이 정도의 사고를 목격한 적이 없었다. 물론 한국에서는 사고에 대해 호기심을 가져 본 적이 없을 뿐 아니라, 사고 이후 어떻게 처리되는지 안 봐도 비디오고, 안 들어도 오디오다.

어느 날 집 근처 식당으로 들어가려는 찰나, 일상의 공기를 가르는 소리가 들렸다.

"끼~익~ 꽈라라랑."

내게 닥친 위험이 아니지만 움츠러든 채 소리가 난 쪽을 바라보니 좌회전 차선에 정지한 택시를 승용차가 들이받은 것.

나는 차량이 부딪친 직후부터 누구도 움직이지 않는 정적의 5초를 느끼고, 이 정적을 밀고 나오는 하얀 연기를 보았으며, 사람들이 한꺼번에 내뱉는 "오 마이Oh My……" 소리를 들었다. 서양 사람들은 놀라운 일이 있을 때 누구나 "오 마이……"를 중얼거린다. 그다음 단어는 사람마다 차이가 있다. 어떤 사람은 그냥 "갓God"이고, 어떤 사람은 "지저스Jesus" 또는 "굿니스Goodness"라고 하는데, 그냥 "오 마이"에서 끝나버리는 경우도 있다.

정적과 추스름의 짧은 시간에서 빠져나와 카메라를 찾아 한 방을 눌렀다. 이 현장에서 내셔널 지오그래픽 기자도 아닌 내가 사진기부터 찾는 것이 다른 사람에게 미안한 마음이 들었다. 더욱이 차량 부딪치는 소리를 두고 볼 때, 두 차의 운전자 모두 상당한 충격을 받았을 듯하고, 특히 들이받은 왼쪽 흰색 차량의 운전자는 더 큰 충격을 받았을 것으로 보였다. 그림같이 소방차가 왔다. 북미지역에서는 차량 사고에 소방차가 출동한다고 한다. 경찰조사에 앞서, 화재진압, 인명 구조가 먼저이기 때문이며, 특히 목조건물이 많은 북미 대륙은 불에 대한 두려움이 상당히 높기 때문이다.

운전 문화는 그 나라의 문화를 알 수 있는 또 하나의 잣대이다. 나는 내 눈앞에 보이는 모든 움직임을 매의 눈으로 관찰하기 시작했다. 택시 운전자가 먼저 내렸다. 그는 추월하려던 차량을 향해 어떠한 말도 하지 않았다. 나는 그가 혹시 인도인이라서 언어가 안 될지도 모른다고 생각했다. 밴쿠버에서 택시운전, 건물관리, 건설노동은 거의 인도인의 일거리이다. 내가 본 중에 가장 잘생긴 이 인도계 운전자는 머리를 연신 만지고 있었지만, 그의 얼굴에서는 분노도 흥분도 일절 찾아볼 수가 없었다. 우리나라로 치면 차에서 내려서 두 번째 손가락을 세우고 다른 차를 향해 "야 너 운전 어떻게 하는 거야!"라고 하든지 최소한 "운전을 그렇게 하시면 안 되죠"라고 해야 하는 상황인 듯한데 말이다. 그다음 차량 사고를 낸 여성이 차에서 내렸다. 그녀는 웃고 있었으며 개를 들고 있었다. 그녀의 관심은 온통 개에 몰려 있었고, 택시 운전사에게 말을 건네기는커녕 얼굴도 쳐다보지 않았다. 어떠한 사과도 없이 그냥 자기 개만 만지는 그녀는 나로 하여금 '싸가지'를 가늠하게 하였다. 그런데 개의 주인만이 아니라, 사고 직후 현장에 온 소방관이나 보험사 관계자 모두가 그렇게 하고 있었다. 마치 연소자나 노약자 같은 취급을 받고 있는 캐나다의 개를 보니, 우리나라의 개의 입장에서는 분노하고도 남을 일이다.

사고가 난 후, 처리는 참으로 싱거웠다. 그냥 소방차, 보험사 직원이 와서 뭔가 묻고, 차를 끌고 가니 모든 게 끝이 났다. 하긴 인명 사고가 없으면, 남는 일은 결국 보험 관련 일이다. 각 운전자가 물어야 할 보험료가 결정되고, 보험사에서 처리하는 것으로 할지 자신이 그냥 물면 될지를 결정하는 것은 사고가 나고 2~3개월이 지난 후이다. 그런데 중요한 것은 캐나다에서 보험 관련 업무는 모두 주에서 직영하고 있기 때문에 보험사 간에 싸울 일이 없다는 것. 이것이 비즈니스 중심의 미국과는 다른 캐나다의 시스템이다.

밴쿠버가 있는 BC 주의 보험회사는 ICBC인데, 많은 보험 중개사를 두고는 있지만 결국 모든 보험 업무를 관장하는 유일한 곳이다. 사고를 유발하는 다양한 위험이 있다고 하더라도 그날 그 사고를 낸 이유는 운전자의 행위에 있다는 것이 ICBC의 시각이므로, 사고처리의 결과는 0:100으로 처리된다. ICBC의 결정에 불복하여 재판을 하는 경우도 있지만, 보험회사 간의 협상금 싸움에 유리한 고지를 점령하기 위한 나이롱환자 놀이나 30:70 등의 협상은 없다. 그래서 사고가 난 직후 그들은 서로 간에 신경전을 벌일 일이 없다.

그런데 캐나다의 교통사고 현장에서 보이는 독특성은 그들의 태도에서 더욱 드러난다. 사고를 보는 그들의 태도는 중국의 길거리 사고 현장에 몰려든 수많은 구경꾼의 태도와 다르며, 우리나라 거리에서 보이는(캐나다 거리에서 내가 드러낸) 심판관적인 태도와도 다르다. 그들은 사고를 당한 것과 그 일을 처리하는 데 집중한다. 일단 그런 일이 일어났을 때, 잘잘못을 따지기 전에 누구에게나 있을 수 있는 일로 본다는 것이다. 사실 어차피 벌어진 일이고, 사고를 낸 사람은 더 힘들고 더 놀랐을 텐데, 거기에다가 소리를 지르는 행위는 무슨 의미가 있겠는가 말이다. 그럼에도 이해할 수 없는 것이 당사자 상호 간의 태도이다. 나중에 들어보니 한두 마디 상호 위로를 나누는 것이 보편적이지만, 대체로 사고 시 애써 절제된 태도를 갖는 것이 일반적인 권장태도라고 한다. 냉정한 캐나다의 사고 현장은 문화의 차이를 실감하게 하는 광경이 아닐 수 없었다.

◀ 차량사고의 현장
▶ BC 주 직영의 자동차 보험회사의 간판

여행 —
인생 의
변 주 곡,
북 미 횡 단

여행을
떠나자

　동서고금을 막론하고 '여행'은 매우 중요하게 다루어진다. 특히 자녀교육과 관련되어 많은 사람들이 이를 강조하는 이유는 여행의 경험이 아이를 성숙하게 하는 중요한 과정이라고 믿기 때문이다. 자연주의 교육론을 주장한 루소는 그의 저작 '에밀'에서 청소년기의 여행이야말로 반드시 가르치고 통과해야할 과정으로 설정하고 있다. 그는 출생에서부터 5세까지는 신체교육의 중요성을, 5세에서 12세까지는 감각 훈련의 중요성을 주장했다. 12세에서 15세까지직접 관찰하고 경험하는 교육으로 여행을 권하였고, 15세에서 20세까지는 도덕ㆍ종교 교육의 중요성을 이야기하였으며, 20세 이후 이성교육과 정치교육의 중요성을 강조했다. 동양세계의 교육에서도 다르지 않다. 공자의 집안에는 '교육 10훈'이 있는데 역시 여행을 통해 성숙과 단련을 얻어야 한다고 강조하고 있다고 한다. 시대에 맞지 않는 것도 있지만, 교훈의 메시지는 주옥같다.

　공자의 교육 10훈
　1. 가난하다고 환경을 탓하지 말라.
　2. 어려운 상황에서도 자녀를 교육하라.
　3. 큰 인물은 혼자 공부하고 깨우쳤음을 명심하라.
　4. 실패에 좌절하지 말고 늘 청년처럼 도전하라.
　5. 긴 여행을 통해 자신을 시험하고 단련하라.
　6. 누구든지 현자는 스승으로 삼아라.
　7. 자신과 뜻을 같이 하는 사람을 키워라.
　8. 아이는 직접 가르치지 말고 공부를 하는지만 확인하라.
　9. 인간적인 약점이 큰 인물을 만들 수 있다.
　10. 질문을 많이 하는 공부습관을 가져라.

자녀나 제자를 가르치는 데만 여행이 주효한 것이 아니다. 공자 자신도 14년 여행을 통해 세상을 연구하며 통찰하였고, 서양 세계에서도 일찌감치 여행을 강조하는 문헌들이 무수하다. 인류가 발견한 문헌 중에서 가장 오래된 문학은 하나같이 이향과 귀향의 파란만장한 드라마이다. 서사시라고 하지만 그것이 영웅담이고 역사이며, 음악이었다. 기원전 2000년의 기록인 메소포타미아 수메르 왕국의 길가메시Gilgamesh, 기원전 750년 그리스의 기록인 오디세이Odysseia는 넓은 세상에서의 자기 존재, 무지와 편견, 고독과 그리움, 두려움과 용기를 보여주는 드라마였다.

그러나 오늘날 그러한 여행은 아무나 하는 것이 아닌 듯하다. 길가메시나 오디세이에서 나오는, 공자도 말하고, 루소가 말하는 그런 여행이 흔하지 않기 때문이다. 어떤 사람은 돈이 없어서 여행의 여유를 갖지 못하기도 하지만, 어떤 사람은 돈이 너무 많아서 여행의 맛을 놓치고 호텔만을 전전한다. 물론 여행을 할 용기가 없어서 혹은 그럴 만한 긴 시간을 내기가 어려운 탓에 여행은 그저 버킷리스트에 담겨진 로망이 되기 일쑤이다.

여행 떠나는 초기 모습

나는 진정한 여행의 기쁨을 느끼기 위해서 여행의 '속도'와 '기간', '방식'이 중요하다고 생각한다. 천천히 바라보고, 잊고 있던 많은 것들을 떠올리며, 무언가 마음속의 열정을 끌어올릴 만큼의 속도와 기간, 방식이 필요하기 때문이다. 사실 며칠씩 목욕도 못하는 고단한 여행은 별로이다. '여행'을 하고 싶을 뿐, '수행'을 할 자신은 없다. 문명의 혜택을 포기할 만큼 '깊지' 못하며, 앞으로도 그 정도까지 '깊어질' 생각이 별로 없기 때문이다. 그래서 다소 느리고, 길며, 머무는 여행을 하고자 하는 것이다.

밴쿠버에 2년을 살면서 나는 한 번도 정주한 적이 없다. 항상 무언가를 찾아다니고, 만났다. 이 기간 역시 내게는 여행이었다. 만일 젊은 날에 이러한 경험을 했다면 어땠을지 상상해 보았다. 보나마나 인생을 보다 행복하게 살 수 있거나 최소한 어떤 막다른 골목에서도 길이 있을 것이라고 생각하지 않았을까 싶다.

"별이 빛나는 창공을 보고 갈 수가 있고 또 가야만 하는 길의 지도를 읽을 수 있던 시대는 얼마나 행복했던가? 그리고 별빛이 그 길을 훤히 밝혀 주던 시대는 얼마나 행복했던가?"

반성한 씨가 번역한 게오르그 루카치의『소설의 이론』서문에 나오는 이 멋진 글귀같이 창공을 품고 살기는 어렵겠지만, 최소한 절망하는 시간, 그래서 그 분노를 다스리지 못한 채 절절매던 시간만큼은 없었을 것 같다.

내가 처음 북미 대륙을 횡단하겠다고 이야기했을 때, 한 캐나다 친구는 "굉장해!" 했다. 그는 "굉장해"라고 했지만, 그의 목소리와 얼굴은 "굉장해"가 아니라 "너 미쳤니?"에 가까웠다. 도리어 나의 한국인 친구이며 내가 캐나다에 올 수 있도록 도와준 UBC의 김효신 박사는 배낭족으로서 여행하기에는 다소(?) 올드한 나의 반란을 축복해 주었다. 정신 빠진 아줌마들이 갖는 여행에 대한 판타지인 것을 우리는 알고 있었다. 그러나 배낭 하나 짊어지고 자유롭게 여행을 하고 싶다는 환상은 비단 우리만의 판타지가 아니다. 전통적인 삶으로 평생을 살아온 어르신들도 종종 "새처럼 훨훨 날아 저 너머로 가고 싶다" 하기도 한다. 봄이나 가을이면 조용하던 아줌마들도 계절을 핑계 삼아 고속버스 안에서 미쳐보고 싶어 하지 않는가 말이다. 한정된 시간에 농축된 판타지일지라도, '지금'은 언제나 탈출의 출발이다.

인간이란 '지금'으로부터 탈출하고 싶어 하는 욕망을 가지고 있다. 그리하여 다시 '지금'으로 돌아왔을 때 갖는 안도감은 너무나 달콤한 것이 된다. '지금'은 언제나 안전, 안심, 안도 등 뭔가 본래의 것에서 오는 이완의 의미가 있다. 그래서 시인은 이를 향수라고 하고, 과학자는 귀소본능이며, '지금'과 떨어져 있는 시간이 짧고 농축되어 있으면 그냥 일탈이라고 하는 것이다. 그러나 그 떠남으로부터 복귀할 때의 현실은 이미 우리가 견딜 수 있는 현실이 되는 게 떠남의 매력이다.

현대사회에서 떠남이 강력한 매력을 드러내는 것은 '지금'이 반드시 안전이나 안심, 안도만을 의미하지 않기 때문이다. 때로는 우리가 '지금'을 제대로 살고 있는지, 어떻게 '지금'에서 '다음'을 만들어갈지 막막하기도 하다. 또한 사람들은 끊임없이 격려와 위로를 원한다. "괜찮아. 다 잘 될 거야" 따위의 것. 그래서 에크하르트 톨레Eckhart Tolle 같은 철학자는 '지금'의 소중함을 끊임없이 이야기하고 지금의 행복을 즐길 것을 권하기도 한다.

내가 여행을 구체적으로 결정한 데는 두 가지 자극이 있었다. 하나는 밴쿠버라는 낭만의 도시가 주는 백그라운드이다. 물론, 밴쿠버에 살아도 밴쿠버와 그런 감정을 교류하지 않을 수도 있다. 그러나 '지금' 하고 있는 일이 세상에서 제일 재미있는 일로 알고, '지금' 살고 있는 곳이 제일 좋은 곳으로 알도록 설계된 나로서는 교감 정도가 아니라 완전히 합일되어 있었다. '지금'에 매몰되어 버리는 나의 성격상 밴쿠버라는 이상한 '지금'은 나에게 또 다른 용기를 주었던 것이다. 밴쿠버에 오기 전에 영화 〈원 위크〉를 보면서 영화 속 여행이 상당히 정신 나간 짓이라고 생각했는데, 캐나다는 정신 나간 짓을 그다지 대수롭지 않게 여기는 독특한 환경이었구나 싶다. 그래서 적지 않은 나이의 내가, 더구나 고3, 고1의 딸을 가진 내가 미친 짓에 나선 것이다.

나의 밴쿠버 생활이 종료될 즈음, 고3 큰딸은 밴쿠버에 계속 체류하기로 하였다. 큰딸 역시 그리 넉넉잖은 형편에 캐나다 체류를 결정한 것에 책임을 져야 할 때라는 것을 알고 있었다. 작은딸은 캐나다에서 2년 살다가 기간이 종료되면서 한국의 아빠에게 보냈는데 다행히 한국 생활에 만족하고 있었다. 이제 나에게 기회를 줄 차례였다.

또 다른 자극은, 사람이었다. 비자 종료 말기에 나는 두 사람을 보았다. 한 명은 독일 여성으로 영어 수업 시간에 만났다. 그녀는 남편과 이혼 후 혼자 모험을 시작했다고 한다. 60세가 가까운 나이에 배낭하나 메고 멀고 먼 밴쿠버에서 두 달간 살기로 한 것이다. 그녀의 영어는 거의 기초 수준이었지만, 용기는 장군감이었다. 다른 한 명은 31살 된 한국 여성이었다. 그녀가 나에게 그레이하운드로 북미를 횡단하겠다고 이야기했을 때, 나는 전기에 감전된 듯 강한 충격을 받았다. 도무지 두려움이 없는 그녀의 얼굴을 보면서 탄성만 내었는데, 마침내 북미를 횡단하고 '장하게' 전화를 한 그녀의 목소리는 이전의 그녀가 아니었다. 용기만 낸다면 나도 저런 목소리를 가질 수 있을까? 그리하여 마침내 여행을 결정하고 과감하게 떠났다. 뭘 찾자고, 뭘 보자고 가는 여행이 아니었다. 그냥 '지금'을 보류하고 만나는 모든 것으로부터 배우고자 했다. 물론 다시 '지금'으로 돌아오기 위해 떠나는 것이었다.

함께 만드는 계획과
가면서 만들어질 계획

북미횡단을 주변 사람들에게 공포한 후, 나에게는 여행을 준비할 시간이 단한 시간도 없었다. 그러나 약간의 안전장치를 해 두었다. 혹시라도 내가 이런저런 이유로 인해 북미 대륙횡단을 접을까 봐 머릿속에 생각이 난 순간부터 줄기차게 떠들고 다녔다.

"나 캐나다 횡단해서 뉴욕까지 갈 거다."

그러면 사람들의 질문이 쏟아졌다. 마침내 나의 계획은 다종다양한 회견을 통해 구체화되기 시작하는 것이다.

질: 언제 가는데?
답: (생각을 안 해 봤는데. 어쩌지?) 10월 9일!
질: 어디서 묵을 건데?
답: (이것도 생각 안 해봤는데.) 그냥 싼 모텔.

이런 식으로 주변인들과의 인터뷰를 통해 그때그때 결정했다. 참으로 무식하고 무모하기 짝이 없다. 그러나 인생 자체가 얼마나 무모한 것인가. 우리 모두는 인생을 알고 시작하지도 않았을 뿐 아니라, 결과를 받아 놓고 시작한 일은 단 한 가지도 없다. 죽음을 제외하면 말이다. 주변인들은 나에게 자신들의의견을 주었다. 니암은 자기가 이용하는 호스텔 웹사이트를 가르쳐주었다. 당시 나는 그런 저렴한 호스텔이 있는 줄도 몰랐다. 마그는 끌고 다니는 캐리어가 복잡하니 배낭을 메고 가라면서 배낭을 싸게 파는 곳을 가르쳐 주었다. 가방은커녕 비닐봉지도 생각하지 않고 있을 때 말이다. 그녀는 옷을 빨기 어려우니 나일론 소재의 겉옷을 사서 입으라고 하였다. 그러나 아무리 배낭여행이지만, 그녀의 고마운 그 조언만은 들을 수가 없었다. 한국인은 옷을 잘 입기로 유명하다. 나는 그것이 우리의 문화적 품격이라고 생각한다. 간혹 허영이라고 하는 분들도 있지만, 검소하면서 아름다운 것과 후줄근한 것은 명백히 다르다. 의관이 정제되어야 예가 서는 법이며, 여행 역시 사람을 만나는 과정이므로 한국인의 문화적 취향을 지켜나가기로 했다. 여행 중의 화장에 관해서 딸은 이것저것을 사라고 하였다. 40대 초반까지 화장을 하고 다니지 않았던 나로서는 거부할 만도 한데, 이번에는 듣기로 하였다. 20대 젊음으로 밀고 나가는 나이가 아닌지라, 추레하게 다니고 싶은 마음은 코딱지만큼도 없었으며, 자신을 가꾸는 것은 커뮤니케이션의 ABC이지 않은가. '외모보다 마음이라는 것'은 매우 좋은 말이지만, 100% 신뢰하면 곤란한 말이다. 탄야는 캐나다 중앙에 있는 대 프레리 지역을 그냥 패스하라고 했다. 몹시 지루한 평원이 끝도 없이 펼쳐진다면서 토론토나 퀘벡 등 동부 쪽 일정에 신경 쓰라고 하였다. 심지어 운전면허를 갱신하러 갔을 때 어느 공무원은 동부 쪽이 아주 추우니 두꺼운 모자를 준비하라고 하였고, TD뱅크 은행원은 나의 일정을 고객 비고란에 넣어두어 동부 쪽 TD뱅크 이용 시 신원확인이 필요 없게 하겠다고 하였다. 기특하게도 온 세상이 나를 도와주었다.

정보 수집은 인터넷으로만 하는 것이 아니었다. 아는 사람, 모르는 사람에게 숱하게 이야기하고 다니면 어느새 정밀한 여행 계획이 나왔다. 그렇게 한 달 반, 나의 여행 계획은 완성되었다. 캐나다나 한국이나 남의 일을 거들고 나서는 것은 거의 비슷하다. 사람 만나는 여행인데 준비도 사람들과 함께하니 수월하기 그지없었다. 심지어 성미 급한 어떤 친구는 호스텔 비용 하루 30달러 잡고, 먹고 움직이는 비용 30달러만 잡으면, 한 달이면 1,800달러라고 말해 주었다. 그레이하운드 비용 520달러를 더하면 한 달 동안의 가난한 여행 경비가 2,320달러라는 계산까지 해 주었다. 한국 돈으로 270만 원 정도 된다. 물론 나는 그것보다도 적게 들었다.

그러나 역시 쉬운 일이 없다. 세부 여행계획은 여행 출발 후에 인터넷으로 만들어 갈 생각을 하면서 밴쿠버 생활을 정리하고 있던 어느 날 마침내 사고가 생겼다. 그 당시 나는 써야 하는 원고도 남아 있었으며, 큰딸을 이곳에 두고 가는 심정이 여간 사나운 것이 아니었다. 작은딸은 한국으로 갔지만 캐나다 홈스테이로 큰딸을 이사시키고 나니, 내심 고3 엄마로서 내가 지나친 것은 아닌가 하는 자책이 스멀스멀 들었기 때문이다. 아니 사실 주변에서 어떻게 생각할까 하는 시선이 의식되었다. 그래서 아이를 홈스테이에 보내고도 딸아이가 하교할 시간이면 쓰다 만 원고를 뒤로하고 학교로 가서 만났다. 10월 2일, 그날도 딸아이의 학교로 갔다. 그러나 사소한(?) 문제가 발생하고 말았다. 정차 중인 내 차를 뒤차가 들이받은 것. 당시 곧 귀국할 예정이었으므로 운전면허를 갱신하지 않았는데, 바로 그 상태에서 사고가 난 것이었다.

　캐나다는 교통 관련 보험회사가 주에서 운영하는 회사이기 때문에 이미 설명한 대로 회사 간의 다툼이 없다. 더구나 뒤에서 들이받은 경우는 완전히 뒷사람의 책임이 명확하다. 그러나 아무리 다문화사회라는 캐나다지만, 캐나다에도 나쁜 사람이 있기 마련이고 영어가 원활하지 않다는 것은 사회적 약자임을 의미한다. 그래서 혹시 나쁜 일이 생기는 것은 아닌지 신경이 곤두설 수밖에 없었다. 이는 이전의 차량과 관련한 억울한 기억 때문만은 아니었다. 만일 나에게 뒤집어씌운다면, 예컨대 "저 여자가 후진했어요" 한다면, 면허가 없다는 사소한(?) 것이 바로 문제가 되기 때문에 겹참사가 나기 마련이다.

　일단 교통사고를 신고한 후, 다음날 운전면허를 갱신하러 갔다. 뭔가 늦어진 사유를 장황하지 않으면서도 설득력 있게 이야기하려면, 태도도 좋고 정신도 바짝 차려야 했다. 예행연습과 리허설까지 마쳤으나 이놈의 영어는 공식석상에서 꼬부라지는 경향이 있어서 울트라 슈퍼 긴장을 하고 운전면허를 갱신하는 ICBC라는 곳에 갔다. 그런데 이날은 ICBC가 파업하는 날이었다. 대부분의 사무실 창구는 파업에 동참하고 민원관련 한두 창구만 일하고 있었다. 나는 가자마자 "무슨 일이 있나요?" 하고 물었다. 원래 파업 중인 사람들은 자신들의 정당성을 시민들에게 알리는 데 매우 공을 들인다. 담당자는 파업을 2년 만에 하는데 그동안 우리는 어떠한 상황도 참아왔다고 이야기하기 시작했다.

"그래요. BC 주 물가가 얼마나 비싼지 저도 알고 있어요. 물론 이해합니다. 우리에게 정당한 파업은 당연히 필요하죠."

이런 종류의 이야기를 하면서 나는 공감 100배를 표현했다. 당시 내가 난감한 상황에 있지 않았더라도 원래 갖고 있는 나의 생각이 그렇기도 하다. 그녀는 매우 기뻐하면서 왕창 수다를 떨더니, 운전면허를 늦게 갱신하게 된 나의 사정을 이해해 주었다. 결국 나는 임시 운전면허와 동부 쪽 여행의 많은 정보를 얻고 ICBC사무실을 나왔다.

원칙적으로 운전면허는 사전에 갱신해야 했다. 그러나 캐나다라는 나라는 항상 예외적인 상황을 인정해 준다. 인정의 범위는 어떤 담당자를 만나느냐에 따라 다르기 마련이다. 흔히 우리나라 사람들이 이를 이상하게 느끼기 때문에, 캐나다는 "그때그때 달라요"라고 말한다. 아무튼 그날 나는 운이 억세게 좋았고, 내 차를 들이받은 아저씨가 자신의 실수를 인정한 이상 더 이상의 문제는 발생되지 않았다. 공감의 힘은 때때로 놀라운 기적을 만든다.

이렇게 고난과 난관을 극복하고 여행의 집념을 불태우던 나는 마침내 기차역이자 그레이하운드 역인 밴쿠버의 센트럴 스테이션에 섰다. 내 손에 쥔 그레이하운드 표가 나를 어디론가 데리고 갈 것이다. 이것은 30일 동안 어느 곳에서나 탈 수 있는 자유 패스Discovery Pass이기 때문이다. 캐나다는 물론 미국도 갈수 있는 환상적인 패스지만 정작 모양은 종이쪽지 한 장에 불과했다. 각 도시와 마을에서 버스를 타지 않는 한 교통비가 더 이상 들지는 않을 것이다.

▲ 센트럴스테이션 승강장
▼ 그레이하운드 한 달 패스

일상으로부터 벗어날 시간이 다가왔다. 우리의 일상은 틀 속에서 움직이기에 어느 하나라도 틀에서 이탈하면 곤란하다. 틀은 규격에 의해 만들어지고, 규격은 일정한 원칙이 적용된다. 규격과 원칙은 획일적인 삶을 살게 하는 한편, 대과가 없도록 만드는 힘이 있다. 사실 인생 자체가 매우 예측불허이지만, 모험을 즐기다가 그것이 실패할 때 돌아올 사회적 응징이 두렵기 마련이다. 우리 사회는 실패자를 돌보는 데 매우 인색한 사회이기 때문이다. 사업실패자, 입시실패자, 결혼실패자, 임신실패자, 하다못해 운전면허 실패자까지 서러운 게 우리의 환경인 것을 우리 모두는 잘 알고 있다. '남들 다 하는 것'을 나만 못하는 것이 총살과 교수형을 더해 능지처참을 할 중차대한 일로 받아들여지는 사회, 틀과 규격에서 벗어나면 밥숟가락 놓는 게 상책인 사회, 우리가 믿고 싶지 않은 우리 사회의 모습이다.

여행은 자신을 지배하던 틀과 규격을 파괴하는 것이며, 권력을 읽어 보고, 비틀어 보는 과정이다. 그리고 다양성의 지혜와 나눔의 지혜를 배우는 과정이기도 하며, 자신의 삶과 자신이 속한 공동체를 줌 인zoom in 하기도 하고 줌 아웃zoom out하기도 하는 과정이다. 스스로를 창조하는 과정이라는 의미이다. 인간이 사회적인 동물인 이상, 틀과 규격으로부터 자유로울 수 없으며, 자유롭다고 반드시 행복해지는 것도 아니다. 그러나 인생이 아름답다고들 하는데, 인생이 뭔지 살펴보면 안 될까? 어차피 죽는 일정은 받아 두었는데, 죽기 전에 하고 싶은 것 좀 하면 안 될까? 나는 그렇게 떠났다.

자연과 인간이 공존하는
로키, 밴프

　이번 횡단여행에서는 장기 거주를 했던 밴쿠버 주변은 빠르게 통과하고, BC주의 동쪽 끝에 있는 로키산맥부터 가기로 하였다. 밴쿠버에서 버스를 타고 처음으로 내린 첫 역이 밴프Banff였는데, 여행 시간은 16시간이다. 우리가 흔히 보는 캐나다의 사진 중 70%는 로키산맥인데, 이 로키산맥의 백미는 바로 밴프 주변 지역이다. 그만큼 밴프는 캐나다를 대표하고 있으며 캐나다인들이 자부심을 갖는 곳이다.

캐나다는 동과 서에 대표 도시가 하나씩 있는데, 그것이 토론토와 밴쿠버이다. 캐나다의 수도는 동서의 중심도시도 아니고, 몬트리올처럼 프랑스계가 강한 곳도 아닌 어중간한 곳, 바로 오타와이다. 캐나다가 균형을 매우 중시 여기는 나라라는 일종의 증거이기도 하다. 캐나다는 수도만 수차례 옮길 정도로 정치·경제적 균형 발전은 물론 심리적 균형에도 매우 신경을 쓰고 있다. 이렇듯 균형을 중시 여기는 캐나다에서 자연여건도 동서지역의 대표를 가지고 있는데, 그것이 로키산맥과 나이아가라폭포이다. 이 유명 자연유산은 둘 다 미국과 공유하고 있다. 그래서 캐나다보다는 미국 쪽의 로키산맥과 나이아가라 폭포

가 더욱 유명하다. 그러나 실제 보면 캐나다 쪽 자연경관이 더욱 웅장하고 힘차며 규모가 크다.

캐나다의 로키산맥은 우리가 일반적으로 상상하는 정도의 모양이 아니다. 일단 로키산맥은 그 모양을 알 수가 없다. 봄 · 여름 · 가을 · 겨울이 다르고, 지역마다 다르기 때문에 로키산맥의 일부를 보았다고 말하는 것이 맞을 것이다. 나도 당연히 전체를 보지 못했지만, 로키산맥을 보면서 느낀 것 중의 하나는 작명 한번 참 잘했다는 것. 일단 이 산들은 나무가 울창하고, 새가 울며, 긴 언덕에 풀들이 곱게 난 그런 산들이 아니다. 그야말로 돌들이 그대로 노출된

강인한 로키산맥의 모습

산으로 남성적인 느낌이 물씬 풍긴다. 어떤 산은 자신의 근육을 그대로 그려 낸 짐승남의 느낌이 풍기기도 하고, 어떤 산은 근육 위에 살짝 키 작은 나무들이 돋아 있어 솜털이 보송보송한 홍안의 소년을 연상하게도 한다. 그러니까 전체적인 느낌은 매우 남성적이라는 것. 우리나라에서 아이들에게 산을 그리라고 하면 누구나 삼각형의 산을 그릴 것이다. 그러나 이곳의 아이들은 삼각형을 연상하기가 어려울 것이다. 산이 삼각형 이외에도 매우 다양한 모양일 뿐 아니라, 바위산들이 세모, 네모, 오각, 육각 등으로 깎이고 솟아 저마다 근육을 자랑하는 느낌이다.

또 다른 한 가지는 규모이다. 로키산맥의 어느 한쪽만 보고 '이것이 바로 로키산맥이다'라고 하기가 참으로 곤란하다. 우리는 결코 산을 볼 수 없다. 그러나 산은 분명히 있다. 그러니까 산을 보는 우리의 조리개가 지금껏 가지고 있던 것과 다른 것이어야 한다. 한국의 아기자기하고 아름다운 산을 보던 조리개로 로키산맥을 본다면 아무것도 보이지 않는다. 언젠가 후배이자 친구인 심한기가 안나푸르나에 대해 이야기한 적이 있었다. "산 전체를 볼 수는 없고, 그저 산의 일부가 눈앞에 떡– 펼쳐지는데 가슴이 퍽– 하더라"고. 로키산맥도 마찬가지이다. 캐나다의 로키산맥은 매우 응집되어 힘을 발휘하고 있다면, 미국 쪽은 좀 더 펼쳐져 있어 다양한 아름다움을 준다고 이야기한다. 예컨대, 캐나다의 컬럼비아 아이스필드Columbia Icefield에서의 느낌과 영화 〈흐르는 강물처럼〉에 나오는 미국 몬태나의 산과 강물은 엄청나게 느낌이 다르다. 같은 미국이라고 해도 와이오밍 주의 옐로스톤 지역과 콜로라도 강 남단의 그랜드캐니언 역시 다른 지형을 보이고 있다고 한다. 이런 거대한 산은 볼 생각을 말아야 한다. 그저 그 품에 안겨, 느끼고, 같이 숨을 쉬는 것으로 족하다. 그것이 거대한 산과 만나는 방법이다.

관광 중심 도시 밴프 거리

밴프는 놀랍도록 아름다운 산속 도시이다. 그러나 주변 어디를 살펴봐도 하이디가 살던 알프스의 푸른 목장과 하이디를 좋아하던 수줍은 양치기 소년은 없다. 이곳 로키산맥은 끝도 없는 풀밭에 야생의 소들이 방목되어 있을 뿐이다. 그저 넓은 땅에 소 떼를 마냥 풀어서 키우고, 겨울에 목장으로 몰고 가는 방식이니, 소 떼를 지키는 사람들이 사는 빨간 지붕 집과 머리에 하얀 스카프를 맨 시골 소녀는 로키산맥과는 아무 상관이 없다. 로키산맥의 한가운데 평평하게 펼쳐져 있는 밴프는 주변의 이름 난 개별 봉우리들이 병풍처럼 둘러쳐져 있는 천혜의 관광요지이다. 마치 거대한 산들이 밴프를 안아주고 있으며, 너그럽게 "그래 볼 테면 봐라" 하는 자세로 곁을 일부 내 준 곳이다.

밴프는 100여 년 전 이주민들에 의해 발견되고, 차츰 관광과 휴양지로 조성된 곳으로 관광 중심의 도시이다. 로키산맥이 국립공원으로 지정되면서 밴프를 둘러싼 전 지역은 엄격히 관리되고 있다. 밴프 주변의 높은 산은 곤돌라 등으로 연결되어 쉽게 올라 갈 수 있으며 주변의 다른 산들을 조망할 수 있다. 거리는 정말 예쁘게 단장되어 있어 지름신이 아예 상주하는 곳이다. 캐나다는 워낙 넓은 땅이라 아기자기한 곳이 그리 많지 않으며 대체로 몹시 추워서 상점이 실내에 있기 마련인데, 이곳은 추위에도 불구하고 구경하고 쇼핑하기에 딱 좋은 곳이다. 특히, 밴프의 상점은 마치 자연사 박물관과도 같다. 판매하려고 내놓은 자연소재 기념품들은 수만 년 혹은 수천 년 된 것들이 즐비하다.

밴프의 상점은 마치 자연사박물관과도 같다. ▶

CRAFT KIT M...

GREEN RIVER FISH $25

그저 구경을 하는 것만으로도 놀라울 따름인 밴프, 8,000명 내외의 주민이 사는 이곳은 파트타임 일거리를 위해, 혹은 관광을 위해 많은 사람들이 체류하는 깊은 산속 관광지이다.

밴쿠버에서 밴프로 가는 길은 자연을 향해 가는 길이지만, 동시에 인간의 무한도전을 확인하는 길이다. 그것은 바로 캐나다를 가로지르는 교통수단. 캐나다는 세계에서 두 번째로 큰 땅을 가지고 있지만, 실제로 사람이 살기에 어려운 땅이 태반이다. 우리나라의 99.6배가 되는 땅이지만, 우리나라 인구의 2/3만이 살고 있다. $1km^2$당 493명의 인구 밀도를 가진 우리나라 사람에게 3.2명의 인구 밀도를 가진 캐나다라는 땅에서의 삶은 상상하기 어려운 독특한 일상이다. 캐나다 인구의 대부분은 주로 미국과의 국경 가까이에 한 줄로 줄줄이 몰려 살고 있다. 다른 곳은 몹시 춥기 때문에 상대적으로 덜 추운 곳에 사람들이 일종의 국경 벨트를 형성하고 있는 셈이다. 캐나다를 가로지르는 교통수단 역시 미국과의 국경 북쪽에 거의 일직선으로 그어져 있는데, 동쪽에서 서쪽으로 그어지고 다시 서쪽에서 동쪽으로 그어진 철도가 만나 마지막 역사적인 망치질을 한 곳이 BC 주에서 앨버타로 오는 중간에 있는 라스트 스파이크Last Spike라는 마을이다. 동서에서 만들던 철도의 마지막을 연결한 곳이란다.

라스크 스파이크의 기념비

온화한 BC 주에서 앨버타 주로 들어가는 순간 모든 것은 바뀐다. 겨울에 영하 20도는 보통이며 눈은 장난 아니다. 중부지역의 서스캐처원 주나 매니토바 주는 고원지대라서 끝도 없는 평평한 땅에 여름과 겨울이 극서와 극한으로 공존한다. 온타리오 주도 다르지 않은데, 오대호의 북쪽에 있는 이곳의 대표도시 토론토의 겨울 역시 보통 영하 20도이다. 퀘벡 주도 춥기는 마찬가지이다. 오죽하면 처음 캐나다 땅에 온 프랑스인들의 2/3가 첫 겨울에 얼어 죽었을까? 그래서 초기 이주민인 프랑스인은 원주민의 도움이 절실했고, 그들 간의 혼인이 빈번하여 캐나다의 메이티Metis(캐나다에서는 이 단어를 프랑스어로 발음한다)라는 혼혈인종이 탄생되기도 하였다. 가급적 덜 추운 국경 주변에 몰려 사는데도 이 지경이다. 그래서 캐나다를 횡단하는 열차와 고속도로는 주로 국경선을 따라 만들어질 수밖에 없다.

철도는 1881년에서 1885년까지 건설되었으며, 이후 지속적으로 구간을 보완하였다고 한다. 현재 철도는 2개의 대륙횡단철도가 달리고 있는데 하나는, 캐나디언 내셔널(태평양의 프린스 루퍼트에서 대서양의 할리팩스) 철도이고 다른 하나는, 민영인 캐나디언 퍼시픽(태평양의 밴쿠버에서 대서양의 세인트존스)이다. 승객 수송은 국영회사인 VIA 캐나다가 담당한다. 아무리 미국으로부터 민영화의 바람이 불어도, 국가 기간산업과 국민 생활에 필수적인 사업에는 국영 혹은 주영을 고수하는 것이 캐나다 사회이다.

도로는 앞서 언급했듯 알래스카에서 내려오는 알래스카 하이웨이와 동서를 연결하는 트랜스 캐나다 하이웨이가 있다. 트랜스 캐나다 하이웨이는 대서양의 세인트존스(뉴펀들랜드)에서 밴쿠버 섬의 제로 마일까지 연결되어 있는 총 길이 8,000km의 대륙횡단 도로이다. 모든 캐나다 횡단 여행객들이 주로 이용하는 길이 이 길이며, 영화 〈원 위크〉 역시 이 도로를 따라 만들어진 로드무비이다. 이 도로들은 소위 캐나다의 알토란 같은 도시들을 통과한다. 캐나다 횡단이라는 나의 무모한 짓은 바로 이 도로에서 벌어진 일이다. 캐나다에서 철도는 비싼 교통수단이라서 비행기가 가장 일반적인 교통수단이며, 여행객들이 이용하는 것은 도로가 우세하다.

　이 고속도로를 따라 밴프를 가다 보면 '이 험한 곳에 이렇게 긴 길을……' 하는 생각이 절로 난다. 평평한 땅이 아닌 로키를 뚫고 만든 길이기에 더욱 그런 생각이 든다. 자연의 힘이 무섭다지만, 인간의 힘은 언제나 이를 극복해 왔다는 것을 새삼 인식하게 하는 길이고, 인간만큼 독한 피조물이 없다는 생각이 절로 든다. 지구라는 별에서 인간으로 태어난 것은 노력하지 않고 얻어낸 엄청난 지위임이 분명하다. 밴프를 가는 길 주변은 철조망이 쳐 있는데 방목된 소들이 길로 나오지 못하도록 하는 조치이다. 너무나 넓은 땅이기에 굳이 소들을 축사에서 키울 이유가 없다고 한다. 봄에서 가을까지 마음대로 살다가 겨울에 집으로 모셔지는데, 그 많은 소들, 그 험한 산과 강들, 모두는 인간에 의해 통제되고 관리되고 있다.

레이크 루이스와
네 편의 호수영화

만일 로키산맥이 우람한 바위투성이로만 이루어졌다면 과연 아름다웠을까? 아마 산이 있기에 간다는 산악인들만 찾았을 것이다. 우리가 아니, 적어도 내가 로키산맥에 가는 이유는 아름답기 때문이며, 그 아름다움은 바위투성이의 불안전한 피조물이 마침내 호수를 만나면서 그 거친 태도를 누그러뜨릴 때 완성된다. 요즘 세상은 전문가가 따로 없다고 한다. 자신이 그렇게 느끼고 그렇게 독해하면 그것으로 충분하기 때문이다. 소설을 쓴 사람이 있어도 독자가 다르게 받아들이면 각각의 다른 소설이다. 자연은 더욱 그렇다. 이게 아름다운 것인가 아닌가를 누군가에게 물어볼 필요도 없이 숨이 멎는 곳에서 발견한 아름다움이 바로 극상의 아름다움이다. 혹시 자연을 읽고 풍류를 읊는 사람이 있어 로키산맥을 멋에 절도록 이야기한들 내가 느끼는 로키산맥은 여전히 나의 로키이다. 어깨를 드러내고, 근육질을 자랑하던 로키도 마침내 호수를 만나면서 다소곳한 모습으로 우리에게 곁을 내준다고 우기면 그만이다. 자연은 조화이고 조화는 마침내 아름다움을 드러내곤 하는데, 가장 아름답다고 하는 호수가 바로 레이크 루이스Lake Louse이다.

로키산맥에는 수많은 호수들이 있다. 미국 쪽의 로키산맥은 기후가 건조해져 만년설이 거의 없는데, 캐나다 쪽은 만년설로 뒤덮여 있다. 특히 밴프에서 재스퍼로 가는 길목의 컬럼비아 아이스필드의 만년설은 그 규모가 엄청나서 이 만년설이 녹으면서 수많은 호수를 형성하고 있는데, 연한 에메랄드색이 워낙 강렬하게 비쳐 모든 호수가 정말 아름답기 그지없다. 루이스 호수, 에메랄드 호수, 모레인 호수……. 빙하가 사방으로 녹으면서 흘러내려 마침내 머문 자리들은 눈부신 호수로 자리하고 있으니 거침과 고요를 한눈에 보는 조화는 우리 마음을 호수 빛으로 물들이고 만다.

▲ 5월의 레이크 루이스

  레이크 루이스. 이토록 예쁜 호수가 있을까? 호수의 삼면이 산들로 다소곳이
드리워져 있으며, 호수를 열어주는 길목은 겸손한 길로 부드럽게 방문객을 맞
아 준다. 상대적으로 낮은 면은 호수의 접근성을 높이고 있는데, 호수는 우아
하고 부드럽고 맑은 모습으로 환하게 사람을 맞는다. 일본의 뉴에이지 피아니
스트 유키 구라모토의 레이크 루이스를 들어 본 사람들은 그 아름다운 피아노
선율에 온몸의 긴장이 풀려본 기억이 있을 것이다. 레이크 루이스를 처음 보았
을 때 나는 유키 구라모토가 일본에서보다 한국에서 더 인기가 있는 이유는 그
의 감수성이 한국적이라서 그런지도 모르겠다는 생각이 들었다.

  우리가 살면서 수많은 호수를 보지만, 호수마다 성질이 있다. 일단 로키산
맥의 호수는 괴생물체가 호수 바닥에서 후다닥 나와 사람을 삼켜버릴 것 같
은 괴기스러운 것이 결코 아니다. 이 글을 쓰면서 영화 〈케이프 피어Cape Fear〉

를 떠올리게 되는데, 사이코패스로 나오는 로버트 드니로가 물속에서 튀어나
오는 장면을 생각하면 그 공포감에 삶의 의욕조차 상실된다. 그게 호수였는지,
바다였는지 심지어, 욕조였는지조차 기억이 가물가물하지만, 내가 그 영화를
볼 당시에 뇌세포가 대량 파괴된 것은 물론, 그 후 '외상 후 스트레스 장애'에 시
달렸기에 확인조차 피하고 싶다. 그냥 호수라고 하고 이 정도에서 패스하자.

두렵지는 않지만 음산한 호수도 있다. 영화 〈젊은이의 양지A Place in the Sun〉
에 그런 호수가 나온다. 〈젊은이의 양지〉는 1950년대 할리우드 청춘스타 몽고
메리 클리프트와 얼마 전 타계한 엘리자베스 테일러가 나온 영화이다. 이 영화
의 원작은 시어도르 드라이저의 『아메리카의 비극An American Tragedy』으로, 이는
출세를 위해 사랑마저 저버리는 1900년대 미국 사회를 그린 소설이다. 사실
이런 주제의 영화, 드라마 등은 1980년대 이후 우리 사회의 주된 멜로물이기

도 한데, 1900년대 미국사회에서 이런 주제가 발견되는 이유는 바로 자본주의 물질만능주의의 자화상이기 때문이다. 그러나 이 영화에서 관객의 눈은 버림 받은 여인에게 쏠리는 것이 아니라, 몽고메리의 우수에 젖은 눈빛과 그를 사로 잡은 엘리자베스의 아름다운 모습이다. 원작의 의도와는 다르게 엘리자베스와 몽고메리의 사랑에 은근한 응원을 보내는 것은 물론, 시골처녀를 포기시키고 싶은 마음이 드는 게 이 영화의 가장 큰 문제. 아무튼 이 영화에서 몽고메리는 자신의 아이를 가진 첫사랑을 죽이기 위해 그녀를 호수로 유인한다. 몽고메리의 망설임과 살기가 담긴 얼굴, 죽음으로 가는 듯한 노 젓는 소리 그리고 음산한 호수 전경 등은 '해 질 녘에는 남자 친구와 호숫가에 가면 안 된다'는 교훈을 심어주기에 충분할 정도로 음산하다. 레이크 루이스는 이런 호수와는 확실히 다르다.

무섭지는 않지만 왠지 정지된 듯 우수에 찬 호수도 있다. 영화 〈레이크 하우스Lake House〉가 그렇다. 이 영화는 이정재 · 전지현 씨 주연의 우리나라 영화 〈시월애〉를 리메이크한 영화인데, 산드라 블록과 키아누 리브스가 나온다. 〈시월애〉가 바닷가 집을 중심으로 만들어진 이야기라면, 〈레이크 하우스〉는 호숫가 집을 중심으로 사랑을 엮고 있다. 두 남녀가 편지로 소통하고, 마음을 나누고, 마침내 사랑을 하게 되는 과정이 호수와 집, 그리고 우체통을 배경으로 펼쳐진다. 그러나 이들의 사랑은 2년의 시차가 있는 사랑. "그게 과학적으로 말이 됩니까?" 하고 항변하기 어렵도록 호수는 우수에 찬 듯, 시간을 삼킨 듯 모든 차이와 변화를 삼키고 있다. 그러나 레이크 루이스는 이런 호수도 아니다.

마지막으로 로맨틱 돋는 호수가 나오는 영화 〈노트북Notebook〉이 있다. 이 영화를 찍는 동안 진짜 사랑하게 되었을 것으로 의심되는 레이첼 맥아담스와 라이언 고슬링이 나왔다. 영화에서는 고등학교 시절 첫사랑을 나눈 남녀가 헤어졌다가 서로 잊지 못하고 '그저 얼굴이나' 보고자 한다. 그러나 라이언은 그녀를 보내기 싫었고, 언젠가 그녀와 함께 가고 싶었던 호숫가를 마지막으로 가달라고 "please" 한다(귀엽게 몸을 살짝 틀면서). 결국 배를 타고 호수를 둘러보던 그들은 낭만적이다 못해 환상적인 호수의 전경에 그리움을 끄집어내고 만다. 마침내 호수는 비를 내뿜고 이들은 비 속에서 사랑을 확인한다. 지나치게 낭만적이고 환상적인 호수의 모습 때문에 소름이 끼치는 것이 함정이지만, 이 영화에서 호수는 두려움 없는 사랑을 만든다.

레이크 루이스는 바로 버전 3과 4의 중간형이라고 보면 좋을 듯하다. 다행이다. 버전 3의 호수는 너무 밋밋한 느낌이라 아쉽고, 버전 4의 호수는 너무 질척거리는 감이 있는데 레이크 루이스는 어느 쪽으로도 치우치지 않았다. 레이크 루이스에 가면 바로 이렇게 화려하지만 끈적거리지 않고, 단아하지만 낭만적인 느낌을 받게 된다.

레이크 루이스 앞의 고급호텔 샤토 레이크 루이스(위)와 로비의 샹들리에(아래)

로키에서 불현듯,
통증과 자책

이 아름다운 로키산맥 안에서 나는 온몸의 변화를 느꼈다. 아름다움에 취한 낭만파 같은 변화였으면 좋겠지만 실제로는 전신구타를 당한 것 같은 아픔이었다. 일상에서부터 이탈되자마자 이것이 뭔지.

처음 밴쿠버에서는 "자, 이제 출발이다"라고 하면서 힘차게 출발했다. 그러나 3시간 후 상황은 좀 다르게 진행되었다. 그레이하운드 버스에 누워서 어떻게 하든 잠을 청하려고 애를 쓰고 있었던 것. 떠나기 전에 먹은 견과류가 체해서 눈앞이 온통 잿빛이었다. 처음 그레이하운드를 탔을 때 버스 자리마다 붙어있는 비닐봉지를 보면서 왜 이렇게 많이 비치할까 생각을 했는데 사람은 한치 앞을 내다보지 못하는지라 나중에야 그 깊은 의미(?)를 알게 되었다. 봉지는 참으로 많이 필요하였으며, 더 암담한 문제는 그 상태에서 13시간을 가야 한다는 것이었다.

차내에 비치되어 있던 멀미봉투

아는 사람이 아무도 없는 곳에서, 더구나 몸이 아픈 상태에서 중간에 내리는 것은 아픈 것보다 더욱 참담했기에 그저 버스 안에서 고통과 불면의 밤을 보내야 했다. 죽으나 사나 목적지까지 가야 방이 있으니 선택의 여지가 없기 때문이었다. 심지어 교통사고로 버스가 한없이 정차하고 있어도 아무런 선택의 여지가 없었다.

"아이고, 밴프 가서 죽자."

'내가 뭐 하자고 이 무리를 했나' 하는 후회와 '그냥 이 길로 다시 밴쿠버로 갈까' 하는 타협안이 스르르 기어 나왔다. 더 불행한 감정은 '내가 애를 버려두고 이 짓을 해서 벌 받나 보다' 하는 자책. 그런데 '이대로 돌아가면 뭔 웃음거리인가' 하는 걱정도 생기고, '이 정도의 어려움을 가지고 별생각을 다 한다'는 책망에 '북미 대륙을 우습게 봐도 한참 우습게 봤다'는 반성이 들기 시작했다.

천신만고 끝에 밴프에 도착해서 무조건 방을 잡아 들어갔다. 다행히 성수기가 지나 가격은 생각보다 착했다. 웬만한 호텔 그러니까 별 2~3개 급 호텔도 100달러 넘는 게 보통이니 우리 돈으로 치면 130,000원 정도지만, 성수기가 지난 지금은 2/3 가격이다. 좀 싸 보이는 호텔을 찾아 들어가 자다 깨다를 반복하며 밤을 보냈다. 다음 날 아침, 의외로 몸 상태가 크게 나쁘지 않았다. 이 타고난 무수리 체질. 그러나 마침내 영화 속 여주인공같이 핼쑥하고 우수에 찬 얼굴이 만들어졌다. 그래도 살 만하니까 새로운 힘이 생겼다. '이 여행이 어디 자주 오는 기회인가' 하는 생각, '지금까지 살아온 것도 훌륭한 거야' 하는 위로, 그리고 '가다 힘들면 쉬고, 아프면 앓으면서 가자'는 다짐.

사실 밴프는 이전에 한 번 왔던 곳이라서 슬슬 돌아다니면서 이미 느꼈던 봄의 정취 위에 지금의 가을의 정취를 재구성하였다. 로키산맥은 사시사철이 다 좋다고 하더니만, 거짓이 아니었다. 그렇게 밴프에서의 며칠을 보낸 후 레이크 루이스를 지나 재스퍼로 갔다. 버스 시간이 만만치 않아 마냥 기다렸지만 버스는 마침내 나를 재스퍼에 내려주었다. 그런데 다시 온몸이 아파왔다. 다시 체한 것. 너무 오랫동안 체한 상태로 방치했더니 위와 장이 톡톡히 삐쳤나 보다.

약국에 가서 소화제를 달라고 했더니 온갖 의료문제에 대해 질문을 해댔다. 반은 알아듣고, 반은 못 알아듣는 뭔가 긴 단어들로 이루어진 문장. 영어의 학문용어는 그리스어나 라틴어에서 오기 때문에 대개 긴 단어가 사용된다. 2cm는 되어 보이는 속눈썹을 붙인 약사는 배의 가스를 제거해 주고, 통증을 감소시켜 주며 보다 편안하게 해 준다고 뭔가를 주었다. 아픈 중에도 가스명수를 설명하는 것 같다고 느껴지자 갑자기 부채표 가스명수가 그리워졌다. 엄청난 병을 가진 사람처럼 취급하며 영어로 공격을 하는 게 아주 귀찮아서 일체의 질문에 "yes"만 했다.

다시 호텔에서 이런저런 생각. 모든 생각은 시작과 끝은 아이들이다. 물론 2년간의 캐나다 생활을 마치고 한국에 돌아가서 어떤 일을 할지 걱정도 되었다. 2년 전 서울 생활을 단칼에 절단 내고 캐나다로 와 버렸으니 현재로서는 뭔가 연속적인 일이 없기 때문이다. 그런 상태에 대한 걱정이 언제나 나를 지배하지만, 그래도 원초적인 걱정은 아이들이다.

왜 아이들일까? 누구든 출생은 자신의 선택이 아닌 부모의 선택이라는 것, 그것은 부모가 갖는 원초적 죄악이며 피할 수 없는 결정적인 책임이다. 그들이 자기 삶을 만들어 나가면서 출생이라는 타인에 의한 간택이 더 이상 결정적이지 않을 때까지 그들을 도와야 하는 게 일종의 부모의 의무이기도 하다. 그다음에야 부모는 마침내 자유로워질 수 있는 것이다. 물론 우리가 만들어낸 문화는 그 후에도 좀비엄마와 캥거루자녀를 만들어내어 그 감옥 안에 갇히기도 하지만 말이다.

나는 '내가 아이들에게 어떤 엄마인가?' 하고 곰곰이 생각해 보았다. 더 잘하기도 힘들었지만 언제나 미안한 게 부모의 마음이다. 엄마가 좀 더 따뜻했다면, 좀 더 이해심이 있었다면, 좀 더 헌신적이었다면 달랐을 것 같은 그들의 삶. 어린이집 시절부터 엄마를 그릴 때, 컴퓨터 앞에 앉아 있는 모습을 그리던 아이들. 유치원에서 여성의 음주 문제를 가지고 토론하다가 술 마시면 안 된다는 애들을 떡 실신시킨 확신에 찬 아이들. 초등학교 교과서에 나온 부모의 정형화된 성 역할 그림을 보고 "우리 집에는 아빠가 둘이야"라고 하던 아이들.

갑자기 아이들에게 너무 소홀했다는 생각이 물밀듯이 몰려왔다. 자립적인 아이들로 키운다고 얼마나 독한 말들을 해왔는지. 아이들이 실수했을 때 "괜찮아 잘될 거야", "지금은 쉬고 나중에 생각해"라는 말 대신, "거기 벽 보고 앉아서 스스로 생각해 봐"라고 채찍을 든 엄마가 바로 나였다. 아이들에게 뭐든지 할 수 있다고 부추기면서도 용서와 허용보다는 반성과 성찰을 더욱 강조하여, "용기를 갖고 나가되 실수하면 안 되는 상황"을 요구한 것은 아닌지. 그것이 가능하지 않다는 것을 알면서 말이다. 나는 언제나 애들에게 닿기 어려운 과제를 주고 힘들게 만들었다는 생각이 들었다. 더구나 사춘기 아이들로서 도저히 이해하기 힘든 상황에서도, 나는 아이들의 이해를 요구하기도 했다.

갑자기 미안함과 죄의식이 물밀듯 밀려와 그대로 있을 수가 없었다. 그래서 애들에게 장문의 이메일을 보냈다. 담고 싶은 내용은 미안함이었고, 아이들에게 부탁한 것은 이제는 부모를 비판적으로 봐야 한다는 것이었다. 아이들이 나에게 머물러 있으면 안 될 것 같은 생각이 들어 내가 먼저 나를 객관화시키고 아이들에게 사과할 준비를 해야겠다는 생각이 들었다. 사실 세상의 모든 자녀는 부모 트라우마를 극복해야만 하지 않는가.

며칠 후 나는 아이들의 답장을 받았다.

"엄마 보고 싶어요, 이렇게 보고 싶을지 몰랐어요. 이렇게 어른이 될 준비를 하게 된 것이 우리에게는 행운이에요."

캐나다에 혼자 떨어진 큰애의 사모곡이다. 서울로 가서 아빠와 함께 있는 작은애는 서울 생활이 재미있어 죽겠다는 답장이다.

"엄마도 여행하면서 더 재미있고 모험이 되는 독특한 것들을 찾으셔야 해요."

아이들은 여전히 신선하고 풋풋하기만 하였다. 아마도 나는 딸을 잃는 대신 친구를 얻게 될 것 같다.

앨버타의

카우보이

로키산맥의 위치와 구성

재스퍼에서
에드먼턴까지

　　로키산맥은 BC 주와 앨버타 주에 걸쳐 있다. 캐나다 횡단에 있어 BC 주의 끝과 앨버타 주의 시작은 그저 로키산맥의 품속이다. 로키산맥을 두 번째 찾은 나는 가족들과 그룹 여행으로 왔던 봄의 로키산맥에서 생명의 힘을 보았고, 10월의 로키산맥에서는 생명을 안으로 담아내는 거대한 에너지를 보았다. 첫 번째 여행이 남부인 밴프와 레이크 루이스 등 컬럼비아 아이스필드까지로 국한되었다면, 이번은 컬럼비아 아이스필드를 넘어 로키의 북부지역 재스퍼Jasper로 간다. 밴프에서 재스퍼까지는 로키를 만끽할 수 있는 길, 그야말로 캐나다 로키의 장관이 펼쳐지는 길이다. 거리는 289km로 서울~부산보다 가깝지만, 중간에 레이크 루이스와 컬럼비아 아이스필드에 잠시라도 머물면 10월의 해는 어느덧 지고 만다.

　　길을 따라 가다 보면 참으로 아름다운 호수들이 많이 나온다. 좀 무식하게 이야기하자면, 그냥 내질러 놔도 환상적인 호수가 생기는, 그야말로 호수에 관한 한 관대한 땅이다. 도로가에 있는 호수조차 에메랄드의 푸름을 담은 그야말로 웅장함을 녹여내는 섬세함의 극치를 보여준다. 겉으로는 다소 차가우면서도 온화함을 품고 있는 기품 있는 여성의 느낌을 주는 호수. 날이 좋으면 호수에 들어가 보면 좋으련만, 몸매는 둘째이고 만년설이 녹은 호수라서 생각보다 매우 차다고 한다.

호수 색깔이 예쁘기로 명성이 높은 에메랄드 호수

재스퍼로 가는 길에서 로키는 큰 맘 먹고 자신의 속살을 과감히 드러내는 에로틱함을 보여준다. 바로 컬럼비아 아이스필드이다. 컬럼비아 아이스필드에서 로키의 섹슈얼리티를 본다면 그것은 분명 남성이다. 그런데 이는 꽃미남의 뽀송뽀송 미소를 가진 해맑지만 '되다 만 남성'이 아니다. 그렇다고 골반을 반쯤 드러내고 속옷을 선전하는 짐승남의 필링도 아니다. 묵묵히 '일하는 남성'의 뒷목덜미에서 느껴지는 강한 섹슈얼리티라고나 할까.

컬럼비아 아이스필드에 도착하면, 그곳에 만년설이 있다. 북반구에서는 북극 다음으로 큰 빙원이라는 이 아이스필드에서 가장 손쉽게 접근할 수 있는 곳이 아스바스카 빙하Athabasca glacier이다. 상상이나 해본 적이 있었을까? 차를 타고 가서 만년설을 보고, 빙하 위를 걷다니. 노력하지 않고 뭔가를 얻은 미안함에 감히 접근하기가 죄스럽기까지 하다. 남들은 설상차를 타고 잘도 올라가는데 나는 태곳적부터 지켜온 그 깊음을 너무 쉽게 침범하는 것 같은 미안함에 접근이 저어되기만 했다. 빙하 위를 일상복을 입고 걷는 일이 비현실적이기만 한데, 의외로 이내 자연스러워지는 것이 괜히 자연에 송구스러웠기 때문이었다. 첫 번째 여행 때도 그랬는데, 이번 두 번째 여행 때도 비슷한 감정이어서 이번에는 빙하 걷기를 포기하고 멀찍이 서서 자연과 조우하는 것으로 만족했다.

◀ 페이토 호수

2만 년 전에 형성된 컬럼비아 아이스필드는
깊이 90~300m의 대빙원으로 설상차를 타고 들어간다.

아름다운 재스퍼 마을의 하늘

　문득 금강산을 여행하고 쓴 이광수의 금강산유기가 생각났다. 문학적 소양이 있는 사람들이 뭔가를 보고 아름답다고 느낄 때 자신의 필살기를 보여주는 것이 당연하다. 그러나 그런 글들이 교과서에 실리게 되면 온갖 은유법, 대유법, 의인화, 의태어들을 사용하는 소위 스킬로 인해 어렵기 이를 데 없다. 그런데 그런 글을 가지고 학생들의 공감능력을 높인다면 문제가 없지만, 함정과 착오를 유발해서 가급적 틀리게 하는 문제를 내는 시험을 준비하게 되면 수업이 끔찍해지고 만다. 그래서 나는 그런 종류의 글들을 싫어했다. 이광수, 정철 같은 사람들이 그런 종류의 글을 쓴 사람들이다. 그런데 컬럼비아 아이스필드에 오니 그런 글을 쓰는 사람들의 심정이 이해가 된다. 필설이 된다면 가슴속에서 울렁이는 뭔가를 표현하고 싶어지는 대자연은 사람들의 감성을 두드리는 듯하다. 그래도 나는 미사여구 없이 아이스필드를 떠나 재스퍼에 도착했다. 호텔에서 하루를 묵은 다음날 아침에 눈을 뜨고 하늘을 보는 순간, 내가 한 번도 본 적이 없는 햇살에 저절로 감동이 밀려왔다. 재스퍼는 화창한 가을의 아름다움을 담고 호수만큼 파랗게 피어나고 있었다. 재스퍼는 잔잔한 로키의 아담한 마을이다. 물론 관광도시지만, 작은 마을의 정취 또한 느껴지는 곳이다. 관광객이 빠져나간 재스퍼에서 하루를 쉬며 눈부신 아침햇살을 볼 수 있었던 것도 참 행운이다. 여러 가지 종류의 햇살이 있다고 생각해 본적도 없었는데 재스퍼의 햇살은 뭔가 서광 같은 느낌이었다.

샌드위치와 커피로 아침을 먹고 재스퍼를 떠나 앨버타의 주도 에드먼턴 Edmonton으로 향하였다. 가는 길에서 한 무리의 양 떼를 만났다. 가족이 집단 여행 중인지 양 떼들은 길을 건너고 있었고, 모든 차들이 양 떼가 길을 건널 때까지 끈질기게 기다려주었다. 용맹이 하늘을 찌르는 나는 당연히 차에서 내려 야생 양들에게로 가까이 다가갔다. 그중에서 장식성이 강한 뿔을 가진 숫양이 곁눈으로 나를 쳐다보기에 몸에 힘을 빼고 가만히 서 있었다. 나는 위험한 사람이 아니라는 사인을 주려고 애를 쓰고 있는 것을 알았는지 숫양은 이내 고개를 돌리고 나를 아랑곳하지 않았다. 그런데 내 옆에 있던 할머니는 나보다 더 가까이 양 떼에 접근하였다. 할머니의 태도는 아주 신중하고 느렸으며 힘이 전혀 가해지지 않은 걸음이었다. 나는 자동으로 할머니를 따르면서 매우 용감하다고 했더니 자신이 어떠한 위협도 주지 않으면 그들은 절대 공격하지 않는다고 하면서 나에게 힘센 숫양 그러니까, 램Ram이라는 무리의 대장을 가리켜 보여주었다. 역시나 나를 곁눈으로 살펴보던 그 아저씨 양이 이 무리의 대장이었던 것이다. 대장 양은 맨 앞에 서서 걸어갔지만 결코 뒤따르는 새끼 양들에게서 눈을 떼지 않았다. 그 모습이 어찌나 멋있던지.

세월아 네월아 하는 그들의 길 건너기. 진짜 공중도덕이라고는 눈 씻고 찾아보기 어려운 느림보 걸음이었다. 그래도 사람들은 짜증내지 않고 묵묵히 지켜보거나 차에서 내려 카메라에 담는 등 야생동물과 함께 살아가는 방법에 대해 이미 충분히 터득하고 있는 듯했다. 신이 나서 사람들 사이로 양을 살피며 돌아다니는 사람은 오직 나뿐이었다. 하긴 누가 로키산맥까지 와서 야생동물 때문에 길이 막힌다고 투덜대겠는가? 이곳에서 목격한 진득한 기다림에도 불구하고, 달리는 차는 언제나 야생동물을 위협하고 있는가 보다. 곳곳에 야생동물을 치지 않도록 운전자의 주의를 당부하는 안내 표지판이 세워져 있었다.

길에서 만난 야생 양 떼들 ▶

마지막 여름 햇살이 로키에 드리우고 내 인생의 마지막 여름일 것만 같은 이 여행은 이제 본격적으로 시작되었다. 밴쿠버를 떠나 도착한 곳들은 작은 관광 도시나 관광명소들 이었다. 밴프나 레이크 루이스, 재스퍼 같은. 그러나 재스퍼를 거쳐 도착한 곳은 에드먼턴, 앨버타 주의 주도이다. 너른 땅에 만들어진 에드먼턴은 그 넓이에서도 그렇지만, 본격적인 첫 대도시라는 점에서 나를 난감하게 하였다. 어딜 가지? 딱히 가고 싶은 데도 없었다. 뭘 보지? 딱히 보고 싶은 것도 없었다. 뭘 먹지? 뭐 그리 딱히 먹고 싶은 것도 없었다. 이때 갑자기 드는 생각. '아, 명색이 여행인데 이러면 안 되는데……' 여행 책을 뒤져 보면서 뭔가 꼭 봐야 할 것 같은 중압감이 쓰나미 덮치듯 밀려 왔다. '왜 이 책은 나를 압박하는 거지? 왜 혼자 하는 여행의 평화를 깨고 긴장과 압박을 주는 거지?'

압박감. 여행 책을 밀어놓고 나는 가까운 스타벅스에 앉아 노트북을 열었다. 그리고 속으로 말했다. '누구도 나에게 명령하지 마라.' 그리고 결심도 하였다. '여행 책자에 모든 것이 나와 있으니, 나는 거리의 사람들을 보고 만나자.'

겨울의 도시,
캘거리 거리에서

캐나다는 세금이 높은 나라이다. 개인의 소득에 대해 과세하는 세금이야 소득에 따라 다르지만, 모든 물품에 매기는 간접세도 높다. 간접세는 대개 연방세와 주세로 이루어져 있는데, 우리나라의 부가가치세 10%는 캐나다에 비해 참 고마운 비율이다. 캐나다는 대개 12~15%의 세금을 붙여 내야 하는데, 거기에 봉사료로 대개 10~15%를 더 내게 되어 있다. 연방세는 7%로 고정되어 있지만 주세는 주의 사정에 따라 다양하다. 예컨대 밴쿠버가 있는 BC 주는 밴쿠버 동계올림픽 적자로 인해 2013년 당시 5%의 주세를 더해 12%를 내고 있으며, 토론토가 있는 온타리오 주는 6%를 더해 13%를 내고 있다. 그러나 캘거리가 있는 앨버타는 주세가 0%, 그러니까 연방세만 내면 된다.

앨버타 주가 주민에게 세금을 걷지 않는 이유는 주 직영 공사, 즉 석유가스 사업에서 엄청난 이익을 보기 때문인데, 밴쿠버 올림픽이 열리기 전에는 도리어 주에서 주민에게 돈을 주었다고 한다. '공사에서 운영을 잘해서 주민에게 연말에 이익금을 준다.' 머리털 나고 처음 들어본 말이다. 방만한 운영과 부실 경영으로 세금을 투입하는 경우만 봐서 그게 가당한지조차 처음 알았다. 이것이야말로 국내 도입이 시급한 사례이다.

에드먼턴을 떠나 캘거리에 도착했을 때, 부슬부슬 비가 오고 있었다. 몸이 시원치 않은 탓에 며칠 간 호텔에서 숙박을 했지만 이제부터는 호스텔에서 숙박하기로 했다. 장장 40일 북미횡단 여행을 하면서 매번 호텔에서 잘 수는 없었다. 캘거리의 숙박비는 그리 비싸지 않지만, 동부 퀘벡 주나 미국의 뉴욕 주는 가격도 비싸고 거기에 숙박세를 더 내야 한다. 그래서 한국에 비해 2배쯤 비싸다고 보면 된다. 무조건 아끼는 수밖에 없다.

캘거리는 밴쿠버를 떠나 1박 이상 체류하는 첫 도시였다. 거리를 걸었다. 캘거리 사람들은 도심 타워와 차 없는 카페거리를 소개해 주었지만 나는 그리 관

심이 가지 않았다. 도시전망대는 세계 어느 도시에나 있고, 캘거리가 유달리 멋진 도시도 아니기 때문이다. 또한 카페거리 역시 '낭만에 죽고 낭만에 사는' 밴쿠버에서 온 나를 움직이기에 역부족이었다. 그러나 거리를 걷고 있으니, 한국과 다른 것은 물론 밴쿠버와 다른 점이 눈에 들어왔다.

하나는, 건물들 간에 서로 연결되어 있는 소위 구름다리. 우리나라에서는 공공의 길에 구름다리를 연결하면 조망권 문제가 걸리는데, 여기는 대개의 건물이 그렇게 되어 있었다. 주변 사람들에게 물어보니 겨울이 너무 추워서 건물끼리 서로 연결한다고 하였다. 캘거리의 겨울은 매우 추워 한겨울 온도가 30~40도 정도라고 한다. 물론 영하이다. 그러니까 건물 밖으로 나가고 싶지 않은 게 당연할 것이다. 오직 건물에서 차를 타러 가는 데까지만 외기에 노출된다고 하는데, 그나마 차고도 대개 건물 내에 있다고 한다. 그냥 지나쳐 왔지만 에드먼턴에는 북미지역에서 제일 큰 쇼핑몰이 있는데, 인구수도 많지 않은 곳에 그런 시설이 있는 이유는 오로지 추위 때문이다. 캘거리 역시 실내에 모든 시설이 갖추어져 있는데, 도심에 있는 TD빌딩은 대규모 실내 정원도 갖추고 있다. 길고 추운 겨울을 보내야 하는 캘거리 사람들에게 파릇파릇한 식물은 그립고 그리운 생기일 것이다. 이 땅에 사는 수많은 귀차니스트들은 그 마음을 이해하고도 남을 일이지만, 태평양 연안을 제외한 캐나다 전체 지역은 귀찮음과는 별개로 생존을 위해 추위와 투쟁해 온 듯하였다.

◀ 캘거리 건물 사이의 구름다리(위)와 건물의 실내정원(아래)에는
추위와의 투쟁 역사가 담겨 있다.

또 다른 캘거리 시내의 별난 그림은 도심 전철이었는데, 이 전철은 모양이 짧고 버스와 비슷한 기능을 하고 있었다. 오직 하나 전철의 풍모를 보이는 것은 레일 위를 다닌다는 것이다. 버스와 비슷한 속도로 다니기 때문에 전철과 같은 접근 주의가 요구되지 않아, 시민들이 건널목을 건널 때 심하게 용감하고, 알아서 건넌다. 전철 운영의 독특한 점이 있다면 도심 7번가의 10개 전철역은 무료 이용이 가능하다는 것이다. 이런 제도를 만든 것은 도심 자가교통량 조절도 있지만, 관광객을 유치하기 위한 하나의 프로모션이라고 한다. 하긴 도심 10개 전철역을 무료로 한다 한들 그 안에서 돌아다니는 사람은 돈 쓸 일밖에 없기 때문에, 도심 상권을 살리는 데 도움이 될 것이다. 더구나 다른 곳으로 갈 때는 어차피 돈을 내기 때문에 시의 입장에서는 손해 볼 일도 별로 없다.

그러나 캐나다 어디를 가나 한결 같은 게 있다. 법적으로 강력하게 규정되어 있기 때문이지만, 모든 전철과 버스는 장애인, 노인, 유모차를 위한 엄격한 기준을 가지고 있다는 것이다. 길을 다니다 보면 유모차나 장애인 휠체어를 끌고 다니는 사람들이 굉장히 많다. 누구라도 자신의 장애나 불편으로 대중교통 수단을 이용하는 데 불편을 겪어서는 안 된다는 것이 캐나다 소수자의 권리이다. 버튼만 누르면 바닥의 철판이 철썩철썩 열리면서 휠체어나 유모차를 위한 낮은 경사를 만들어 줄 뿐 아니라, 운전기사가 내려 직접 이들을 도울 때도 모든 사람들이 기다려준다. 휠체어를 타고 버스에 올라 장애인석에 무사히 안착한 장애인이 "이제 출발하세요"라고 당당히 소리치는 것을 보고 감명받은 적이 있었는데, 이는 캐나다 어디서나 마찬가지였다.

캘거리의 거리를 걸으면서 대부분의 건물이 새로 만들어졌지만, 조금이라도 오래된 건물이 있으면 보존하기 위해 참 애를 쓴다고 느껴졌다. 이 또한 캐나다 어디에서나 드는 느낌인데, 뭐든지 불도저로 밀어버리고 새로 지으면 멋지다고 느끼는 우리의 시선과는 다른 면이다. 처음 캐나다는 공사를 많이 하는 나라라고 느껴졌는데, 나중에 오래된 것을 부수는 공사가 아니라 그것을 최대한 보존하면서 새로운 것을 결합하는 난이도 높은 공사라는 것을 알게 되었다.

캘거리의 하얏트 호텔의 모양이 좀 이상스러워 들어가 봤다. 한쪽 면은 거대한 하얏트 호텔의 모양이지만 오래된 건물과 결합해서 구성한 것으로, 건물 내부에서는 하나의 건물처럼 보이지만 건물 밖에 나와 옆면을 보면 여러 건물을 부수지 않고 연결하였다는 것을 알 수 있다. 6개의 개별 건물을 내부에서 결합한 흔적을 보고 참 어렵게도 지키고 보존하는구나 싶었다. 동시에 나도 모르게 서울 종로 뒤쪽에 있는 서민들의 식당길 피맛골을 밀고 우람한 건물을 지어버린 오세훈 전임시장이 생각 나 입에서는 한숨이 휙~ 나왔다. 하얏트 호텔을 스토리를 가진 호텔로 만들고 지키는 정성을 보니 500년 길을 하루아침에 무질러버린 우리 사회의 비문화성에 마음이 답답해졌다.

하얏트 호텔의 측면 설명도(좌). 실제 건물(우)
6개는 안에서 하나로 붙어 있다.

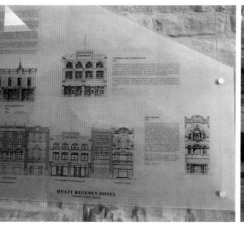

캘거리 시청 앞에서
나대다

캘거리에 있는 4일 동안 매일 거리를 걸었다. 박물관도 미술관도 가기 싫었다. 캘거리에 뭐 엄청난 것이 있을 것 같지도 않았지만, 원래 박물관의 모든 소장품은 현실로부터 격리된 물건들이며, 이 사회 게이트키퍼gate keeper들에 의해 가치를 인정받은 것이다. 예컨대, 학자 · 기자 · 기성예술인 등 전문가들에 의해 가치를 인정받음으로써 사회적 생명을 얻은 것들이다. 그들의 전문성이 중요하지만, 사실 그것은 하나의 가치 생산과정이기도 하다. 작가 구상에 의한 가치 해석 이전에 이중섭의 작품은 어떤 의미가 있었을까? 유홍준에 의해 재발견되기 이전에 '달 항아리'는 무엇이었을까? 나는 항상 그러한 전문가의 심미안에 감사한 마음을 가지고 있다.

그러나 때때로 그들의 시선으로부터 자유롭고 싶다. 심지어 요즘에는 '죽기 전에 봐야 할 것'을 제시하는 사람조차 나오고 있다. 죽기 전에 봐야 할 것, 죽기 전에 가야 할 곳. 이 절박한 표현은 다 뭘까? 그것을 보기 전에 죽는 사람이 허다한데, 그들은 얼마나 한심한 인간들인가 말이다. 그러나 우리가 죽기 전에 해야 하고, 해도 해도 부족한 일은 사랑하는 일이 아닐까? 누군가를 사랑하는 일보다 앞서서 해야 할 일인지, 그 말을 한 사람들에게 꼭 한번 되묻고 싶다. 그래서 나의 본업과 관련이 있음에도 박물관, 미술관, 공연장을 다니지 않고 그저 하염없이 거리를 걸었다. 사람들의 얼굴도 보고, 말도 걸어보고, 슬쩍 참여도 해보는 것이 이 여행에 더 잘 들어맞는다. 현실 속의 아름다움과 가치를 발견하고 싶었고, 내가 느끼고 생각하는 것에 나를 맡기고 싶었기 때문이다.

캘거리 시청을 가보았다. 역시 규모가 컸다. 캐나다는 비즈니스를 우선으로 하는 미국식 정책과 사회 민주주의적 경향을 띠는 북유럽식 사회체제를 동시에 수용하고 있기 때문에 비즈니스는 보호하되 사회 서비스 업무가 방대한 편이라서 공공시설의 규모가 크다. 넓적한 건물인 캘거리 시청은 도시를 그대로 반사하고 있었다. 그런데 멀리서 보니 어떤 구호가 보였다. 그곳에는 캘거리 시청의 무슨 정책이 기독교인을 박해한다는 좀 난센스 같은 구호가 쓰여 있었다. 화면에는 안 잡혔지만 깃발에 다윗의 별이 그려진 것을 보니 유태인들이 걸어놓은 듯했다.

　캘거리 시청 앞에는 올림픽 광장이 있는데, 아마 2000년 밴쿠버-캘거리 올림픽을 기념하는 광장인 듯했다. 사실 나는 캘거리가 올림픽을 유치한 것을 캘거리에 와서 기억해 냈다. 밴쿠버-캘거리 올림픽을 대개 밴쿠버 올림픽으로 불러버리니 캘거리는 서운할 것이다. 나도 밴쿠버에서 어떤 사람이 2002년 월드컵을 재팬 월드컵이라고 해서 울컥한 경험이 있어서 잘 알고 있다. 내가 내려다본 광장 바닥을 이루고 있는 벽돌들에 깨알 같은 이름이 쓰여 있는 걸로 봐서 아마 광장을 조성하면서 시민들의 기부를 받았나 보다.

도시를 반사하는 캘거리 시청 ◀
시청 앞에 걸려 있는 구호 ▶

서구사회에는 진정한 기독교의 박애 정신을 실현하는 기운들이 많이 있다. 오로지 나와 가족 그리고 내가 속한 집단에만 복을 내리고, 다른 사람들은 쫄딱 망해서 '아이고, 왜 내가 하나님을 안 믿었던가' 후회하면서 지옥불에 똑 떨어졌으면 좋겠다고 생각하는 왜곡된 기독교와는 참으로 거리가 멀다. 그래서 일상적인 자선과 기부가 아주 공공연히 행해지고 있는데, 호수의 벤치, 공원의 나무, 거리의 벽돌, 마을 공연장이나 도서관에 기부를 하고 작은 이름 한 줄을 남기는 일이 아주 흔한 일이다. 돈을 기부하기 어려우면 자원봉사도 한다. 돈이 안 되면 몸으로라도 봉사하는 것이다. 참 거룩한 일이다.

물론 한국에서도 이제는 자원봉사가 일반화되고 있긴 하지만 캐나다 사회처럼 일상적이라고 하기는 어렵다. 사실 남을 돕는 것은 사람이 사는 곳이라면 어디든지 있는 일이고, 정이 많은 우리 사회가 더 많으면 많았지 결코 적지 않을 것이라고 생각한다. 그러나 이런 선의와 자선 및 기부를 조직하는 사회적 노력은 아직 형편없이 부족한 상태이고 이러한 사회적 봉사를 조직하고 기금을 조성하는 업무를 전문직으로 이해하는 인식도 부족한 형편이다. 캐나다에는 어떠한 기관이든, 심지어 사업을 하는 곳조차 자원봉사자를 조직하는 자원봉사 코디네이터volunteer coordinator가 있다. 그들은 사람들의 공감을 얻고, 그들의 노력을 조직하여 그야말로 좀 더 나은 사회better community를 만들기 위해 공공성 있는 일을 하는 사람들이다.

예전에 문화복지론을 주장했던 고故 이중한 선생님이 문화자원봉사자 조직을 제안하고 몸소 실천하신 적이 있었다. 그분은 문화자원봉사 활동이 남을 위한 봉사이기도 하지만, 봉사자 자신의 삶을 변화시키는 동력을 얻을 수 있다는 믿음을 가지고 계셨다. 저강도 사회변화를 바라시는 선생님의 스타일과 딱 맞는 운동이었다. 그분은 문화운동이야말로 가장 강력한 힘이라는 것도 알고 계신 분이었다. 벽돌 하나 보고 이중한 선생님을 떠올리게 하는 캘거리는 내게 영감을 주는 도시인 것 같았다.

올림픽 광장에는 마침 홈리스를 위한 점심 무료 지원이 있었다. 내가 밴쿠버에서 홈리스에게 식사를 제공하는 자원봉사를 해봐서 아는데, 넉살 좋은 배낭족들은 그냥 줄 서서 먹기도 한다. 아무도 이들을 탓하지 않으며, 당시의 나도 그냥 여행 중에 돈이 떨어졌나 보다 했다. 사실 엄격한 의미에서 보면 홈리스가 맞다. 나도 줄을 섰다. 줄을 서 있는 사람들 중에는 귀에 구멍을 7~8개 뚫고, 코와 혀에도 금속 구슬을 단 히피스타일의 백인 청년들이 많았다. 그러나 보다 많은 사람들은 원주민의 혈통이 느껴지는 외모의 홈리스들이었다. 무료 급식으로 샌드위치와 커피 등을 받아 벤치에 앉으니 어쩐지 미안한 마음이 들었다. 나 같은 사람 먹으라고 누군가가 후원한 게 아닐 텐데 말이다. 오늘만 감사히 먹고 다음부터는 홈리스의 몫에 눈독을 들이지 말아야겠다는 결심을 했건만, 먹으면 먹을수록 미안해져서 나중에는 목이 멜 정도였다.

올림픽 광장에서 먹은 무료급식 샌드위치

그때 내 눈에 들어온 풍경. 캘거리 시청에서 캐주얼 정장
차림의 수많은 사람들이 올림픽광장을 향해 나오고 있었다.
시각은 2시. 뭔가 집단적인 행동을 하는 것 같았다. 한눈에 그
들이 공무원임을 알 수 있었다. 뛰거나 소리를 지르지는 않았
지만, 그 많은 사람들이 매우 신속하게 움직이고 있었고 자기
가 속한 부서의 팻말 앞에 서서 뭔가를 기다리고 있었다. 그
들은 삼삼오오 모여서 이야기도 하고, 개중에는 안전모와 안
전화를 착용하고 나와 시위를 할 것 같은 태도를 보이는 사람
도 있었다.

캐나다에 있으면서 전국 우편공무원의 파업, BC 주의 교
사 파업, 몬트리올 학생 파업, BC 주 보험공사 파업 등 대규모
파업을 여러 차례 직·간접적으로 보았다. 대개 파업은 아주
조용하고 신중하게 진행되었으며, 그 누구도 그들의 권리에
대해 지탄하는 경우를 보지 못하였다. 오늘 캘거리에서 공무
원 파업을 보나 보다 싶어 은근 "나는 정말 운이 좋아"를 외치
며 열심히 그들의 태도를 살피고 사진을 찍었다. 일부는 종이
에 적힌 것을 같이 보고, 앞쪽에서는 대오를 정렬하려는 모습
을 보였다. 이제 행진이라도 하나 보다 하며 각오에 찬 모습
으로 기다렸다. 한 30분 지났을까? 누군가가 소리를 치자, 갑
자기 움직이기 시작하였다. 이제 대오를 만드나 보다. 그러나
그들은 다시 신속하게 시청으로 들어가는 것 아닌가. 나왔던
그 속도와 느낌으로 다시 시청으로 쏙쏙……. 어찌된 일인가
싶어 어떤 사람을 붙잡고 물어보았다.

"지금 무슨 일이 있는 건가요? 파업 중입니까?"

"아뇨, 소방훈련 중이에요."

광장으로 나오는 시청 공무원들

캘거리의 문화적 토대와
스탬피드 축제

앨버타 주에서 석유개발이 본격적으로 시작되기 전에 캘거리는 작은 도시에 불과했다고 한다. 앨버타 주의 석유는 다른 나라의 석유와 달리 석유와 모래가 섞여 있어 오일샌드oil sand. 따라서 오일과 모래를 분리하는 작업 때문에 개발이 늦어졌다고 하는데, 지금의 캘거리는 오일과 천연가스를 생산하는 지역의 배후 도시로서 성장하였다.

우리나라의 울산, 포항, 창원 등 문화적 자원이 풍부하지는 않지만 경제적 토대가 비교적 잘 갖추어져 있는 도시들이 다음 발전 전략으로 생각하는 것은 무엇일까? 만약에 사고가 여전히 1970년대에 머물고 있으면, '문화는 무슨 얼어 죽을 문화'라고 하면서 문화가 냉장고인 줄 아는 발언을 일삼을 수도 있다. 또는 '먹고 죽을 약을 살 돈도 없다'라고 하며 문화에 돈을 쓰느니 다리 하나를 더 놓겠다고 할 수도 있다. 이런 분들은 두 가지 종류의 오류를 저지르고 있다. 하나는 문화가 예술이나 사치품인 줄 아는 착각의 오류이며, 다른 하나는 아예 문화가 뭔지 모르는 무지의 오류이다.

그러나 문화는 예술을 포함한 삶의 방식 그러니까 사람이 살아가는 공동체의 내용이다. 그러니 문화가 사치인 줄로 착각하는 사람이나 문화가 뭔지 모르는 사람은 자신의 문화를 비하하거나 느끼지 못하는 불감증으로 인해 생각의 교란이 일어났다고 보면 된다. 인간이 문화 안에서 낳고, 살고, 죽는데, 무슨 용가리 통뼈 같은 재주가 있다고 탈문화를 선언한단 말인가? 앞에서 이야기한 도시들이 만일 미래를 내다보는 능력을 가졌다면 반드시 문화정책에 대해 고민하게 될 것이다.

인간은 먹고사는 것조차 자기가 익힌 문화적 방식으로 해결하는 것은 물론, 자신의 삶을 좀 더 아름답고 풍요롭게 만들고 싶어 하는 욕구를 갖는다. 또한 자신의 삶을 풍요, 행복 등 온갖 좋은 말로 표현하게 만드는 능력도 바로 현재의 문화적 자원 속에서 섭취되고 있다. 그러므로 공공정책은 그런 문화를 만들고자 노력하게 되어 있는데, 일부 바보 같은 정치인들은 그런 문화를 만들어 준다고 떠들어대기도 한다. 문화를 만들어 준다니 무슨 히틀러 같은 발상인가? 제대로 된 공공정책은 시민의 자발성을 이끌어내는 일종의 매니지먼트이다. 즉, 공공정책은 환경과 여건을 시민에게 제공하고, 이를 토대로 더 나은 여건을 끊임없이 제공하는 것이 그 책무인 것이다. 도시의 삶을 보다 풍요롭고 아름답게 가꾸며, 도시를 문화적으로 활성화하는 방향의 고민은 세계적인 추세이기도 한다. 유럽에서는 문화를 통해 늙어가는 도시를 재생하고자, 매년 유럽 문화도시를 지정하여 삶을 재생하고 관광산업을 일으키려고 노력한다.

문화적 자원이 척박한 캐나다도 마찬가지이다. 몬트리올·토론토 등 동부의 비교적 오래된 도시는 물론, 서부의 밴쿠버·캘거리 등도 이런 대열에 끼려고 안간힘을 쓰고 있다. 따라서 올림픽도 유치한 것. 그러나 이러한 움직임을 포착하기는 쉽지 않다. 도시를 겉에서만 본다면, 그러한 문화정책이 관광자원을 만드는 일에나 집중된 것처럼 보이기 마련이다. 예컨대 간판정리, 도심 재개발, 공공미술, 도심 수로 건설…… 그리고 보니 서울의 전임 시장님들이 하나같이 이와 같은 일만 했다. 비단 서울만 그런 것이 아니지만.

밴쿠버에서 2년을 마치 스파이처럼 암약한 나는, 20년을 살았던 사람처럼 그것만이 전부가 아니라는 것을 포착하게 되었다. 그들은 간판을 정리하겠다고 '마음먹을' 지역 커뮤니티를 만드는 데 노력을 하고, 도심을 어떻게 재개발할 것인지를 '결정할' 지역 커뮤니티를 활성화하며, 어떤 작품을 어떻게 설치할 것인가를 '논의할' 마을 커뮤니티를 구축하고자 노력하였다. 또한, 새로운 도시와 삶의 터전의 상호 연계를 '확인할' 지역위원회를 만들곤 한다. 캘거리에 불과 3박 4일 머무는 나의 눈에 그물망 같은 사람들의 노력, 커뮤니티의 논의 등이 보일 리가 없다. 그래서 외국의 우수한 사례를 견학한다는 국회의원·공무원들 또한 외부만 벤치마킹하는 게 아닌가 싶었다. 그들도 잘하려고 노력은 할 것이다. '일부러 못해야지'라고 주먹 불끈 쥐는 공직자가 어디 있겠는가?

거리를 거닐다 보면, 캘거리 역시 뭔가 오아시스 같은 도시가 되고 싶어 하는 것 같았다. 딱딱한 건물과 도로만 있는 것이 싫은지 도심 곳곳에 공공미술을 설치하였다. 겨울이 유난히 긴 캘거리에 만일 건물과 차만 있다면 죽은 도시나 다름없을 것이다. 그럼에도 왠지 캘거리의 공공 미술은 사람의 냄새가 나지 않는데, 그저 겨울을 견딜 금속성 골조로만 보이는 것은 나의 천박한 미적 감각 때문일지도 모르겠다.

나는 공공미술이 좀 '만만한' 느낌을 주었으면 좋겠다고 생각하는 사람 중 하나다. 내가 가지고 있는 느낌은 딱 이렇다. 원래 아이들은 뭔가 신기한 게 있으면 만지고 건드려 보게 되어 있다. 생득적으로 호기심을 가지고 태어난 것이 바로 생명이기 때문이다. 모양이 좀 크다 싶으면 금방 올라타고 싶어 한다. 공공 미술이 딱 이랬으면 좋겠다. 아이들이 올라타고 놀아도 되는 그런 분위기의 공공미술. 뭔가 멋지고 훌륭하지만 아이들이 타고 놀고 만져보면서 아이들과 함께 세월을 먹는 공공미술. 그게 가능하도록 설계된 공공미술이 진짜 문화를 만드는 것이 아닐까 생각한다.

캘거리의 공공미술도 어쩌면 세월이 흐르면서 사람들의 추억과 함께 문화를 만들지도 모르겠다. 그러나 캘거리에도 한 방이 있다. 스탬피드 축제 Stampede Festival가 그것이다. 이 축제는 매년 7월에 열리는 카우보이 축제인데, 사실 따지고 보면 북미 대륙 전체가 바로 카우보이의 나라이고 어느 도시, 어느 마을이든 카우보이들이 소를 몰고 다니지 않은 곳이 없다. 우리나라로 치면 김치 축제, 단오 축제, 한가위 축제 같은 것이다. 삼천리 방방곡곡에서 먹고 즐기고 치르는 김치, 단오, 한가위 등과 같은 보편 주제가 어느 일정 지역의 축제로 자리매김하는 것이 동의되기는 쉽지 않다. 예컨대 강릉단오축제같이 어느 지역의 특정 행사가 되는 것은 남다른 이유가 있기 때문이다.

캘거리 시내에 즐비한 공공미술 ▶

▲ 스탬피드 축제의 메인, 로데오 경기(출처: 스탬피드 축제 사이트)
▼ 시내 곳곳에서 나누어 주는 팬케이크(출처: 스탬피드 축제 사이트)

캘거리 스탬피드 축제도 이와 비슷한 남다른 이유가 있다. 스탬피드라는 말은 무언가를 향해 질주하는 것을 의미한다고 한다. 따라서 소를 잡는 카우보이들의 일상생활을 가장 잘 나타내는, 로데오 경기가 그 메인에 있다. 캘거리가 많은 경쟁 도시나 마을을 물리치고 캐나다 전역은 물론, 미국·멕시코 등지에서도 참여하는 유명 카우보이 축제로 자리 매김한 데는 여러 가지 이유가 있다.

먼저 오랜 역사가 있다. 캘거리 스탬피드는 1912년 가이 워디크라는 사람이 카우보이의 거친 야생 생활을 과시할 수 있는 축제를 만들기 위해 지역의 유력한 기업인들을 설득하면서 시작되었다고 한다. 2012년이 100주년이 되는 해였다. 세계 1, 2차 대전 기간이나 1920년대 공황 당시 잠시 중단되기도 하였지만 지금까지 꾸준히 이어져 오고 있는 축제이다. 두 번째로, 축제를 연 첫 회부터 빵빵한 상금을 내걸었다고 한다. 지금은 로데오 우승자에게 100,000달러의 상금이 주어지는데, 우리 돈 1억 원이 넘는 돈이다. 그래서 거친 야생의 사나이들이 멀고 먼 앨라배마가 아니라 앨버타로 몰려들고 있단다. 셋째로, 이것이 단지 서부 거친 사나이들의 광란의 놀이가 아니라 가족과 이웃이 함께 즐길 수 있는 축제로 자기 성장을 해온 점이다. 예컨대, 축제가 열리는 스탬피드장 외에 카우보이를 상징하는 모자와 구두, 머플러를 두르고 시내 곳곳을 행진하는 퍼레이드는 모든 캘거리인들의 일상이 되었다. 현재 축제는 로데오 경기뿐 아니라, 역마차 경기, 스탠드 그랜드 쇼, 대규모 불꽃놀이, 소젖 짜기 경기, 밧줄 던지기 등 다양한 카우보이 관련 놀이들이 펼쳐진다고 한다. 넷째, 축제는 시민위원회에서 운영하고 있는데, 시민들의 자발적인 참여와 자부심으로 그 권위를 높여 왔다. 앨버타 주나 캘거리 시가 위원회를 적극적으로 돕는 것은 기본이고, 세계적인 축제로 키우기 위해 다방면의 지원을 하고 있다. 시민들은 행사 참여는 물론, 자원봉사자가 되어 전체 진행을 함께 한다. 더구나 상대적으로 관대했던 원주민 정책으로 초창기부터 인근 원주민들이 함께 참여하여 행사의 의미를 더욱 높여주었을 뿐 아니라 지역 화합의 장이 되기도 하였다.

또한 축제는 1923년 어느 농부가 마을에서 아침 팬케이크를 무료로 나누어 준 것을 계기로 현재까지도 그 전통을 이어나가는 넉넉함을 가지고 있다. 축제가 열리는 날 아침은 누구나 아침을 먹지 않고 나와 길에서 팬케이크를 먹는 대규모 밥상공동체가 펼쳐지는데 이런 경비는 주나 시의 지원금 외에도 시민들의 자발적인 후원으로 충당된다.

비록 춥고 삭막한 땅에 만들어졌지만, 먹고살기 쉽지 않았던 그 예전부터 현재 캐나다에서 가장 잘사는 땅이 된 지금까지 캘거리는 자신들의 공동체에서 문화적 자원을 찾아내고 보존하며 다른 사람과 함께 공감할 수 있도록 만드는 힘이 있었던 것이다. 캐나다 역사가 아무리 짧아도 삶을 지키고 보존하며, 이웃과 나누는 것에서 배울 점이 많은 듯하다. 내가 만일 캘거리를 대충 보았다면 그저 공공미술이나 문화예술 공간을 둘러보는데 그쳤을 것이다. 그것들은 무언가의 위에 덧붙여진 것일 뿐이고 그 무언가는 바로 그들의 삶 속에 있다. 바로 카우보이의 거친 삶, 맨손으로 거친 땅을 맨 촌부들의 삶에 대한 자부심인 것이다.

캘거리에서 만난
친구들

　캘거리를 떠나기 전에 캘거리의 호스텔과, 만난 사람들에 대한 이야기를 해야겠다. 여행을 출발한 후 호텔에 묵었던 나는 캘거리 호스텔에 들어갔을 때 와락 풍기는 더러운 느낌 때문에 다소 난감했다. 호텔에서 호스텔로 옮긴 이유는 경제적인 이유도 있고, 여행다운 여행을 하기 위해서이다. 호텔은 비싸기도 하지만, 나만의 공간이 확보되므로 그 속에 갇혀버리기 때문이다. 캐나다의 호스텔은 대개 4인 혹은 6인, 8인 침대가 있으면서 욕실이나 화장실, 세탁실, 부엌을 함께 나누어 쓰는 구조를 가지고 있었다. 1인실 혹은 2인실도 있다고 하는데 굳이 그렇게 한다면 여행의 재미는 반감되기 마련이다. 이러한 구조는 전세계가 대부분 비슷한 듯하다. 전 세계 호스텔 중에서 일정 기준이 되는 호스텔은 국제호스텔협회Hostelling International에 가입되어 있단다.

　물론 여기에 가입되어 있지 않은 작은 호스텔이 더 많고, 가족적인 분위기를 자랑하는 작은 호스텔을 선호하는 사람도 있다. 캘거리에서 머문 호스텔은 이런 작은 호스텔에 속한다. 호스텔 체인 등을 잘 모를 때 인터넷 사이트에서 그냥 예약을 한 곳이었다. 호스텔계에 발을 디디게 되고 다양한 호스텔을 경험해 보니, 욕실이 방에 붙어 있는 곳도 있는가 하면, 조식을 포함하거나 카페에서 음식을 사먹는 곳도 있었다. 그러나 대부분의 호스텔은 방은 나누어서 쓰고, 욕실과 화장실, 부엌을 공동으로 쓰는 구조를 가지고 있었다.

　호스텔의 낯선 환경과 세계 각국에서 온 사람들을 보면서 갑자기 번뜩이는 생존본능이 어디선가 무럭무럭 피어나, 앞으로 어떤 식으로 살아야 할지 저절로 몸이 만들어지는 느낌이 들었다. 내가 호스텔에 들어간 지 1시간도 안 되어 일어난 일들이다. 모든 것이 낯선 새로운 환경 속에서 나 자신이 재구성되는 것 같은 느낌이랄까. 몸이 알아서 긴장하고 스스로 해체되어 재조립되는 느낌, 그것이다.

호스텔 생활을 통해 몇 가지 발견한 점이 있다. 우선, 백인이든 흑인이든 엄청나게 잘 먹는다는 것이다. 정말 먹는 양이 장난 아니었다. 그러나 그 양이 끼니마다 다른데, 아침은 아주 조금 먹는 반면, 점심과 저녁은 몹시 넉넉히 먹는다. 프랑스나 남미 쪽은 점심을 많이 먹고, 영국이나 독일 쪽은 저녁을 많이 먹는 경향이 있었다. 둘째, 남자애들이 요리를 무척 잘한다는 점이다. 각종 인스턴트 음식이 난무한 북미 대륙에서도 요리를 직접 해먹는 게 인상적이었다. 캐나다에서는 중고등학교 요리시간에 정말 다양한 요리를 배우는데, 그 때문인지 아니면 가정교육 때문인지 모두 요리를 매우 잘했다. 셋째, 설거지를 대충한다는 점이다. 경악할 만한 일은 그들의 설거지 습관이다. 그릇에 비누를 묻히고 정말 대충 행궈버리는데 그게 한두 명이 아니라 대부분이 그랬다. 비눗기가 있는 것을 먹는 데 부담감이 없다는 생각이 들었다. 차라리 물기를 말리는 게 더 위생적인데도 의심스러운 행주로 쓱쓱 닦기도 했다. 넷째, 세계 공통의 식사 습관이 보인다는 것이다. 아침은 대개 소위 콘티넨탈 식이라는 빵과 잼, 달걀로 먹고, 점심이나 저녁은 파스타, 재스민 쌀밥에 비프야채볶음 정도가 아주 일반적이었다. 유럽이나 북미 사람들은 파스타를 더 선호하고, 중동에서부터 동남아시아에 이르는 지역은 재스민 쌀밥에 뭔가를 얹거나 뿌려 먹는 것을 선호하는 경향이 있었지만 이 두 가지 모두 보편적인 글로벌 식사가 되어 있었다. 그런 와중에 한국식의 밥과 국을 만들어 먹는다는 것은 번거롭기 짝이 없었다. 한국식 각종 덮밥 종류는 만들어 먹기 쉬운 편에 들어가지만, 그것도 재료가 만만치 않아 포기하고 나는 빵에 간단히 얹는 것을 사서 먹게 되었다. 마지막으로, 다양한 사람이 있다고 다양한 친구를 사귀는 게 아니라는 사실이다. 다양한 사람이 있으면 서로 낯설어하며 벽을 만드는 듯했다. 친구를 만드는 것은 환경이 아니라, 타인에 대한 관심, 공감능력 그리고 소통능력, 즉 자신의 수용성이라는 사실이다.

내가 있던 방은 여자들만 사용하는 6인실이었다. 독일인 2명, 오스트레일리아인, 브라질인, 스페인인, 나, 이렇게 6명이 있었다. 독일인들은 매우 독자적인 스타일로 일어나면 나가고 밤늦게 들어왔다. 호주 친구는 이곳에 머문 지 오래되었고 다른 사람에 대해 큰 관심이 없었다. 새로 들어온 브라질인, 스페인인, 그리고 나는 두리번거리며 상호 탐색을 하였다.

나는 들어가자마자 이 사람 저 사람에게 말을 붙여보고, 정보도 들었다. 자연스럽게 다 같이 두런두런 이야기를 하게 되었는데, 나보다 2일 먼저 들어온 브라질 친구는 내가 오기 전에 서로 이야기를 한 적이 없다고 말해 주었다. 그러나 말을 시작한 지 얼마 되지 않아 우리는 매우 친해졌다. 특히 브라질 친구와 스페인 친구와는 이야기를 많이 나누었다. 브라질 친구는 40대의 나이에 영어를 공부하기 위해 캐나다로 온 친구이다. 남편과 스카이프로 연락을 하는 데 하루 5시간 이상을 쓰는 그녀는 남편의 끈질긴 구애 끝에 결혼한 행복녀였다. 그녀는 나를 무척 좋아했다. 내가 대화하는 분위기를 만들었다고 민망하게도 나를 "엔젤"이라고 불러주었다.

인류학자인 그녀는 문화적 편견에 거의 혐오 수준의 반응을 보이곤 했다. 내가 브라질 전 대통령 룰라에 대해 긍정적으로 이야기하자, 그녀는 그의 첫 대통령 임기에 대해서만 동의하겠다는 단호한 입장을 보였다. 그의 동료들이 권력을 남용하고 축재를 하는 것에 그 역시 책임이 있다고 말을 하였다. 언제나 자기주장이 뚜렷한 그녀이다. 자세한 브라질 내정에 대해서는 잘 모르지만, 권력의 속성상 가능한 이야기라는 생각이 들었다. 세상에서 가장 상하기 쉬운 단어는 새로운, 개혁, 갱신, 신문 등 시작을 의미하는 단어라는 것을 우리는 이미 잘 알고 있지 않은가.

스페인 친구는 카탈루냐 사람이다. 나는 그녀가 스페인과 카탈루냐를 구별하는 의미를 잘 몰랐다. 카탈루냐는 스페인과 다른 민족으로 오래전에 스페인에 의해 점령된 민족이다. 스페인의 북동부 지역에 분포하는 카탈루냐 민족은 스페인과 다른 말을 쓰고 문화도 다르다고 한다. 카탈루냐의 중심도시는 바르셀로나이다. 그들은 매우 낭만적이고 열정적인 민족이다. 나중에 생각을 해보니 1984년 『동물농장』을 통해 현대 파시즘과 언론 등을 통렬히 비판한 조지 오웰의 저작 명에서 『카탈루냐 찬가』라는 이름을 본적이 있다.

　초등학교 교사인 그녀는 매우 밝은 성격과 아름다운 미소를 가진, 서양인이 흔히 말하는 스위트한 여성이다. 그녀는 친구가 자신에게 주었다며 카탈루냐기를 꺼냈다. 그것을 보여주는 태도와 카탈루냐를 설명하는 눈빛에서 그녀가 스스로 부여한 책임감과 자부심을 읽을 수 있었다. 친구가 그녀에게 어디를 가든지 카탈루냐기를 가지고 다니라고 했다는 말을 듣고 나는 그 친구가 남자이며, 그녀가 사랑하는 사람이라는 느낌이 들었다. 나중에 술을 마시면서 물었더니 역시나.

　방에서 친해진 우리와 달리 거실에서 친해진 친구가 있다. 그는 아주 사회적인 성격을 가졌고, 다양한 대화를 만들어 갈 줄 아는 남성이었다. 그는 에리트레아에서 출생했고, 스웨덴·노르웨이·독일 등지에서 일했으며, 마침내 캐나다 토론토에서 일하다가 캘거리로 직장을 옮기고 있는 중이었다. 그가 에리트레아라고 했을 때 나는 참 반가웠다. 친구가 에리트레아 출신인데, 그 나라의 이름을 외우는 데 거의 반년은 걸렸다. 이제 새로운 친구를 만나 "아하!" 할 수 있게 된 것은 내 인식의 지평이 그만큼 넓어졌다는 의미일 것이다.

　우리 4명은 호스텔에서 나이 많은 축에 들었다. 같이 캘거리를 돌아다니고, 아일랜드풍 술집에서 맥주를 마셨다. 맥주 중에 밴쿠버 지역 맥주인 그랜빌 아일랜드가 있어서 격한 반응으로 반가워했더니 친구들은 그랜빌 아일랜드를 그날의 술로 정했다. 우리는 예술에 대해 이야기하고, 유럽·아프리카·아시아·아메리카의 정치·문화·경제 등에 대해 이야기했다. 다양한 사람이 모이니 주제는 모두가 공감할 수 있는 문화, 예술, 스포츠, 국제 정치, 국제 경제, 국제적 재난 등 그야말로 누구나 느끼고 누구나 공감하는 내용으로 채워졌다. 물론 술·사랑·인생 같은 것들도 빠지지 않는다. 그날 우리의 암호명은 인텐시브intensive. 누군가 삶에 대한 진지함과 집중을 이야기하면서 나온 이야기인데 그 말이 나오면 무조건 낄낄. 그렇게 친구가 되었다. 친구들의 이름은 주히라, 엘레나, 조셉이다.

캘거리에서 사귄 친구들

서스캐처원으로
가는 길

서스캐처원Saskatchewan 주는 캐나다 중부에 있는 주이다. 캐나다 중부의 동쪽 지역인 온타리오나 퀘벡 주는 춥지만 매우 비옥한 땅을 가진 농업 지역이다. 캐나다의 최고 특산물인 메이플 시럽의 대부분이 바로 퀘벡 주에서 나오고 있으며 온타리오 주 역시 비옥한 밀농사 지역이라 추위에 대한 보상이 있다. 서쪽 지역인 BC 주는 환상의 서안해양성 기후를 가졌다. 비록 건조하지만 로키산맥으로부터 형성된 호수와 강이 발달해 있고, 서부 해안 쪽의 산맥에서 내려오는 수량이 토지를 비옥하게 하고 있다. 강한 일조량과 풍부한 수량으로 과일, 특히 각종 베리 농사가 성하고, 오카나간Okanagan은 유명한 와인생산지를 형성하고 있다. 그 동쪽의 앨버타 주는 로키산맥이 있을 뿐 아니라, 석유와 가스로 인해 경제적 가치가 높은 지역이다. 이러한 축복에서 비켜난 서스캐처원과 매니토바 주의 겨울은 겨울의 종결지답게 영하 30~40도를 자랑하고 있으며, 여름 또한 고온건조할 뿐 아니라 일교차도 심하다. 이곳이 바로 고원 프레리Preri 지역이다.

프레리는 북미 지역에 분포된 잡풀 평원으로 동부는 연간 강우량이 1,000mm이며 서부는 300mm에 불과하다고 한다. 어느 해인가 강릉지역 하루 강우량이 600mm가 넘어 홍수가 난 적도 있지만, 우리나라의 연평균 강수량은 1,245mm이고, 세계 연평균 강수량은 880mm라고 한다. 내가 이런 숫자까지 동원하는 이유는 프레리라고 다 건조한 것은 아니라는 것을 확인하고 싶어서다. 도리어 동부 쪽은 죽은 잡풀들이 썩어 매우 비옥하다고 하는데 그게 토론토나 몬트리올이 있는 온타리오와 퀘벡 주 지역이다. 그러나 중부 지역은 건조할 뿐 아니라 극서와 극한이 교차하는 내륙 기후를 형성한다.

바로 그런 곳이 캘거리를 떠나 도착한 서스캐처원 주이다. 많은 사람들이 이 프레리 지역을 그냥 통과하라고 충고하였다. 그렇게 이야기하는 캐나다인의 얼굴에는 가급적 좋은 것을 보고 즐거운 여행을 했으면 하는 바람이 담겨 있었다. 캘거리에서 토론토까지 가는 방법에는 네 가지가 있다. 비행기, 기차, 버스, 도보. 앞의 것일수록 상식적이고 뒤의 것일수록 모험적이다. 나는 그레이하운드 버스를 택했다. 버스로 가는 방법도 두 가지가 있다. 52시간 줄곧 가는 방법과 9~10시간씩 끊어 5일에 걸쳐 가는 방법이다. 나는 후자를 택했다. 그러니까 낮에는 보고 밤에는 이동하는 전투형 코스가 되었다. 사실 나의 여행은 지역과 몸의 상태에 따라 다양한 온도 차이가 있다. 초반에는 약간 여유로운 여행을 했다면 중반에는 전투형 여행을 하고 후반 동부에 가서는 느린 여행을 하였다.

▲ 차창 밖에 보이는 평평한땅 프레리.
▼ 시내는 서스캐처원 상징 초록색 버스가 눈에 띈다.

전투형 여행은 여행객의 낭만을 즐기는 낮과, 버스에 구겨져 잠을 청하는 이중생활을 의미한다. 태생이 저질 체력인 사람들은 애초에 시도하지 말고, 나름의 체력을 자랑하시는 분도 연령을 고려할 것을 권하고 싶다. 왜냐하면 저질체력으로는 도저히 단행하기 어려운 방법이기 때문이다. 경비 절약의 강점과 중간 중간 즐기면서 간다는 매력이 있지만, 딱 한 번이나 하루 정도 할 일이지 두번 하기는 쉽지 않다.

나의 여행 파트너는 커다란 배낭이었다. 밴쿠버에서 산 배낭은 크게 세 부분으로 구성되어 있는데, 아주 편리한 반면 상당히 무겁다. 25kg에 육박하는 배낭을 지고 1시간가량을 걸으면 어깨가 무너져 내린다. 물론 버스로 이동하고 있으니 그렇게 완전 무장을 하고 걷는 일이 많지 않지만, 짧은 시간이라도 압박은 상당했다. 새로운 도시에 도착하면 제일 먼저 가는 것은 호스텔이지만, 하루 머물다 떠날 곳이면 배낭을 역의 보관함에 맡기고 종일 간이 배낭으로 지내다가 저녁때 본 배낭을 찾는다. 대개 하루에 2~3달러 정도니까 우리 돈 2,500~3,500원인 셈이다.

버스 숙박을 하기로 한 첫 도착지는 리자이나Regina. 서스캐처원 주의 주도는 새스커툰Saskatoon이지만, 동부로 가는 보다 짧은 노선은 리자이나이다. 밤을 달려 도착한 리자이나의 첫 새벽은 매우 평화로웠다. 화장실에 가서 약간의 수선을 한 후 짐을 역 보관함에 맡기고 홀가분하게 밖으로 나갔다. 따뜻한 커피와 빵을 먹으며 주변을 살펴보니 건물 모양들이 위로 솟아 있지 않고 옆으로 누워 있는 모양이다. 이는 땅 넓은 나라의 특징들이다.

리자이나는 스페인어로 여왕이라는 뜻이라는데, 아침 끼니를 때우고 밖으로 나오니 햇살이 여왕에게 내리쬐는 서광같이 정말 아름다웠다. 그래서 "내 기억 속의 리자이나는 언제나 여왕같이 기억되겠군" 하고 혼잣말을 했다. 여행에 있어 날씨는 그 도시의 분위기를 기억하는 데 중요한 요소이다.

특별한 목적지 없이 거리를 걸으면서 관광안내지를 구할 수 있는 곳을 물어보았다. 배낭에 관광안내서가 있긴 하지만 현지 작업을 하는 게 순서이다. 유

역에서 토큰을 사서 큰 배낭
을 보관함에 맡기고 작은 배
낭만 가지고 다닌다.

흥업에 종사하는 제비에게도 작업 매뉴얼이 있듯, 새로운 곳에 간 여행객에게도 신속한 현지 파악과 관계 맺기를 위한 작업 매뉴얼이 있다. 조그만 관광안내소에 들러 안내지도를 받으려니 거기서 일하는 예쁜 아가씨가 나를 반가워했다. 그녀는 내게 영어를 잘한다고 칭찬을 해주었다.

캐나다에 있으면서 전통이 오래된 나라에서 온 사람들과 이야기를 하다 보면 계속 듣게 되는 주제가 있다. 이 이슈는 주로 오랜 문화를 가진 유럽권 나라인 프랑스·이탈리아 등에서 나오는 이야기이다. 바로 "미국인들은 언제나 영어만 쓴다"라는 것이다. 나는 몇 차례 이런 말이 나올 때 그게 왜 문제인지 몰랐다. 그럼 중국말을 하란 말인가 싶기도 했다. 그런데 계속 반복되다 보니 그 말의 의미를 생각해 보게 되었다.

물론 프랑스에 가서 영어로 물으면 대답하지 않는다든지, 캐나다 퀘벡 주에 가면 영어를 사용하지 않아 불편하다는 이야기는 수없이 들어 왔다. 나는 그저 프랑스인들이 프랑스어를 너무나 소중하게 생각해서 그런 거라고 생각했다. 그도 그럴 것이 프랑스어는 영어가 세계적으로 통용되기 전에 유럽 사회에서 통용되던 교양어였으며, 프랑스어 이전에는 라틴어가 그 역할을 수행했다. 따라서 영어에는 변방의 문화적 코드가 내재되어 있을 수밖에 없고, 이것이 프랑스나 이탈리아의 문화적 코드에서는 낮은 격으로 독해되는 것 또한 자연스럽다. 그러나 오늘날 전 세계적으로 가장 힘을 갖는 언어가 영어인 것은 확실하다. 영국이 아니더라도, 북미 대륙 전체와 인도·남아프리카·필리핀·싱가포르 등지에서 영어가 자연스럽게 통용되니 가장 유용한 국제어다. 심지어 인도는 힌두어와 펀잡어가 서로 소통이 안 되기 때문에 영어로 소통한다는 것이 놀랍기마저 한 일이다.

그러나 캐나다인이나 영국인이 영어만 사용한다고 욕 먹지 않는다. 유독 미국인만 그런 소리를 듣고 있다는 것에 주의할 필요가 있다. 이탈리아인과 독일인이 그렇게 말을 하며 남미인들도 그렇게 말을 하는 것으로 봐서, 비난의 포인트가 다른 곳에 있다는 것을 느끼지 않을 수 없다. 그들은 영어를 하는 미국인을 비난하는 게 아니라 남의 나라에 가서도 막무가내로 영어만 하는 '미국인의 일방성'을 비난하는 것이었다.

이쯤 되자 갑자기 나 자신이 부끄러워졌다. 그동안 일본에 가서도 영어로 물어보았고, 중국에 가서도 영어로 물어봤기 때문이다. 내가 여행하는 나라의 언어를 한마디쯤 해야 한다고는 생각했지만, 꼭 해야 한다고는 생각하지 않은 나의 무례함에 얼굴이 뜨거워졌다. 아마 한국사람 중에는 나처럼 부끄러울 사람이 꽤 많을 것이다. 영어를 모국어로 사용하지도 않는 한국인이 '되지도 않는 영어'만 하고 다니는 모습이 어땠을까 하는 생각도 든다. 나도 그렇지만, 다른 분들도 남의 나라에서 건방을 떨 만큼 후안무치하지도 않을 것이며, 그럴 의도를 가졌던 것도 아닐 것이다. 그런데 왜 우리는 그렇게 행동했을까? 아마 우리가 갖는 영어에 대한 강박증과, 영어를 사용하는 것에 대한 우월감이 작용하지 않았을까.

각설하고 그 예쁜 아가씨 이야기로 다시 돌아오자. 그녀는 한국인이 영어로 길을 이리저리 묻는 것을 보고 여행하기에 충분한 영어라는 의미의 칭찬을 해주었던 것이다. 사실 생존형 영어는 누구나 하는 것이지 않은가. 아무튼 그녀는 한국 사람을 많이 만나지 못한 듯, 뭐든지 도와주고 싶어 하는 모습이 보였다. 아마 내가 간 후 친구에게 전화라도 해서 자랑했을지도 모른다.

▲ 토미 더글러스. 그의 딸과 사위, 손자까지 영화배우이다.

▼ 미국드라마 〈24〉의 잭 바우어가 손자 키퍼 서더랜드이다.

서스캐처원의 상징, 토미 더글러스

　이렇듯 서스캐처원 주는 캐나다 땅에서 그리 풍요롭지도, 아름답지도 않은 곳이다. 그러나 서스캐처원 주는 캐나다 역사에 가장 의미 있는 진전을 만들어 낸 곳이다. 캐나다의 상징을 선정하는 캐나다 포커스Canada Focus라는 조사가 있 다. 이 조사에서는 해마다 비슷한 질문을 하고 역시 비슷한 결과를 보여주고 있는데, 캐나다의 대표 상징을 묻는 질문이 있다. 그 결과에서는 캐나다의 공 중의료보험체계가 항상 선두를 달리고 있다. 2010년 캐나다 포커스에서도 의료시스템(85%), 권리와 자유헌장(78%), 캐나다 국기(73%), 국립공원(72%) 캐나다 국가(66%) 캐나다연방 기마경찰 R.C.M.P.(57%) 다문화주의(56%) 등의 순서로 조사되어 있다.

한국인들의 눈으로 볼 때, 로키나 미시시피를 가진 국립공원이나 다문화주의가 더 상징다운 느낌이 든다. 하지만 남의 나라에도 있는 것을 우선으로 꼽고 있는 것은 캐나다인 스스로 그것에 대한 자부심이 강하다는 뜻이다. 특히 의료보험은 캐나다에만 있는 것이 아니고, 그것이 엄청나게 선진적이지도 않다. 한때 나도 마이클 무어 감독의 〈식코Sicko〉를 보고 엄청난 제도를 가지고 있는 줄 알았지만, 미국인의 눈에 볼 때 그렇다는 점에 유의할 필요가 있다. 권리와 자유헌장도 역시 마찬가지이다. 세계에 헌법 없는 나라가 어디 있으랴. 더구나 캐나다 헌법은 1982년에야 만들어진 헌법인데 전통이 있는 것도 아니다. 그것을 그리 자랑스럽게 생각한다니 미안하지만, '웃긴다'.

캐나다인들이 말하는 이런 제도는 대개 자유와 평등, 그리고 분배와 공유라는 가치를 만들어가던 1960~70년대에 만들어진 것들이다. 세계 2차 대전 복구로 인한 미국 호황에 기대, 덩달아 바빠지고 부유해진 캐나다가 일정한 사회적 부를 축적하자마자 한 일들이다. 이때 캐나다의 국민소득이 우리나라만 할 때이니 가상한 일이 아닐 수 없다.

캐나다인이 그토록 자랑스러워하는 의료보험체제는 서스캐처원 주에서 시작되었다. 토미 더글러스Thomas Douglas라는 주수상의 주도하에 이루어졌다. 토미 더글러스는 스코틀랜드계 침례교 목사 출신으로, 사회복음주의적 신앙의 영향을 받은 사회민주주의자이다. 1930년대 서스캐처원을 휩쓴 가뭄과 흉작 등으로 고통받는 사람들의 삶을 본 그는 사회공동체의 역할에 크게 관심을 갖게 되었다고 한다. 이후 그는 정계에 입문하였고, 1944년 서스캐처원의 주수상이 되자마자 다양한 정치실험들을 하는데, 당시 북유럽에서 확대되고 있던 공공의료체계, 주정부 소유의 전력회사 설립, 주정부 소유 자동차 보험회사 설립, 그리고 공공노조 인정 등이 그것이었다. 또한 1961년에는 사회민주주의계

정당을 연합하여 신민주당NDP을 창당하여 초대 당수로 10년간 당을 이끌기도 하였다.

　그가 이끌고 있던 신민주당은 캐나다 연방정부의 정책을 보다 좌 클릭하게 했으며, 서스캐처원의 의료보험을 전국으로 확대하는 데 견인차가 되었다. 당시 연방정부에는 자유당 계열의 피어슨, 트뤼도 등 진보적인 정치인 등이 있었지만, 피어슨 수상의 전임수상인 디펜베이커 수상도 서스캐처원의 공공의료를 도입하는 주에 한해 50%의 연방지원을 보장하는 정책을 내놓아 전국 확대를 촉진하였다. 디펜베이커 수상은 보수당 수상이었다는 사실이 매우 놀랍지만, 사실 캐나다 보수당은 우리나라 보수주의와 완전히 다르다. 우리나라 보수의 입장에서 보면 캐나다의 보수당은 용공세력, 복지 포퓰리즘이 춤추는 세력에 해당할 것이다.

　내가 서스캐처원 주에서 느끼고 싶었던 것은 바로 그런 정신이었다. 많은 사람들이 서스캐처원 주는 볼 것이 없다고, 심지어 리자이나의 관광안내원마저 한국인을 낯설어함에도 굳이 그곳에 들른 것은 바로 토미 더글러스의 정신을 느끼고 싶은 마음에서였다. 캐나다 대중정치인 중에서 가장 연설을 잘했던 지도자로 꼽히는 토미 더글러스의 1962년 의회연설을 본 적이 있는데, 역시 목사님 출신 정치가라서 그런지 초등학생도 이해할 수 있는 명연설로 반대세력조차 웃게 만드는 재주가 남다르다. 이 글을 읽는 독자에게 "마우스 랜드Mouse Land"라는 연설을 유튜브에서 찾아보기를 권한다.

리자이나의
여유로운 햇살

리자이나는 캘거리보다 추우면 추웠지 덜한 곳은 아니다. 내가 도착한 날이 10월의 어느 햇살 좋은 날이었지만 바람은 차가웠다. 거리 상점들은 외부와 차단된 구조를 가지고 있었으며, 하나의 건물에 들어 있는 형태를 취하고 있었다. 추운 지역을 다니다 보면, 파리의 카페테리아의 낭만 있는 풍경을 만나기 어렵다. 아무리 추워도 낭만을 포기 못하는 퀘벡시티 같은 곳 빼고.

시내 중심에 있는 현충탑 좌우의 주기와 국기. 역시 캐나다는 한국전의 기억이 진하다.

대개의 가게는 거대한 북미식 쇼핑몰에 모든 상점이 들어가 있는 형식이라서 실내에서 놀게 되어 있다. 그러나 대개의 캐나다 쇼핑몰이 가장 중시하는 것이 있는데, 마치 실외에 있는 듯, 트인 느낌이다. 그래서 쇼핑몰은 더욱 거대해지고, 몰에 따라서는 야외 설치물을 가져다 두든지, 대규모 정원을 꾸며 놓는 등의 노력을 한다. 리자이나 터미널 근처의 한 쇼핑몰 안에도 어느 건물의 앞면을 가져다 붙여 놓아 실내가 실외인 듯한 인상을 풍겼다.

그러나 내가 인상 깊게 본 것은 다른 것이었다. 바로 쇼핑몰 안에서 만난 조각상. 얼굴과 태도를 볼 때, 농촌 여성, 강인한 여성의 표정과 고단했던 초기 이주민의 삶이 보였다. 그녀들의 몸은 성적 매력을 담은 몸이 아니라, 삶을 견디고 자식을 길러야 하는 강인한 육체로 읽혔다. 마치 침대에 눕자마자 드르렁드르렁 코를 골 것 같은 고단함 말이다. 몸을 둘둘 말다시피 한 길고 두꺼운 옷을 걸친 아낙들이 아이를 어르면서도 일을 해야 하던 초기 여성 정착민의 삶이 보였다. 나는 그 자리에서 그녀들의 얼굴을 살펴보면서 한동안 그녀들과 함께 있었다.

고단한 서스캐처원의 역사 안에는 원주민의 아픈 역사가 있지만, 고난을 견딘 여인들의 억센 기운도 있었다. 유럽인들이 원주민을 폭력적으로 몰아내고 북미 대륙을 차지한 역사에 대해 고운 시선을 가질 수도 없고 그에 대한 역사적 성찰이 필요하지만, 다른 측면도 있다는 것이다. 유럽의 가난한 사람들은 두려움을 안고 신대륙에 정착하여 추위와 굶주림, 산짐승과의 싸움을 벌여야만 했다. 영국에 의해 지배받으면서 기근과 식민지배에 맞서 싸우던 아일랜드 사람들이 대거 북미 대륙에 온 것은 유럽에서의 고단한 삶이 배경이 되었으니 말이다. 억센 초기 이주민 여성들을 보면서 나는 생존을 위한 투쟁을 읽게 되었다.

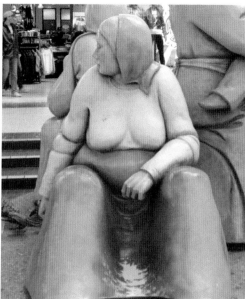

리자이나의 쇼핑몰에서 만난 여인들의 조각상에서는
초기 이주민의 삶을 견딘 강인한 표정을 읽을 수 있었다.

미국도 마찬가지지만 캐나다 역시 유럽 땅의 가까운 곳부터 이주가 시작되었다. 따라서 원주민의 땅을 차지하는 순서는 대서양 연안부터 먹물 번지듯이 진행될 수밖에 없었다. 아메리카 대륙의 북쪽인 캐나다 지역은 프랑스계가, 상대적으로 기후가 좋은 미국 쪽은 영국계가, 중부 쪽은 스페인계가, 남부 쪽은 포르투갈계가 먼저 진출하였다. 그 후 산업혁명의 성공과 근대정치 체제로의 전환을 순조롭게 이끈 영국은 빠른 속도로 다른 나라를 압도하였다. 당시 프랑스는 프랑스 대혁명의 기나긴 과정을 거치느라 국내 정치가 항상 엎치락뒤치락 하는 통에 일관성 있는 식민지 개척에 역부족이었다. 나중에 퀘벡 주를 설명할 때 보다 자세히 언급하겠지만, 영국 식민회사들은 프랑스계가 차지한 땅을 빼앗고 그 땅에 영국계를 차곡차곡 이주시켰다. 원래 잉글랜드계는 스코틀랜드계와 아일랜드계를 박대했지만, 식민전쟁을 수행하고 있는 상태에서는 상황이 달랐다. 다른 문화권보다는 그들과 유사했으며 다루기에 용이했기에 이들에게 근사한 이익을 제공하는 광고를 내고 이주민 신청을 받았다. 나중에 프랑스에 승리를 거두고 더 많은 이주민이 필요해지자, 프랑스계가 아닌 다른 나라 출신의 이주민을 받아들였다. 독일계, 이탈리아계 그리고 우크라니아계를 적극적으로 유입하였는데, 중부 캐나다 지역은 바로 이 독일계와 우크라니아계가 가장 많이 살고 있는 지역이다. 지금도 이곳 사람들의 모습에서는 독일계의 느낌을 명확하게 볼 수 있다.

리자이나를 하염없이 걸어다니면서 사람들, 집들, 공공건물들을 보았다. 이곳은 벌써 겨울이 찾아온 듯 스산함이 감도는데, 온기는 따사로운 햇살에 기대 겨우 버티고 있었다. 한참을 걸으니 서스캐처원 주의사당 건물이 나왔다. 넓은 호수를 안고 있는 건물 주변을 걸으면서 다른 사람들의 모습을 보니 모두 쌍쌍이었다. 하다못해 개라도 끌고 나와 산책 혹은 운동을 즐기는 한가한 모습이었다. 찬란한 리자이나의 햇빛 아래 한참을 보고 있으니 뭐 이렇게 평화롭게 사는 사람들이 있나 하는 생각이 절로 들었다. 한국 사람들은 분을 초로 나누어 살아야 하는데, 4시면 퇴근해서 운동을 즐기는 이 사람들은 어느 별에서 사는 사람들일까? 이들은 어떻게 사회적 온도를 사람이 살기 좋은 맞춤 온도로 만들었을까? 내가 간 날은 무슨 운동경기가 있다고 했다. 온 도시가 모두 초록 옷을 입고 경기장으로 걸어가는 것을 보니 걱정거리 없이 사는 사람들처럼 보였다. 하지만 경기장 주변을 돌아보니 대규모 경기를 할 것 같지 않은 모습이었다. 온 도시가 다 즐기고 있다고 설명해준 관광안내소 아가씨의 표현을 한국식으로 들어버린 나의 불찰이다. 캐나다는 아무리 사람이 많이 모여도 우리나라에서 보는 풍경이 나오지 않는다.

다시 걸음을 옮겨 리자이나 자연사 박물관을 돌아보았다. 별다를 것 없는 다소 심심한 박물관은 서스캐처원답게 묵묵히 서 있다. 돌아오는 길은 가는 길보다 멀었다. 더구나 그 인심 좋던 햇살이 점점 사라지고 어느덧 겨울바람 같은 기운이 온몸에 착착 감겨 왔다. 버스터미널 근처에 도착했을 때는 급격한 허기에 지쳐 있었다. 이럴 때 좋은 게 기름기 많고 자극적인 음식이다. 멕시코 음식이 제격이다. 그러나 추위를 일거에 보내 줄 한 잔의 알코올은 불가능. 왜냐하면 북미 대륙은 술을 오로지 주류점에서만 팔며 거리에서는 먹을 수가 없다. 대신 마음을 녹여줄 음악을 청했다. 많은 곡들을 폰에 넣고 다니면서 간간이 들었는데, 이때 가장 어울리는 음악은 블루라는 남성 4인조 그룹이 리메이크한 엘튼 존의 "Sorry seems to be the hardest word".

◀ 4시 이후 캐나다인들은 산책과 운동을 하고 산다.
　그래서 뚱뚱한 사람이 별로 없는 게 특징이다.

황당한 캐나다인,
그 정체성과 자부심

　나는 항상 캐나다인의 자부심에 대해 호기심이 있었다. 대 놓고 이야기하지는 않지만 자신들이 아주 좋은 나라에 산다고 생각하는 사람이 정말 많았다. 설사 그런들 그게 얼굴과 몸으로 표현되는 것이 참 신기했다. 캐나다에 대해 스스로 비판을 하다가도 캐나다가 지구상에 인간의 노력으로 만들 수 있는 최선, 혹은 그것에 근접하다는 뻔뻔함이 웃기기조차 하였다. 나는 그들의 그런 생각의 근저에 서스캐처원의 주수상을 한 토미 더글러스의 역할이 크지 않을까 하는 생각을 하고 있었다.

　밴쿠버에서 자동차에 둔 노트북과 디지털카메라를 도난당했을 때도 내가 한국에서는 그런 일이 절대 없다고 하면 의심스러운 눈빛을 했다. '캐나다가 이런데 한국 같은 나라에서 그런 일이 없다니……' 하는 눈치. 그들은 캐나다가 아주 도덕적이고 멋진 나라라는 자부심이 넘친다. 어떨 때는 황당할 때도 있다. 캐나다인의 정체성이 무엇인지 제대로 말도 못하면서 그들이 갖는 오만방자한 프라이드는 무엇인지. 물론 캐나다인들은 대놓고 자랑질을 하는 타입의 사람들이 아니다. 그러나 그들과 이야기하다 보면 그 엄청난 자부심에 놀랄 때가 있다. 속으로 비웃은 적이 수천 번이다. 150년도 안 된 역사에 아직도 영국 여왕이 국가 원수면서 무슨. 아이스하키만 하면 미쳐버리고, 전통음식이라고는 으깬 감자밖에 없는 주제에. 스포츠웨어에 후드나 걸치는 패션 테러리스트들이 뭘.

1982년 캐나다 헌법을 영국 여왕에게 승인받는 모습.
왼쪽이 피에르 튀르도 수상

　그렇다. 캐나다에 2년간 살고, 이번에 캐나다를 여행하면서 느끼는 것은 참 '편하게' 마음먹는 나라라는 점이다. 이 나라는 '죽고 살 만한 대단한 일'이라도 그 긴장을 완화시키는 능력이 있다. 정치 구조와 핵심 권력은 영국적 관습으로부터 규정되었고, 경제 · 문화적으로는 미국에 심하게 종속되어 있으며, 역사적 · 심리적으로는 프랑스를 몹시 의식하지만, 전 세계에 관대함을 보이는 모호한 자기정체성은 때때로 종잡을 수가 없게 한다.

　사실 우리나라 사람들도 한국인의 정체성을 말하기 어렵다. 단일한 역사를 가지고, 단일한 언어를 쓰고 있지만, 딱히 뭐라고 말하기가 여간 어려운 게 아니다. 기마민족의 기민한 특성도 있고, 반도국가의 적극성과 낭만성도 있고, 유교 이데올로기에 의한 현실 순응성도 있다. 어떤 이들은 한국인의 특성을 '한'이라고 말한다. 억압과 압제가 절절이 느껴지는 이 단어는 어떤 특성만을 반영하는 것이지 전체라고 보기에는 너무 불편하다. 반면, '은근과 끈기'라고 말하기도 하는데, 이 말은 아예 짜증난다. '대놓고 하지도 못하면서 끈질기다는 것'이 얼마나 지겨운가. 과연 이것이 전체를 반영하는가에 대해서도 항상 의

구심이 들어왔다. 한편에서 한국인의 특성을 '신명'이라고 하는 것도 약간의 반발성 문제제기가 아닌지 의심이 든다. 설사 그렇다 할지라도 근대 모진 역사의 터널을 통과하면서 신명이 다 떨어져 나가 버린 것 같기 때문이다. 그러나 현대에 와서 한국인들은 '다양한 기술의 발전과 문화의 변화' 속에 다양한 양상을 보이고 있기도 하고, '기술의 발전과 변화된 문화'가 보이는 역동성은 한국인의 특성에 딱 부합하기도 한다.

한국인에 대한 것은 각설하고. 캐나다인에 대해 이야기를 계속해야겠다. 캐나다인들은 스스로 농담 삼아 다소 황당한 정체성을 이야기한다. 예전에 캐나다대사관에 다니는 친구가 캐나다인의 정체성은 "미국인이 아닌 것"이라고 해서 깔깔 웃은 적이 있었다. 이와 비슷한 농담을 밴쿠버 시청의 공무원인 친구도 한 적이 있다.

"너 American이니?"

"아니 난 캐나다인이야."

"그러니까 아메리카 사람이잖아."

"응. 아메리카에서 왔어. 그렇지만 캐나다인이야."

이 말은 캐나다인들이 의식, 무의식적으로 미국인과 차이를 두려고 노력하고, 비슷하게 취급되기를 꺼리는 경향을 드러낸다. 물론 미국인들은 캐나다인들을 매우 촌스럽다고 생각하고 무시하는 경향이 있다. 회계업무를 하는 한 캐나다 친구는 얼마 전 본 비즈니스 자리를 이야기해 주었다. 미국 경제가 내리막을 걷는 요즘, 캐나다인이 미국 기업을 인수하려는 경우가 점점 증가하는데도 미국인들은 마치 자기가 돈줄을 쥐고 있는 것처럼 행세한단다. 미국인에게 캐나다인들은 언제나 장기판의 졸이다. 반면, 부시가 전 세계를 쑥대밭으로 만들고 있던 때에는 테러를 우려한 미국인들이 해외여행을 할 때 캐나다인 행세를 했다는 농담도 있다.

캐나다와 미국 사이에 비단 정서적인 차이만 있는 것이 아니다. 정치적으로도 묘한 관계가 존재한다. 어느 책에서 미국 출신 캐나다 교수가 이런 상상을 쓴 적이 있다.

"캐나다의 연방의원이 프랑스처럼 자국영화를 의무적으로 상영하게 하는 법안을 만지작거리면, 할리우드에 친구를 가진 워싱턴의 어느 인사가 당장 비행기를 북쪽으로 돌려 그 천벌 받을 캐나다인을 응징하러 단 몇 시간 만에 올 것이다."

밴쿠버에 있는 UBC 교육학과 교수인 그의 언사에는 미국에 종속된 캐나다의 현실이 드러나 있기도 하다.

캐나다의 케네디 대통령이라고 불리던 피에르 튀르도 수상은 "미국이라는 강대국과 세계에서 가장 긴 국경을 나란히 하고 있다는 것은 코끼리와 한 침대를 쓰는 것과 같다"는 표현을 쓰며, 고달픈 이웃살이를 토로한 적도 있다. 코끼리가 화나지 않도록 할 필요도 있고, 코끼리가 무의식적으로 자신을 깔아뭉개지 않도록 경계하는 일도 필요하다는 것이다.

이러한 사회 분위기로 인해 캐나다는 때로 미국을 뒤집어지게 한다. 미국에 경제적으로 엄청나게 종속되어 있는 주제에 베트남전이나 이라크전 참전 요청을 거부해 버리는가 하면, 할리우드 영화의 문화 침탈에 맞서는 유네스코 문화다양성 협약Protection and Promotion of the Diversity of Cultural Expressions을 유네스코 총회가 끝난 20일 만에 세계에서 가장 먼저 비준하기도 하였다. 그때 미국은 협약을 무산시키기 위해 탈퇴했던 유네스코에 재가입하는 등 난리가 났는데 캐나다는 아랑곳하지 않았다. 캐나다의 국가원수가 영국의 엘리자베스 여왕이고, 영국이 미국의 유럽지역 행동대장 노릇을 하고 있지만, 정작 캐나다는 미국의 정책에 대해 비판적이다.

이런 캐나다인의 미국인에 대한, 그리고 미국에 대한 정책적 태도에는 이유가 있다. 역사적이고 문화적인 측면도 있다. 캐나다는 프랑스의 식민지였던 땅을 무력으로 빼앗은 영국 식민 권력이 만든 나라이다. 미국이 영국에 대항하여 독립전쟁을 벌일 때, 영국에 대한 충성을 맹세한 나라이며, 독립전쟁에 반대하던 영국계 미국 부호들이 미국 땅을 버리고 이주한 곳이 캐나다이다. 그들을 충성파Royalist라고 부른다. 그래서 캐나다는 믿음의 자유를 찾아 신대륙에 간 미국의 건국 정신과는 차이를 가지며, 모국 영국과의 연계를 매우 중시할 뿐 아니라, 이를 영광스럽게 여기는 건국 정신에 기초하고 있다. 더구나 성장하던 미국이 영토를 확장하던 시절, 전쟁까지 불사하며 미국에 대항하던 곳이며, 영국을 백그라운드 삼아 미국에 대한 경계를 한층 날카롭게 세웠던 나라가 캐나다이다. 돈 좀 있고 힘 좀 있다고 거들먹거리는 미국이 곱게 보이지 않는 게 캐나다의 시선이다. 그러니 미국인이 아니라는 강한 부정이 캐나다인으로서의 첫걸음이기도 하다.

그러나 그런 역사적 · 문화적 측면만 있는 것이 아니다. 캐나다 유일의 전국 방송사 CBC의 2004년 조사에 따르면 캐나다 역사상 가장 위대한 캐나다인 1위가 토미 더글러스, 2위가 수상과 유엔 사무총장을 역임한 레스터 피어슨Lester Bowles Pearson 그리고 3위가 캐나다의 케네디라는 피에르 튀르도Pierre Trudeau라고 한다. 이들이 전국적으로 지지를 받는 데는 이유가 있다. 일단 캐나다라는 국가 공동체에서는 영국계와 프랑스계가 싸웠던 초기 지도자들이 결코 가장 위대한 캐나다인이 될 수 없다. 그들은 역사적으로 중요한 인물이지만 캐나다라는 공동체 가치 이전의 인물들이다. 때문에 캐나다인들은 캐나다라는 공동체가 동의하고 스스로 자부심을 갖는 가치에 부합하는 인물을 자연스럽게 떠올리는데 이들이 바로 그렇다. 캐나다라는 공동체 가치가 만들어지던 1960~70년대는 지금의 캐나다인의 가치관에 매우 중요한 영향을 미쳤고, 지금도 위대한 캐나다인을 생각할 때의 기준이 되며, 캐나다라는 공동체를 평가하는 잣대가 되었다. 일단, 이 시기는 400년 해묵은 영국과 프랑스의 감정의 골이 폭발하던 시절이었다. 프랑스계 캐나다인이 주로 거주하던 퀘벡 주는 독립을 요구하며, 영국계가 주축이 된 연방정부를 압박하였다. 권력을 잡았으나 캐나다 인구의 많은 부분을 차지하는 다른 문화와의 타협이 절실했다. 그것이 바로 캐나다 언어와 문화의 다양성을 보장하는 당시로서는 새로운 사회통합 원리인 다문화주의의 시작이다. 두 번째는 미국으로부터 강하게 불어온 인권 운

왼쪽 위부터 시계방향으로
토미 더글러스, 레스리 피어슨, 피에르 튀르도

동의 영향이 있었다. 과거 원주민들을 학살하거나 강제 수용 혹은 기만했던 정책에 대한 내부 반성이 거세었으며, 여성들의 처우에 대한 다양한 요구에 직면하였고, 장애인 · 어린이 · 노인 등 사회적 약자에 대한 사회정책이 요구되기 시작하였다. 이것이 바로 원주민 정책의 전환, 캐나다 의료보험, 사회보장제도의 시작이다. 마지막으로 캐나다는 국가다운 국가를 고민하게 되었다. 언어, 문화, 소수자의 다양한 요구를 수용하면서도 캐나다가 하나의 공동체가 되기 위해 어떤 자기 이념을 가질 것인가에 대한 사회전반의 토론이 활발하게 진행되었던 것이다. 이로 인해 1965년 현재의 캐나다 국기가 정식 국기로 채택되었으며, 1980년 '오 캐나다O canada'가 국가로 결정되었다. 1982년 독자적인 헌법이 만들어진 것도 이러한 배경과 관련이 깊다.

1970년대 전후에는 캐나다라는 사회가 어떤 사회여야 하는가에 대한 질문이 끊임없이 터져 나왔다. 그것에 대한 해답이 바로 정치적으로 정의로운 사회just society, 사회적으로 다문화사회multicultural society, 국제사회에서 평화유지자peace keeper가 되는 것이다. 굳이 설명을 하자면 토미 더글러스는 정의로운 사회를 만드는 데, 피에르 튀르도 수상은 다문화사회를 만드는 데, 그리고 레스터 피어슨 수상은 국제적인 평화유지자의 역할을 만드는 데 기여한 사람들이다. 따라서 캐나다인들은 캐나다 사회가 그렇게 되기 위해 노력하고 있으며 실제 그런 사회라고 굳게 믿고 있다.

캐나다인의 전통음식이 우스갯소리로 팀 홀튼 카페테리아의 '커피 더블더블'이라는 말이 있다. 팀 홀튼은 캐나다산 커피 전문점으로 스타벅스의 공세에도 불구하고 캐나다 커피 매출 1위를 놓친 적이 없는 전국 체인망이다. 이 가게의 이름은 전설적 하키선수 팀 홀튼에서 유래되었으며, '커피 더블더블'이라 함은 설탕 2개에 우유 2개라는 뜻이다. 그래도 그들은 캐나다인으로 태어난 것에 자부심이 넘친다. 이 책의 첫 머리에 소개된 영화 〈원 위크〉에서 주인공이 자신의 정체성과 지향을 찾아가는 장면이 나오는데 토론토를 출발한 그는 마침내 태평양에 도달하여 범고래를 보게 된다. 그때 해안가에서 만난 독일어

억양의 관광객이 주인공에게 "너는 세상에서 가장 아름다운 나라에 살고 있어"라고 말한다. 이때 주인공의 대답이 오글거리게도 "I know(나도 알아)"였다.

캐나다를 보면 국가가 국민에게 충성과 의무를 요구하지 않아도 국민이 스스로 자랑스러워하고 심지어 세계 곳곳에서 온 이민자들이 자신이 캐나다에 속하게 된 것을 자랑스럽게 생각한다. 내가 캐나다에서 가장 의아하게 생각하면서도 가장 부러웠던 것이 바로 이것이었다. 어쩌면 이 이야기를 하고 싶어 이 책을 쓰게 되었는지도 모르겠다.

사실이든 아니든 캐나다는 정의롭고 바른 나라라는 자부심으로 인종과 종교, 문화와 역사가 다른 수많은 문화적 알갱이들을 국가라는 공동체로 결집시켰다. 권력에게는 '위협과 협박'이 정치에 중요한 수단 중의 하나인데, 이 나라에서는 좀체 찾아보기 어렵다. 최소한 노골적이지 않으며 국민을 구석으로 몰아세우지 않는다. 그래서 세계에서 여행을 제일 많이 하는 국민 중의 하나인 캐나다인들은 세계를 다니면서 캐나다 사회를 객관적으로 확인하고 사랑하고 있는 듯하다.

매니토바
에서 만난
루이 리엘

매니토바,
루이 리엘의 다른 이름

　서스캐처원 주에서 매니토바 주로 가는 길은 그저 한도 끝도 없는 평지였다. 어둠이 내릴 때 버스를 타고 먼동이 틀 때 버스에서 내렸지만, 내리는 어둠 사이와 떠오르는 먼동 앞에서 허허벌판을 바라볼 수 있었다. 왠지 모르게 건물이 빽빽한 도시의 모습보다 허허로운 벌판이 내게는 더욱 매력적으로 다가왔다. 만일 기회가 있다면, 차를 몰고 이곳을 유유히 달려보고 싶었다. 이 스산하기조차 한 벌판의 땅 매니토바를 찾아온 것은 사실 누군가에 끌렸기 때문이다. 서스캐처원을 그냥 지나칠 수 없었던 토미 더글러스가 있었듯이 매니토바에 서서 생각할 사람이 있었다. 그는 바로 루이 리엘Luis Riel이다.

　캐나다 중부 지역의 원주민들은 상대적으로 유럽인들을 늦게 만난 사람들이다. 그들의 땅은 식민지를 찾아 나선 유럽인들에게 매력적이지 않았고, 그들은 아메리칸 원주민들 중에서 가장 척박한 삶을 살았다고 할 수 있다. 우리가 보았던 서부영화에 나오는 원주민들은 동부지역 일부 원주민의 모습을 담고 있다. 동부의 체로키족, 이로쿼이족은 백인 이주민과 전쟁을 벌이기도 하고, 영국과 프랑스와의 전쟁 혹은 미국의 독립 전쟁에도 일정하게 개입하기도 하는 등 이주민들과 복잡한 정치적 관계를 맺지 않을 수 없었다.

　백인 이주민 세력과 치열한 전쟁을 벌인 원주민 종족은 대개 자신들의 영토에서 금광이 발견된 부족들이다. 금광 소식에 몰려드는 백인들을 상대하여 자신들의 땅을 지키는 것은 쉬운 일이 아니었다. 체로키족은 자신들의 영토를 빼앗기지 않으려고 싸우다 결국 패배하고 미시시피 동부 지역을 떠나야 했다. 협정에 근거해 이들이 거주할 땅을 주겠다는 것이었지만 비옥한 땅을 빼앗기고 중부의 사막지대로 이주하는 일은 죽는 것보다 참혹한 일이었다고 한다. 그래서 눈물의 여정Trail of tear이라고 부른다.

　북미 원주민들은 우리가 북미 원주민이라고 하나로 통칭해서 부를 수 없을 정도로 종족도 다양하고 언어 역시 다양하다. 따라서 원주민 커뮤니티는 매우 작은 단위로 분산되어 있다. 캐나다에서는 원주민Aboriginal을 크게 선주민First nation, 에스키모라고 알려진 이누이트Inuit, 그리고 프랑스계와의 혼혈인 메이티Metis로 나누고 있다. 선주민이라도 동부와 중부, 서부 지역의 원주민이 제각각 다르다. 이누이트는 주로 북부 지역에 거주하는 종족으로 일반적인 원주민과도 완연히 다른 문화를 가지고 있으며, 메이티는 주로 서스캐처원과 매니토바 주에 거주하고 있다. 서부지역의 원주민들은 주로 롱하우스라는 집에 살면서 토템 폴을 세우는 전통이 있다. 중부지역인 서스캐처원과 매니토바에 살고 있는 원주민들은 주로 유목적 전통이 강하며, 메이티들은 프랑스어 혹은 프랑스어와 원주민어가 혼합된 언어를 사용하면서 혼종된 문화 속에 살면서도 원주민으로서의 정체성을 가진 사람들이다.

매니토바 주는 원주민 저항운동의 핵심지역이며, 퀘벡 분리주의 운동과도 일정한 관계를 가지고 있다. 또한, 원주민들이 캐나다 사회 정치일선에 자신들의 목소리를 내기 시작한 것 역시 매니토바에서 처음 시작되었다. 캐나다 인구에서 원주민이 차지하는 비율은 3.8% 정도이지만, 매니토바와 서스캐처원 주에서는 17~18%를 차지하고 있는 것도 중부 2개 주의 독특한 특성이다.

이 대목에서 이야기 하나. 우리 집 딸들은 캐나다에서 사회수업을 받으면서 때때로 한탄을 한다. 오천 년 주옥같은 역사를 배우지 못하고, 200년밖에 안 되는 캐나다 역사를 배우니 별 시시콜콜한 이야기까지 알아야 한다는 것이다. 어느 날 나는 아이들에게 루이 리엘에 대해 물어보았다. 마침 친구의 딸도 와 있어서 사회시간에 어떻게 배우는지 물어보고자 한 것인데, 그들의 반응이 황당.

"미친 사람 아녜요?"

"알아요, 훌륭한 건. 그런데 좀 이상해요."

루이 리엘은 그렇게 이해하기 힘든 면이 있다. 실제로 루이 리엘은 캐나다 역사에서 상당히 상반된 평가를 받는 인물이다.

루이 리엘은 캐나다 역사상 평가가 곤란한 인물 부동의 1위이다. 그는 캐나다 연방이 성립된 이후 자치주 구성에서 제외된 중부 캐나다 지역에서 원주민들의 정치적 영토적 권리를 주장하며 반란을 일으킨 인물이다. 그는 2차례의 원주민 반란을 주도하였는데, 한 번은 매니토바에서이고 다른 한 번은 서스캐처원에서였다.

1차 반란으로 매니토바 주의 자치권, 원주민들의 토지청구권 그리고 의회에 원주민 대표를 보낼 권리를 얻어낸 인물이니 만큼 영향력도 대단하다. 물론 루이 리엘은 매니토바 주 원주민 대표로 캐나다 의회에 출석하게 되었지만 끊임없이 출석을 거부당하거나 약속의 지연을 경험했다. 그는 협상 타결 이후에도 그를 체포하고자 한 권력을 피해 미국 망명을 하였고 서스캐처원 원주민들의 요청으로 입국하여 2차 반란을 일으켰다. 이때의 반란은 무력 저항으로 영국군에 의해 진압되었다. 정부와 원주민 사이에 협정이 맺어졌지만 1차 반란이 법의 테두리를 벗어났다는 이유로 처벌의 문제가 있는 상황에서 2차 반란은 무력저항이었던 것.

원주민 인권과 캐나다 다문화주의의
역사적 상징, 루이 리엘

그러나 루이 리엘에 대한 처리는 쉬운 일이 아니었다. 그는 원주민 출신이지만, 법학과 신학을 전공한 인물로 매니토바와 서스캐처원에서 광범위한 지지를 받는 원주민 대표였다. 그러나 그보다 더 곤란한 것은 그가 프랑스계 메이티였다는 사실. 그는 프랑스계 아버지와 원주민 어머니에게서 태어난 인물로 영국에 대해 반감을 가지고 있던 프랑스계의 지지도 받고 있었다. 심지어 그는 법정에서 프랑스어로 진술하는 등 영국 통치자에게 부담을 주는 행위를 서슴지 않았으며, 억압받던 프랑스계는 그를 영웅으로 인식하였다. 퀘벡 주에서 그의 사면을 요구하는 서명이 대대적으로 벌어지는 등 그에 대한 지지는 광범위하였다. 거기에 배심원들마저 "유죄지만 사면" 판결을 내렸다. 그러나 한 번도 아니고 두 번이나 반란을 일으킨 그를 그대로 두기는 어려운 일이었다. 루이 리엘은 마침내 교수형에 처해졌다.

 이것으로 끝났으면 루이 리엘은 그저 원주민 반란군 지도자이다. 그가 오늘날 전설이 된 데는 몇 가지 이유가 있다.

 첫 번째는 그의 신념이었다. 잘못을 뉘우치면 용서해 주겠다는 재판장에서 법학자답게 깨알 같은 진술을 하며 자신의 신념을 굽히지 않았다. 재차 반란을 일으키지 않겠다는 다짐이라도 받으려던 재판장 앞에서 루이 리엘은 정부의 억압적인 정책을 일일이 비판하는 등 섬세함마저 보였다.

 다음으로, 그의 4차원 정신세계는 정신 병력과 함께 언제나 이야깃거리가 되었다. 실제로 루이 리엘은 1차 반란 이후 원주민 내부에서 심한 갈등을 겪었고, 2차 반란을 요청하는 일부 원주민들이 자신을 이용한다고 생각하였다. 그럼에도 반란을 주도했던 그는 고차원의 인간, 정신병자 혹은, 소영웅주의자로 다양하게 해석된다.

 셋째, 사형을 언도한 재판장에게 루이 리엘은 "나는 나를 죽음에 몰아넣은 자보다 오래 살 것이다"라는 의미심장한 최후진술을 하였다고 한다. 아마도 신학 전공자인 그가 예수님의 상징적 언사를 사용한 것이 아닌지. 문제는 10일 후에 일어났다. 그 재판장이 진짜 죽은 것이다.

넷째, 그의 죽음에 대한 항의로 퀘벡 주 학생들이 시위를 일으켰는데, 4만여 퀘벡 시민의 동참으로 퀘벡 민족주의에 불을 댕기게 되었다. 영국에 패한 후 피식민지가 된 프랑스계는 마침내 루이 리엘의 신념과 태도에 용기를 얻어 독자적인 민족운동을 본격적으로 벌이게 된 것이다.

다섯째, 매니토바와 서스캐처원 주의 아버지가 바로 루이 리엘이라는 점이다. 땅을 지키려는 원주민을 달래기 위해 정부는 땅의 소유권과 개발권이 원주민에게 있음을 명시하였다. 따라서 캐나다에서는 길 하나만 내려고 해도, 소유자인 원주민의 동의를 얻어야만 가능하다. 캐나다의 연방정부 부서 중에서 '원주민과 북부개발부'라는 이상한 이름의 정부 부처가 있는데, 이는 바로 원주민 땅을 일방적으로 빼앗으려는 당시의 경험을 통해 원주민 보호와 지역 개발이라는 이슈가 함께 묶인 것이다.

오늘날 캐나다 사회통합의 과제가 루이 리엘의 죽음에서부터 노출되었다는 사실이 그를 더욱 전설로 만드는 것이 아닐까. 실제로 루이 리엘은 원주민 인권은 물론 캐나다 다문화주의의 역사적 상징 중의 하나가 되었으며, 여전히 어려운 문제로 남아 있다. 매니토바 주는 루이 리엘이다.

위니펙의
거리에서

캘거리를 떠난 후 리자이나를 거쳐 위니펙Winnipeg에 도착했을 때, 무엇보다 하고 싶은 일이 머리 감는 일이었다. 세수와 양치는 했지만 리자이나에서 머리 감기를 건너뛴 통에 아주까리기름 위에 동백기름으로 코팅한 머리가 되었다. 문명화된 사회에 사는 사람들에게 어떤 것이 고통스러운가를 극명하게 말해 주는 이야기가 있다.

프랑스 대혁명 이후 서구 진보지성들은 사회 변혁에 무게를 두고 거대 사회 담론에 관심을 기울였다. 예컨대, 공산주의 혁명, 무정부주의 같은 것들이다. 그러나 그 이상적인 발상은 인간의 자연스러운 감정이나 욕망과는 다른 방향이었다는 것을 알게 되었다. 많은 실패를 거쳤거나, 생각해 왔던 사회가 이상 사회가 아니라는 발견과 자각이 있었기 때문이다. 그래서 20세기 서구 지성은 양자 물리학, 인류학이나 언어학 등의 발전에 힘입어 인류의 디테일한 삶에 관심을 기울이게 된다. 바로 미시담론, 즉 개별의 관계, 생활의 문제, 감각의 문제 등 작지만 인간의 행복에 결정적인 것들이다.

식민지 경영을 위해 연구되기 시작한 학문인 인류학은 오랜 연구 끝에 문화는 우열이 없고 다만 다르다는 문화상대주의에 접근했다. 이는 인간 사회의 다양성을 이해하는 길을 열게 되는데, 인류학은 미시적인 문제에 매우 민감하게 접근하는 학문이기도 하다. 이런 인식의 전환에 기여한 지성 중의 한 명인 인류학자 레비스트로스는 그의 유명한 저서 『슬픈 열대』의 서문에 재미있는 글을 남긴다.

유대인인 그는 2차 세계대전이 발발하자 고향을 떠나 미국으로 가는 배에 탑승하였다. 고향의 집과 재산을 두고 배에 오른 사람들은 실제 정원을 훨씬 넘었다. 자연히 모든 것이 부족할 수밖에 없었다. 더구나 가족과 친척이 나치의 점령지에 남아 있기 때문에 그들의 안위를 걱정하는 힘든 피란길이었다. 그러나 정작 사람들을 괴롭힌 문제는 전혀 다른 것이었다. 바로 자주 씻을 수가 없는 점과 화장실 사용의 문제였다. '언제부터 인류에게 위생과 청결이 절박해졌나' 하는 오지랖 넓은 질문으로부터 그는 문명의 그림자를 들여다보게 되었다. 그는 바로 문명이 가져다준 자연 상태와의 단절 혹은 인식 포박에 접근하게 되었다.

나도 마찬가지였다. 머리 좀 며칠 못 감았다고 죽는 것도, 죽을 만큼 힘든 것도 아니다. 그저 내가 속한 문화와 생활의 기준에서 심하게 불편한 것이다. 머리 좀 더럽다고 사람을 못 만날 정도는 아니었지만 분명한 것은 그 머리 상태로는 나다닐 능력을 상실하고 만 것이다. 이렇게 문명은 나의 자유 능력을 일정하게 규제하고 그것에 몰두하게 만들었다.

머리를 감을 방법을 궁리하던 나에게 한 가지 묘안이 떠올랐다. 매니토바의 주도인 위니펙은 신공항을 건설하면서 그레이하운드 버스터미널을 공항 옆에 만들었다. 공항의 공사가 완성된 것은 아니지만, 비행기든 버스든 현재 이곳을 사용하고 있다. 나는 공항의 쾌적한 장소에서 머리를 감겠다는 일념으로 긴 복도를 따라 공항 방향으로 가고 있었다. 그러던 중 내 눈에 화장실 표시가 들어왔다. 매우 쾌적하고 머리 감기 위해 만들어 놓은 듯 완벽한 환경. 환상적인 세발을 하고 드라이를 하고 있을 때, 어느 여성분이 잠시 화장실에 들어왔다 나갔다. 그리고 드라이를 마치고 약간의 얼굴 수선을 마치자 누군가가 화장실 문을 두드렸다. 얼굴만 빼꼼 내민 건물 경비원은 이곳은 직원용 화장실이라고 말했다. 나오라는 것이다. 잠시 들어왔던 여성분이 신고를 한 듯했다. 화들짝 놀라 주섬주섬 짐을 챙겨 나가니 경비원이 밖에서 기다리고 있었다. 그리고 내가 두리번거리니까 그레이하운드의 방향을 말해주었다. 미안하지만 쾌적한 세발 이후 확실한 안내까지 감사하다.

머리 감기 딱 좋은 환경 키다리 수도꼭지와 옷걸이

다시 짐을 맡기고 시내 쪽으로 나갔다. 사실 어떤 도시 하나를 아침부터 밤까지 보고 다른 도시로 이동한다는 것은 그 도시를 제대로 보겠다는 마음을 포기한 것과 다름없다. 내게 서스캐처원 주의 리자이나는 토니 더글러스를 위한 하루였듯이, 오늘 매니토바 주의 위니펙은 루이 리엘을 위한 하루이다. 그러나 이곳에서 보고자 하는 것이 또 하나 있으니 과거 프랑스와 영국 식민지배자들을 매료시킨 모피 무역 현장이다. 산업혁명 이후 유럽의 귀족과 부유한 이들을 칭칭 동여매준 모피의 많은 양이 매니토바의 위니펙에서 거래가 되었다.

　시내는 한산하고 추웠다. 지도를 따라 두개의 강이 만나는 지역으로 가겠다고 마음먹었지만, 대개 그런 현장은 특별한 볼거리가 없기 마련. 사람이 이미 떠난 역사의 현장은 그저 기억만 남아 있다. 누군가가 그것을 기억하면 역사의 현장이고 기억하지 못하면 그저 길이나 잔디밭에 불과하다. 나는 대개 걸어 다니기 때문에 아주 자세한 지도를 들고 마치 탐사를 하듯이 다녔다. 가는 길에 주요 거점을 몇 개 설정하였다. 매니토바 아트센터, 주의회의사당을 보고 아시니보인Assiniboine 강을 따라 레드Red 강이 만나는 모피교역소로 가기로 하였다. 사실 차를 가지고 왔다면 넓은 프레리 한복판에 있는 많은 호수들을 보고도 싶었지만, 그레이하운드에 기대 발로 다녀야 하는 입장에는 지나친 욕심이다. 그저 시내를 보고 그것이 의미하는 희미한 흔적을 기억해 내고 이곳에 뿌리를 내린 사람들의 얼굴을 보는 것으로 족해야 한다.

　첫 도착지 매니토바 주의사당을 가기 전에 보이는 아트센터. 캐나다의 거의 모든 아트센터는 시멘트 재질과 심플한 외관을 가진 경우가 참 많다. 위니펙의 아트센터 역시 다르지 않았다. 그러나 내부를 보면 외부와는 정반대로 매우 자연적인 소재를 쓰는 경우가 많은데, 이것이 나에게는 캐나다 공공예술 건물의 반전으로 느껴졌다.

　어느덧 주의사당 건물. 대개의 예술 건물과 달리 공권력을 가진 건물은 19세기 초 빅토리아 시대의 양식을 그대로 유지하는 경우가 많다. 빅토리아 양식이라는 것에 대해 잘 모르더라도, 영국이 세계 최강이라는 자부심에 넘칠 때 최고의 권위와 긍지를 건물에 담고자 한 의도는 한눈에 확인할 수 있다. 그래서 역사적으로 폼이 나는 것들은 죄다 가져다가 붙였는데, 그리스의 기둥이나 정면 삼각형 상단, 로마의 건물구조나 궁륭, 비잔틴의 돔 지붕, 중세고딕의 아치형 입구. 거기에 로마의 황제의 형상을 한 동상, 권력의 상징으로 등장하는 헤라클레스상 등까지……. 빅토리아 시대는 폼 좀 나는 시대였기 때문이다.

나는 그때까지 캐나다의 주의사당을 두 군데 다녀보았다. BC 주, 서스캐처원 주. 두 곳을 다녀보고 느낀 점은 '캐나다가 영국의 판박이구나'라는 것. 나는 캐나다에 살면서 다문화적인 분위기에 젖어 있는 캐나다 사회를 보고 겪었다. 그러나 뭔가 권력을 상징하는 곳에 가면 영국 분위기를 느꼈는데, 그 정점이 바로 주의사당이었다. 매니토바 주의사당을 바라보며 그런 생각을 하고 있을 때 내 발걸음은 어느새 주의사당 앞에 있는 동상에서 멈추었다. 또 다른 모습의 빅토리아 영국 여왕님. 일요일이라서 의사당 문이 잠겨 있을 것이라고 생각했는데, 슬쩍 건드려 보니 문이 벌컥 열리고 말았다. 안내소에 있던 여성이 놀란 내게 깔깔 웃으면서 들어오라고 손짓을 했다. 그렇게 들여다본 영국 분위기의 의사당이다.

▲ 매니토바 주의사당 앞의 빅토리아 여왕 동상
▼ 의사당 내부

발걸음을 교역소 쪽으로 옮겼다. 아시니보인 강과 레드 강이 만나는 곳이 바로 교역소 자리이다. 아시니보인 강변을 따라 산책하는 사람들과 함께 걸었다. 캐나다 사람들은 일상적으로 많이 걷는 편이고 산책, 조깅은 아예 생활화되어 있다. 강 앞에 있는 오래된 아파트를 보니 발코니가 장난 아니었다. 그리스 조각상들이 여기저기 발에 걸리는 게 예술이다.

교역소 근처에 오니 관광 성수기가 아니라서 전반적인 분위기는 심하게 조용하고 뭐 역시 별다른 것이 없다. 교역소라는 상징물만 덩그러니 있었다. 그래도 이곳은 바로 허드슨만 모피 교역소와 함께 내륙지역에 위치한 가장 큰 모피 교역소였다. 미국과 달리 유럽인들의 이주지로서 인기가 없었던 캐나다 지역은 모피를 구하기 위해 원주민들의 도움이 절대적으로 필요했다. 원주민들이 모피를 만들어 교역소로 가지고 오면, 식량과 술, 담배 때로는 총과 바꾸곤 하였다. 그렇게 모은 모피는 강을 따라 몬트리올 등지로 옮겨지고 다시 대형 배에 실려 유럽으로 가는 것이다.

그리스 조각상이 있던 오래된 아파트의 발코니 ▲
교역소의 조용한 풍경 ▼

교역소 근처에서 마주친 유럽에서 온 노인 분들을 보니 아침에 버스를 같이 타고 온 분들이다. 그분들은 공항 근처 어느 호텔에서 버스를 탄 듯했는데, 여성 두 분에 남성 한 분이라서 유심히 봤었다. 나는 매우 반갑게 인사를 했다. 그러나 그들의 표정은 '넌 누구냐!' 그것도 인연이라고 당치도 않게 반가운 이유를 이야기했더니, 그제서야 "너 참 스마트하구나" 하며 억지로 "허허허" 웃었다. 그들은 노르웨이에서 온 분들로 토론토를 거쳐 위니펙에 오셨단다. 언제나 느끼는 것이지만, 대개 북구 쪽에서 온 사람들은 젊은이는 말할 것도 없고 나이 든 사람들도 영어를 잘한다. 영어 잘하는 사람들만 뽑아서 캐나다나 미국에 여행 온 것이 아니라면 분명 외국어를 익히는 데 남다른 노력을 기울이고 있다는 것을 알 수 있다.

교역소 앞의 마켓에 들러 구경을 하였다. 캐나다의 마켓은 대개 실내 공간에 자리하고 있다. 분명 시장이라는 것은 야외에 있었을 텐데, 이제는 그 어디에서도 야외 시장은 보기 어렵다. 일반적으로 쇼핑몰에서 왕창 파는 물건과 다르게 마켓의 물건들은 소량으로 판매하며, 야채나 과일 생선을 신선하게, 치즈, 빵 등은 자기들만의 특화된 소규모 제조사업으로 밀고 나간다. 따라서 마켓은 언제나 사람들로 붐비며, 관광객들이 주로 찾는 곳이기도 하다. 결코 싸지 않으며, 품질로 승부한다는 느낌을 준다.

다시 시내 쪽으로 옮겼다. 언제나 그렇듯이 틈만 나면 카페에 앉아 주변을 구경하며 인터넷 검색을 하였다. 11시 버스이기 때문에 시간은 있었지만, 낯선 곳이라 어두워지면 언제나 불안이 찾아온다. 불안해지면 먹을 것부터 챙겨먹게 되는데 아마 나도 모르게 믿을 것은 체력밖에 없다고 생각한 듯하다. 푸드코트로 달려가 문을 막 닫으려는 주인에게 강제로 인도 음식을 사니 재미있다고 2달러만 받겠다고 한다. 그야말로 횡재!

교역소 근처 재래시장의 모습 ▲
2달러짜리 퓨전 인도음식 ▼

버스정류장에서 버스를 기다리며 새로운 광경을 목격했다. 워낙 추운 곳이라 버스정류장임에도 길에서 버스를 기다리는 것이 아니라 건물 안쪽에 기다리는 룸이 있었다. 대개 사람들이 안쪽에서 기다리다가 버스가 오면 밖으로 나가는데, 버스도 느긋하지만, 사람들도 참 느긋하다. 우리나라에서는 그렇게 미적대면 운전기사 아저씨한테 혼나는데 말이다. 하긴 장애인이 타면 버스기사가 도와주고, 자전거를 가지고 타는 사람이 있으면 자전거를 버스 앞에 매달아주고……. 북미 대륙의 운전기사 마인드는 자가용 운전기사 마인드이다.

달려라
그레이하운드

여행을 하는 동안 그레이하운드에서 살아서 그런지 이제는 그레이하운드만 보면 반갑기 그지없다. 원래 그레이하운드라는 이름은 개의 품종명이다. 생긴 모양을 보면 치타 같은 느낌이 든다. 날렵한 허리와 긴 다리, 공기의 저항을 최소화 할 것 같은 작은 머리 등은 치타와 아주 흡사하다. 사람으로 치면 '짐승남'의 느낌이랄까. 그러나 때깔이 결정적으로 다르다. 치타는 고양잇과에, 그레이하운드는 갯과에 속하는 동물이다. 그레이하운드는 개 중에서 주력이 가장 빠른 개라고 하는데 시속 70km에 육박한다. 이 개가 사냥개로서 우수한 이유는 길고 얇은 꼬리, 270도나 되는 시야, 짧은 털, 뒤로 붙은 귀, 배가 허리 쪽으로 올라붙은 근육질의 체형 등 공기의 저항에 비켜가는 스피드를 낼 수 있는 신체 조건 때문이다. 거기에 한 번 시작하면 끝을 내는 끈기와 경쟁적인 성격을 가지고 있어 사냥개로서 더없이 좋다고 한다.

이런 그레이하운드의 이미지를 따서 만든 그레이하운드 버스는 북미 대륙에서는 아주 필수적인 교통수단이다. 미국에는 다양한 버스들이 있겠지만, 캐나다는 교통수단이 매우 단순하다. 그리고 비행기라서 비싸고 기차라서 싼 것이 절대(!) 아니다. 넓디넓은 캐나다를 다니는 데는 비행기와 자가용이 가장 일반적인 교통수단이다. 그러나 요소요소를 혼자 다니기에는 버스가 내일 편하다. 누군가와 같이 다니면 자가용으로 다니는 것이 편할 것이다. 일반적으로 밴쿠버에서 중고차를 사서 토론토에 가서 파는 방식으로 대륙횡단을 하는 젊은이들도 많다. 물론 내지의 아름다운 자연경관을 볼 수 없다는 아쉬움도 있지만, 충분히 모험적이고 넘치도록 긴장되는데 뭘 더 바라겠는가. 그레이하운드 회사는 1914년 미국 텍사스에서 만들어졌지만 수차례 합병과 인수 등의 과정을 거쳐 지금은 영국계 운송회사인 퍼스트그룹의 자회사로 되어 있다고 한다. 그래서 미국 · 캐나다 · 멕시코 · 오스트레일리아 등지를 다니던 그레이하운

1 위니펙의 터미널
2 제스퍼의 버스
3 그리고 온타리오에서 본 간판
그런데 그레이구스는 뭐지?

드가 이제는 영국도 다닌다. 내가 여행하는 디스커버리 패스는 한 달 내 어디에서든 무제한으로 탈 수 있는 패스로서 세금까지 더해서 516(캐나다)달러이다. 물론 밴쿠버에서 샀기 때문에 더 비싼 것이다. 만일 세금 없는 미국 오리건주에서 샀다면 440(미국)달러 정도이다.

이 패스로 캐나다와 뉴욕까지 다닐 수 있기에 내가 뉴욕에 도착하는 날은 무조건 이 패스의 만료일인 11월 8일이 되어야 했다. 그러나 한 가지 아쉬운 점은 그레이하운드가 캐나다 전역을 다니는 것이 아니라는 점이다. 퀘벡 주와 대서양 4개 주에서는 그레이하운드가 다니지 않는다. 물론 캐나다의 다른 주에서도 각각의 주를 관통하는 버스회사를 가지고 있다. 그러나 퀘벡 주와 대서양 4개 주 그러니까 뉴브런즈윅, 노바스코샤, 프린스 에드워드, 그리고 뉴펀들랜드 래브라도 주는 자신들의 주에 속하는 버스 이용을 강제하고 있다.

이들은 캐나다 연방에 속해 있고 심지어 1949년 연방에 편입된 뉴펀들랜드 래브라도를 제외한 나머지 주들은 초기 캐나다 연방 구성에 중추적인 역할을 한 주이기는 하지만 연방이 이래라저래라 할 수 없는 강한 자치권을 가지고 있다. 캐나다는 원래부터 각 식민지역이 강한 자치권을 가지고 있었는데, 미국처럼 독립하겠다고 설쳐댈 것을 두려워한 영국 정부가 일찍부터 자치권을 부여했기 때문이다. 물론 캐나다 연방도 전쟁이나 강제 없이 구성되었다. 예컨대 밴쿠버가 있던 BC 주는 서쪽에 떨어져 있어 경제적인 한계가 많았다. 그때 미국 정부가 미연방 편입을 제안했고, 이에 놀란 캐나다 연방은 철도를 놓아 주고 이것저것 해준다는 조건으로 연방에 편입시켰다. 주마다의 셈법도 다르다. 독자적으로 있으면 지역경제 성장의 한계가 있다는 것도 있지만, 강력한 연방 제도를 가진 미국보다 느슨한 캐나다 연방에 편입되는 것이 그들의 기득권을 지키기에 이롭다는 정치적 셈이다. 그러나 주마다 제도상의 차이는 있을지라도, 모든 캐나다의 주 정부는 물, 공기, 교통, 전력, 체신 등 인간생활에 필수적인 것에 사기업을 허용하지 않는다. 공기업이 이를 관리, 운영하고 부분적으로 위탁을 맡기는 경우가 많다.

미국은 미국식 자본주의를 한다. 캐나다나 유럽 국가들이 자본주의를 표방하지만 그들의 자본주의는 미국과 다소 다르다. 미국은 두 가지 성격을 가진 미국식 자본주의를 정착시켰다. 하나는 비즈니스 중심이고 나머지 하나는 대량소비 중심이다. 1900년대 초 미국 경제가 한창 솟아오를 때 그들은 미국 사회를 움직이는 것은 비즈니스라고 선언한다. 경제가 요구하는 것을 따라가는 것이 바로 모든 것을 잘 컨트롤하는 길이라고 생각했고, 그 결과 미국은 비즈니스 중심의 사회체제를 갖게 되었다. 1920년대 미국의 30대 대통령이었던 존 쿨리지John C. Coolidge, Jr는 "미국 국민의 활동의 수장은 비즈니스다"라는 말을 하기도 했다. 31대 대통령 허버트 후버Herbert C. Hoover 역시 "모든 냄비에는 닭고기를, 모든 차고에는 차를A chicken in every pot, a car in every garage"이라는 구호를 내걸고 대통령에 당선되었다. 경제 대공황이 일어나기 직전의 일이었다. 그러나 현실은 꼭 그렇게만 되지 않았다. 1929년 대공황이 일어나자, 미국 사회는 비즈니스가 스스로 통제하는 힘을 가지고 있지 못하다는 것을 깨닫게 되었다. 그래서 나온 것이 그다음 대통령 루스벨트Franklin D. Roosevelt의 뉴딜New Deal 정책이다. 비즈니스가 모든 것을 통제할 수 있다고 믿었던 미국에서, 국가가 강한 힘을 가지고 그들이 그토록 증오하는 공산주의자들처럼 직접 사업을 일으키고 고용을 창출한다는 생각은 완전히 좌빨과 같은 것이다. 미국은 때때로 이러한 정책을 펴기도 하지만 본질적으로 비즈니스 중심의 경제를 유지한다.

반면, 소비는 문제가 없다. 경제가 돌아가도록 소비를 진작시키는 생활 습관을 만들면 그만이다. 그래서 미국 사회는 뭐든지 한번 사용하고 버리는 소비가 미덕인 사회가 되었다. 물론 생산 중심에서 소비 중심으로 전환하고 있는 현대 사회에서는 그것이 코드가 되어 있다. 이런 엄청난 예측은 1900년대 초, 독일의 사회학자 게오르그 짐멜Georg Simmel에 의해 처음 예견되었다. 대량생산 체계가 막 펼쳐지고 있던 당시의 현실에서 사회구조가 거대한 시스템으로 통일되어 실재하는 것이 아니라, 개인들의 수없는 상호작용에 의해 이루어지고 있다는 것을 읽어냈던 것이다. 그러나 중요한 것은 미국의 소비 패턴은 개인의 욕구를 표현하는 문화적 상호작용에 의한 소비가 아니라, 생산체계가 끌고 가는 묻지 마 소비 같은 양상이라는 것이다. 공황 등의 경제 하락기를 무지막지한 소비로 끌어올리는 방식이다. 미국이 구사하는 이러한 자본주의는 끊임없는 다른 국가에게도 소비를 요구한다. 심지어 무기를 소비할 것을 요구하기도 하는데, 그게 바로 공화당 정부가 들어설 때마다 빠지지 않고 벌어지는 지역전이다. 전쟁만큼 각종 재고를 정리하기 쉬운 소비처가 없는 이유이다.

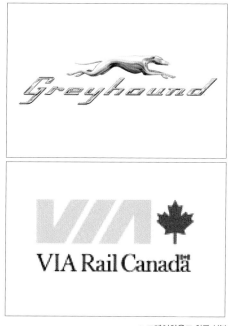

▲ 그레이하운드 최근 심볼
▼ 캐나다 철도 심볼

사실 사회를 시장, 즉 비즈니스에만 맡겨두면 큰일 난다고 펄쩍 뛴 경제학자들이 많이 있다. 우리가 잘 아는 존 케인스John M. Keynes가 가장 대표적인 학자이지만, 칼 폴라니Karl Polanyi 또한 케인스 못지않았다. 그는 아예 시장경제란 '전혀 도달할 수 없는 적나라한 유토피아'라고 주장하고, 인간·자연·화폐를 상품으로 보고 '시장'에 맡겨둔다면, 결국 인간의 자유와 이상을 근본적으로 파괴하는 비극만 낳고 모두 실패할 수밖에 없다고 주장하였다.

　이야기가 심하게 돌아갔지만, 캐나다는 비즈니스 중심의 경제에 대한 일정한 경계를 가지고 있으며 동시에 소비보다는 절약이 미덕으로 여겨지는 사회이다. 그러니까 자본주의를 하되 미국과는 다른 자본주의를 미국 코앞에서 펼치고 있는 셈이다. 물론 미국의 자본이 캐나다 사회에 엄청난 영향을 미치고 있지만, 캐나다가 오늘날 미국과 같은 경제위기를 겪지 않는 이유는 국가 경제가 오로지 비즈니스 중심으로만 되어 있지 않기 때문이다.그래서 그레이하운드 패스는 캐나다의 일부 주에서만 쓰고 나머지 주는 열차로 다녀야 하는 불편함이 내 코앞에 닥쳤다. 그러나 그것이 캐나다라고 이해하면 불편할 것도 없다. 이번 여행에서 나는 그레이하운드 디스커버리 패스를 잘 활용하였지만, 이 제도는 2012년 9월 30일로 종료되었다. 그러니까 내가 종료되기 하루 전에 사서 종료된 이후에도 사용한 것이다. 철도를 이용한 패스제도는 그레이하운드보다는 약간의 돈이 더 들지만, 몸이 무거운 분들에게는 추천할 만하다. 캐나다의 철도 역시 공공서비스 분야로서 공공기업에 의해 운영되고 있어 그레이하운드 같은 막힘이 없이 어디든지 갈 수 있다.

바로 내가 바라던
여행의 즐거움

나는 여행을 좋아하지만 자주하지는 못했다. 매니토바의 위니펙 거리를 걸으면서 이 낯선 곳에 있는 내가 나인가 하고 자문해 보았다. 나름 싱싱한 선도를 유지하던 20~30대에는 우리나라 곳곳을 많이 다녀본 편이었다. 그 당시 외국을 다니는 것은 쉬운 일이 아니었고, 그럴 만한 돈도 없었다. 대개 역마살 좀 있다는 객기 어린 젊은 청춘들이 많이 다닌 곳은 국내의 산. 삼천리 방방곡곡 산이 아닌 곳이 없던 탓에 젊은 청춘이 갈 곳은 어디든지 있었다. 나의 기억 속에서 가장 아름다운 산은 경북 청송의 주왕산이었다. 주왕산은 그리 높은 산이 아니지만 모양이 아주 묘해서 산을 찾는 기쁨이 넘쳤다. 그다지 높지 않음에도 그런 기쁨을 만끽할 수 있으니 기쁨 두 배, 만족 세 배.

나는 주왕산을 주황산으로 잘못 쓸 때가 많다. 왜냐하면, 내가 주왕산을 찾았던 가을의 이미지가 강해서 나도 모르게 그렇게 된다. 곳곳에 단풍이 물들고, 제1폭포에 감탄하여 산을 도니 제2폭포가 다른 모습으로 반기고, 마침내 제3폭포를 보니 한 번도 생각하지 않은 수사가 떠올랐다. '아 신선이 이곳에 살았나보다.' 다소 촌스러운 이 표현이 전혀 부끄럽지 않을 정도였고, 그때부터 주왕산을 생각하면 내 머릿속에 주황빛이 감돌게 되었다. 특히 아주 친근하고 손에 닿을 듯한 폭포가 예쁜 웅덩이를 만들고, 크고 작은 동굴마다 맑은 물이 흐르는 곳으로 기억되는 주왕산은 언젠가 다시 찾아가리라 마음먹게 하는 곳이다.

나는 폭포에서 떨어지는 물에 의해 만들어진 웅덩이가 마치 르누아르 그림에 나오는 풍만한 여성의 엉덩이 모양이라는 것을 그때 처음 알았다. 복숭아 모양의 웅덩이는 성적인 느낌을 주기에 충분했다. 그래서 삼천리 방방곡곡 널려 있는 폭포마다 선녀가 목욕을 했다는 가당치도 않은 전설이 생겼나 보다. 그러다가 개중 좀 더 얼빵한 선녀는 옷을 아무 데나 두는가 하면, 찬스에 강한

폭포도 등급을 나눈다면 주왕산 폭포는 19금

건달의 대시로 로맨스가 방방곡곡에서 무르익는 그런 전설…….

　외국 여행이 자유로워진 이후에도 혼자만의 여행을 한 적이 없었다. 주로 가족들과 함께하는 여행이었기 때문에 아이들이 좋아할 만한 곳을 찾거나 과하게 힘들지 않은 여행을 하였다. 그러나 이번 여행은 전혀 다르다. 배낭을 메고 매번 갈 곳을 찾는 여행이기에 자유롭기도 하지만 그만큼 판단할 것도 많다. 때로는 의욕 충천하여 이것저것 보겠다고 덤벼들기도 하고, 때로는 '여행 시험 보는 것도 아니고, 여행 스펙 쌓으려는 것도 아닌데' 하며 느슨해지기도 했다.

　내게는 여행하는 방법이 있다. 우선, 어느 곳을 가든 그곳의 역사를 먼저 알아본다. 요즘 세상에 인터넷만 연결하면 뭐든지 알 수 있고 볼 수 있으니 마음만 먹으면 된다. 최소한 그곳에 사는 사람들이 무엇으로부터 왔는지, 어떤 역사적 유전자를 가지고 있는지는 알아야 소위 '똥인지 된장인지' 구별이 된다. 역사는 지금 그들의 삶에 직접 영향을 미치지 않는 듯하지만, 결국 현재 그들의 삶은 역사적 산물이기 때문에 그들 내부와 골목 곳곳에 역사적 흔적이 그대로 남아 있다. 유난히 옷을 잘 입는 도시는 미적 취향과 관련된 역사적 과정이 있으며, 역사적 콤플렉스가 있는 도시에서는 뭔가 잰체하는 느낌을 받곤 한다.

　둘째, 내가 여행하는 곳에 사는 사람들에 대한 기대감과 존중감을 준비한다. 그러기 위해서는 그들이 사는 모습에 대해 관심과 애정 어린 눈이 필요하다. 관심과 애정은 아는 것에서 나오며, 익숙하지 않은 것을 사랑하기는 어렵다. 그래서 그들의 문화를 알기 위해 가급적 거리를 많이 걷는다. 사람들의 얼굴 표정, 옷차림새, 거리의 쓰레기, 간판, 공중전화, 광고 등 어느 것 하나 문화가 아닌 것이 없다. 전 세계에 모래알같이 흩어져 있는 맥도날드 햄버거 가게가 제아무리 같은 형태와 맛을 유지한다고 하지만, 막상 가보면 정말 다르다. 같은 물건이라도 사용하는 사람에 의해 새로운 생명을 부여받기 때문이다. 그리고 사람들에게 말을 걸어본다. 제일 접근하기 쉬운 사람은 나이 많은 분들. 나의 여행에서는 유난히 할아버지들이 많이 등장한다. 나이 많으신 여성분들이 대화하기에는 좋지만, 도시의 여성은 노소를 막론하고 언제나 바쁘기 마련이다. 그 대신 나이 지긋한 남성들은 나름 젊은 여성 그것도 아시아 여성이 말을 걸어주는 것에 기뻐한다. 그들은 책에 나오지 않은 그들의 이야기들을 풀고, 때로는 자신이 사는 도시에 대해 하나라도 더 얘기해주려고 한다. 가끔은 한국에서 왔다는 말에 토론을 하려는 분들도 있다. 남북한 통일 문제나 북한의 인권문제, 한국의 자동차나 IT산업의 성장에 대해 자신의 견해를 밝히면서 말이다.

셋째, 그곳의 예술적 취향을 살펴본다. 거리의 간판이나 도서관, 박물관, 예술센터, 커뮤니티센터 등을 돌아다니다 보면, 도시의 문화적 역량과 예술적 힘을 알 수가 있다. 예술은 누구나 즐길 수 있는 것이지만, 예술을 창조하고 다루는 것은 누구나 할 수 있는 것이 아니다. 이 시대 이곳의 가장 창의적인 역량을 모은 것이 바로 예술로 표현되기 마련이다. 건축물은 아주 좋은 예이다. 쉽게 볼 수 있고 느낄 수 있는 예술이 건축이기 때문이다. 도시마다 마을마다 예술적 창조력과 이를 다루는 능력 그리고 그것을 공유하는 능력에는 차이가 많다. 물론 서양 중세의 장엄한 성당과 시멘트로 만든 단순한 모양의 건물을 구성하는 재료의 금액 고하를 이야기하는 것이 아니다. 각각의 건축물은 그곳의 분위기와 어울리고 있거나, 존재의 이유가 맞으면 아름답기 마련이다.

나의 이러한 취향 때문에 어떤 여행 책도 만족스럽지 않다. 나는 심지어 지도만 들고 다녔다. 인터넷 검색으로 지역의 역사를 먼저 연구하고, 다음에 여행정보를 주로 관공서에서 찾으며 마지막으로 주된 문화 예술정보를 찾는다. 그리고 가는 동안 그 지역에 대해 생각해보고 상상해본다. 사랑이 무르익어야 마침내 안을 들여다볼 수 있기 때문이다.

도시에 도착하면, 무작정 거리부터 걷는다. 그래서 무거운 배낭을 짊어진 나의 어깨는 거의 남아나지 않는다. 배낭을 호스텔에 맡긴 후에도 거리를 걷는다. 그러면 도시 혹은 지역의 느낌이 만들어지고 마침내 내가 가야 할 곳이 결정된다. 이야기가 길어졌지만 나의 여행은 스스로 공부하는 과정이며, 내가 서

◀ 매니토바 아트센터의 모습
▶ 어디에서나 건물 모양이 같은 허드슨 베이사의 베이백화점

있는 곳이 어디인지를 인식하는 과정이기도 하다. 누구에게든지 배울 자세로 여행을 하면서 언제나 출몰하는 어려움을 극복하는 과정이 바로 여행의 진정한 의미라고 굳게 믿고 있다. 그래서 나의 여행에 관한 글은 기행문도 아니고, 주장글도 아닌, 산책을 하거나 이리저리 다니는 그야말로 제멋대로의 글이다.

추운 날씨와 비장한 루이 리엘로 상상해 왔던 매니토바의 위니펙은 그냥 사람이 사는 곳, 눈이 마주치면 웃는 곳이었다.

온타리오의
분 주 와
고 요

잠자는 거인과
선더베이에서의 식탐

매니토바를 출발한 버스가 선더베이Thunder bay에 도착한 시각은 아침 6시. 어디를 가기에도 마땅찮은 시간이다. 여행하면서 가장 많이 먹은 것이 있다면 혼합곡식과 견과류를 뭉쳐 놓은 그래놀라바나 견과류를 섞은 요거트이다. 간단한 아침으로 매우 좋다. 그러나 몸이 힘들거나 뭘 좀 먹어주지 않으면 너무 슬퍼질 것 같을 때는 보다 과감한 먹을거리를 선택한다. 선더베이를 들어설 때 나는 가슴 깊은 식탐에 시달리기 시작하였다.

선더베이는 동과 서로 발달된 다운타운을 가지고 있는 도시이지만, 북미의 도시답게 그저 한적하기 이를 데 없다. 캐나다는 워낙 큰 땅덩어리로 인해 그레이하운드나 기차가 서는 도시가 바로 가장 발달된 도시가 될 수밖에 없다. 게다가 선더베이는 미국과 캐나다 국경에 퍼져 있는 소위 5개의 호수 중에서 가장 큰 호수인 슈페리어 호수의 북쪽에 있는 관광도시이다. 여름 한철만 하는 관광도시이다 보니 내가 갔을 무렵은 이미 모든 제철장사가 끝난 상태였다. 어차피 북적대는 시기를 원하던 것도 아니니 나에게는 나쁠 것이 전혀 없다.

나는 행정 중심지인 동쪽 도심과 관광중심지인 서쪽 도심의 가운데 서서 어느 쪽으로 갈까 망설였다. 그러다가 지도에 나와 있는 재미있는 이름을 발견했다. '잠자는 거인Sleeping giant', 그 이름만으로 나의 호기심을 끌기에 충분했다. 손바닥에 뱉은 침이 그쪽으로 튀기라도 한 듯 과감하게 포트 아서Port Arthur행 버스를 탔다. 도착한 곳은 그레이하운드 역에서 그리 멀지 않은 곳이었다. 사람을 찾아보기 어려울 정도의 스산한 초겨울의 텅 빈 거리를 걸으니 '혹시 내가 온다고 도시 소개령疎開令이라도 내렸나' 싶을 정도였다.

다른 것을 찾아볼 필요도 없이 커다란 다리가 눈에 들어왔다. 다리 앞에 서니 뭔가 기분을 가볍게 해 주는 느낌이라 혼자 깽깽 발로 뛰기도 하고, 뒤로 걸

들어가는 다리 바닥에는 동화 분위기의 그림이 그려져 있다.

기도 하면서 다리를 건넜다. 나중에 알고 보니 그 다리는 잠자는 거인이 있는 곳으로 들어가는 곳이었다. 동화적인 분위기를 만들려는 주최 측의 의도에 꼭 맞게 놀아난 것이다.

선더베이에서 바라본 잠자는 거인 반도

잠자는 거인은 그야말로 거대한 바위산이었다. 이 산은 슈페리어 호수 쪽으로 나온 슬리핑 자이언트 반도의 끝자락으로 캐나다에서 보면 섬처럼 보인다. 잠자는 거인이라는 이름이 붙은 것은 북쪽에서 바라보는 섬 같은 반도가 사람이 반듯하게 누워 있는 모양과 비슷하기 때문이다. 원주민 사이에서는 이 거인에 관한 전설이 있다고 한다.

이 지역에는 성실하고 착하게 사는 원주민들이 있었다. 마을 사람들의 순수한 생활에 감동한 신은 그 마을 사람들에게 상을 내렸는데, 상을 주기 전 마을의 추장을 불러 상이 어디서 났는지 누구에게도 말하지 말라고 하였단다. 신은 그들에게 은이 나는 광산을 선물로 주었고, 마을 사람들은 은을 팔아 부유해졌다. 그러나 이를 탐낸 백인들이 마을 사람들에게 술을 먹이고 은광이 있는 곳을 알아내 은을 캐러 배를 타고 갔다. 그때 갑자기 폭풍우가 불며 커다란 바위가 솟았는데 이것이 바로 신이 바위로 변한 것이라고 한다.

이 간단한 이야기 속에는 몇 가지 신화적인 요소와 역사적인 요소가 함께 있다. 첫 번째는 인간의 태도이다. 무언가의 대가로 신의를 지켜야 하는 인간이 신의를 키지 못하는 모든 신화의 요소, 즉 문제의 발단에 마주하게 된다. 항상 신들은 뭘 줘도 옵션을 걸기 마련이다. 그리스 로마의 신들도 뒤돌아보면 안 된다거나 열어보면 안 된다는 등 미끼를 걸더니만, 신대륙의 신들도 버릇이 참 나쁘게 들었다. 아이 세 명을 낳을 때까지 옷을 주지 말라는 사슴 얼굴의 우리나라 산신령도 마찬가지이다. 아주 간단한 약속이지만 인간은 호기심 혹은 의심으로 인해 그것을 실행하지 못한다. 성경도 다 되는데 선악과만은 먹지 말라고 하지 않았던가?

두 번째 요소는 문제의 은광이다. 아메리카 대륙은 모피와 금광, 은광 때문에 초기에 철저히 박살이 난다. 이것들은 식민지 약탈을 통해 부를 축적하던 초기 자본주의의 전형적인 노획물이었다. 사실 자원을 판매의 대상으로 생각하지 않은 원주민들로부터 약탈을 할 수밖에 없었다. 이러한 초기 약탈에 완전히 무너진 것이 바로 중남미에 있던 잉카제국이었다. 금광이 있었던 잉카처럼,

선더베이 지역에는 은광이 있었나 보다. 은광이 신이 내린 상으로 인식되었다는 것은 은에 대한 수요가 있었기 때문이며, 이는 바로 식민지 약탈꾼들이 노리는 것이었다. 초기 이들이 발견한 은은 뭔가의 생필품을 사는 데 도움이 되었을 것이며, 은광의 규모가 파악되기 전까지 거래의 대상이었을 것이다. 은을 통해 마을이 부자가 되었던 중간 스토리는 식량이 풍부해지고, 겨울을 나기 좋은 옷과 신발들을 얻을 수 있었던 초기 거래의 흔적이 보인다.

그러나 곧 이야기는 다르게 전개되는데 그것이 세 번째 주의해야 할 역사적 사실이다. 아메리카 원주민 중에서 백인과 싸움을 한 부족은 그리 많지 않다. 심지어 초기 이주민들은 원주민들로부터 옥수수를 얻고, 칠면조 먹는 법을 배우고, 가죽으로 옷을 만드는 법을 배웠다는 이야기들이 많이 있다. 아메리카 대륙에서 스스로 살아가는 방법을 터득할 만큼 경험이 많지 못하였고, 인구도 많지 않던 1600년대부터 1800년대까지의 이주민들은 원주민의 도움이 절실했다. 그러나 차츰 상업적인 계산이 작동하기 시작하면서 모든 것이 달라지기 시작했다. 처음에는 모피를 구하기 위해 원주민들과 거래를 시작했고, 이들을 보다 효과적으로 통제하는 일이 필요해졌다. 이주민들은 원주민에게 음식뿐 아니라 술과 담배, 마약 등을 팔았는데, 금광이나 은광의 발견은 이를 더욱 촉진하였다. 땅을 내주거나 파는 것을 거부하기 시작하자 이주민들의 분열책동과 위협이 시작되었고, 일부 원주민 부족들은 백인 이주민들에게 무기를 사기 시작하였다. 이 신화에서는 술이 등장한다. 원주민들이 신과의 약속을 지키지 못하게 된 원인이 바로 술이었고, 술은 식민 초기 원주민들을 파괴한 요소였다. 백인들이 가지고 온 독한 술은 그들의 정신을 몽롱하게 하여 마침내 신과의 약속도 저버리게 된다. 이들에게 신은 땅이고 하늘이고 바람이었다.

넷째, 마침내 은광의 채산성을 분석하고 은광을 차지할 병력을 확보한 백인들은 원주민들의 의사를 무시한 채 은광을 차지하기에 이른다. 신화에서는 백인들이 무력을 동원하여 은광을 차지하는 것을 보여주고 있다. 물론 그것의 결과가 어떻게 되었는지 모호하게 표현되고 있다. 그러나 신화는 마을 사람들과 신과의 관계에 집중한다. 폭풍이 불면서 신이 돌로 변하는 상징은 원주민들이 겪은 심한 마음의 동요와 부족 내의 갈등을 의미하고 있다. 그들은 무력한 신의 존재를 보았고, 그렇게 무너진 신 앞에 죄의식을 갖게 되었던 것이다. 쓸쓸하게도 이 잠자는 거인의 신화에는 인간의 속성과 역사적 상징이 고스란히 들어 있다. 이것은 온타리오 주 선더베이의 지역 신화에 불과하지만, 그 전반적인 느낌은 아메리카 원주민들의 마음속에 남은 집단 트라우마(정신적 외상)의 발현인지도 모르겠다.

사람들은 종종 왜 원주민들은 좀 건실하게 살 생각을 하지 않고 마약과 술로 사는지 모르겠다고 한다. 법적으로 엄청난 보장을 받기도 하는 캐나다 원주민들을 보면 때로는 안타깝기도 하다. 그러나 식민지 민중의 패배의식 혹은 영구적 아웃사이더 의식 등이 그들에게 있을 것이라고 짐작된다. 적어도 우리는 식민지를 경험한 나라의 문화 속에 잔재하는 식민성이 얼마나 집단을 좌절시키고 있는지 짐작할 수 있다.

선더베이에 와서 이 신화가 쓰여 있는 관광안내서를 읽으면서 마음이 무거울 수밖에 없었다. 그런 마음으로 두어 시간 있다 보니 갑자기 밀려드는 주체할 수없는 식욕. 무슨 삶의 의욕도 아닌 것이, 뭔가 먹어줘야 한다는 막연한 결핍감. 그래서 주변을 돌아다니면서 기름지고 양 많은 먹거리를 찾기 시작했다. 그러나 아직 이른 시간이라 음식점 문은 굳게 닫혀 있었고, 마침내 찾아간 곳이 프린스 아서 호텔의 레스토랑이었다. 기억이 잘 나지 않지만 가격이 12~13달러 정도하는 아침 뷔페였다. 딱히 먹을 만한 것이 없는 미국식 아침 뷔페. 그러나 내가 왜 그곳에 갔던 건지, 이 글을 보는 독자들은 짐작할 수 있으리라. 멀리 주무시는 거인을 보면서 나는 우걱우걱 아침식사를 했다. 식탐의 근원은 식욕일 수도 있지만 결핍일 수도 있다.

맛은 없었지만 무지하게 먹었다. 팁을 20% 정도 줄 생각으로 눈치 안 보고 먹어댔다. 그런데 왜 서양음식은 배를 빨리 부르게 하는지. 그게 늘 불만이다. 두둑한 아침식사 이후에도 갈 곳은 마땅치 않았다. 거리를 무작정 걷다가 '나중에 저녁은 저기서 먹어야지' 하며 스테이크 집에 눈도장을 찍었다.

다시 거리를 걷고, 맥도날드에서 싸구려 커피를 마시고, 상점에 들어가 구경을 했다. 그렇게 시간은 오후 4시 반이 되었다. 오늘 그레이하운드 버스 출발시간이 저녁 8시라서 좀 이른 저녁을 먹고 떠나야 할 듯했다. 아까 점 찍어둔 음식점으로 가는 길에 만난 또 다른 유혹. 한국인이 하는 일본식 레스토랑이었다. 아주 모던한 분위기의 음식점에서 불고기 정식을 시켰다. 섭섭한 양의 불고기가 나왔지만, 싹싹한 종업원 아가씨가 서비스로 김치를 가져다주었다. 북미에서 한국 음식에 대한 관심이 높아지고 있는 것이 사실이지만, 한국인 관광객이 많이 찾지 않는 곳이나 유학생이 별로 없는 곳에서 한국 음식은 여전히 소수음식이다. 그래서 가장 유사한 음식인 일본 음식과 함께 취급되는데, 이것이 참으로 못마땅하지만 그게 바로 이윤의 법칙이 아닐까.

버스를 기다리며 정류장에서 만난 할아버지와 수다를 한 시간가량 떨었다. 할아버지는 동부 지역의 노바스코샤 사람이지만, 젊은 시절 밴쿠버 지역의 서레이Surrey에 사셨다고 한다. 선더베이에 정착한 것은 15년쯤 되었는데 친구가 찾아온다고 해서 정류장에 나와 있다고 하였다. 할아버지와 나는 밴쿠버를 매개로 하여 마치 중요한 것을 교감이라도 하듯이 정답게 이야기를 나누었다. 누구든 친구가 될 수 있는 게 여행의 매력이다.

위에서부터 선더베이에서 먹은 새벽참과 아침 뷔페 그리고 이른 저녁식사 ▶

아이언 브리지에서
아침을

　그레이하운드 버스는 보통 2∼3시간에 한 번씩 10분을 쉬거나 6시간 정도 달리고 나면 한 30분 쉰다. 버스 뒤쪽에 화장실이 있기 때문에 급한 볼일은 보지만, 그래도 역에 도착하여 볼일을 보는 게 예의이다. 한 가지 재미있는 것은 버스 안에서 자고 일어나면 기사가 바뀌어 있다는 사실이다. 아마 일정 구간 안에 운전기사들이 있고 차를 바톤을 옮기듯이 운전하고 있는가 보다. 타기 전에는 분명히 뚱뚱한 백인 아저씨였는데, 내릴 때 보니 키 작은 남미계 아저씨로 바뀌는 둥 운전기사 보는 재미도 쏠쏠하다.

　선더베이에서 키 크고 배 나온 운전기사에게 인사를 하며 버스에 탄 후 여권, 지갑 등이 들어 있는 가방을 베개 삼아 누웠다. 차에 타면 나는 언제나 옆 칸에 누가 오지 못하도록 짐을 어정쩡하게 놓아두는 수법으로 잠자리를 확보하곤 했다. 다음날 아침에 도착할 수 세인트 메리Sault Ste. Mari라는 이름을 생각하며 뭔가 근사한 일이 생길 것 같은 기분으로 잠이 들었다. 그리고 눈을 뜬 시간은 새벽. 사람들이 제법 내리는 것 같았지만, 실눈을 뜨고 보니 정거장이 너무 작아 아직 수 세인트 메리는 아니라는 확신에 다시 잠이 들었다. 눈을 다시 떴을 때는 아침 동이 정말 예쁘게 뜨는 중이었고 버스 기사는 어느덧 바뀌어 있었다. 버스의 앞쪽으로 가서 수 세인트 메리는 언제쯤 도착하냐고 물었다. 맘씨 좋은 아줌마의 얼굴을 한 기사는 사랑스럽기라도 한 표정을 지었다.

　"조금 전에 지났잖아."

　그녀는 다음 정거장에서 내려서 되돌아가라고 일러주었다. 나는 잠시 머물다가 그냥 토론토로 가면 되니까 그냥 다음 정거장에서 내리겠다고 하였다. 그녀는 다정한 얼굴로 말했다.

　"짐은 빼놓고?"

　이런, 수 세인트 메리라고 쓰여 있던 내 짐은 주인의 취침과는 무관하게 수 세인트 메리 역에 내렸던 것이다.

　나는 단 한 번도 내 짐의 짐표를 사진으로 찍은 적이 없는데 수 세인트 메리 전에 심심해서 짐표의 사진을 찍었다. 잃어버릴 것에 대한 느닷없는 영감이 확 떠올랐던 것은 아닐까. 지난번 위니펙에 도착하기 전에는 어느 성당에서 디지털 카메라로 내 휴대전화 사진을 찍은 적이 있었다. 그냥 아무 생각 없이 그랬다. 그리고 위니펙 공항 화장실에서 머리를 감고 돌아와서 휴대전화가 없는 것을 발견하고 그레이하운드 역으로 뛰어갔었다. 경비아저씨가 휴대전화 색깔을 묻기에, "블랙, 삼성…… 그리고 거기에 핫 핑크 이어폰이 붙어 있어요"라고 이야기하며 디지털 카메라에 찍힌 휴대전화 사진을 보여주었다. 그는 웃으면서 "너 참 행운아다" 하고는 휴대전화를 주었다. 차에 있는 노트북도 가져가는 캐나다에서 버스에 두고 내린 휴대전화를 누군가 주워 와서 찾게 되다니 정말 운이 좋았다. 위니펙은 버스가 30분 정도 쉬는 큰 역이라서 청소를 하던 사람이 주워서 그레이하운드 역에 가져다주었던 것이다. 아무리 사진까지 찍어 두었어도 누군가 가져가면 그만일 뿐이다. 이미 보관 중인 것이니 사진이 확실한 증거가 되었다. 그런데 한 번도 사진으로 남겨두지 않았던 짐표를 이번에 웬일인지 그냥 찍었고, 역시나 잃어버렸다. 나는 짐표를 찍은 사진을 보여주었다. 그녀는 매우 무거운 짐이었다고 마무리 증언을 해 주었다.

　다음 정거장은 이름도 알 수 없는 곳. 운전기사는 나를 두 번째 손가락으로 부르더니 반대쪽에서 오는 그레이하운드를 타고 돌아가라고 하였다. 내가 짐이 그곳에 있는지 확인을 해달라고 하였더니 친절하게 차를 세워두고 역 안으로 들어가서 즐거운 농담이 섞인 통화를 짧지만은 않게 하였다. 캐나다에서 기다리는 것은 일상이며 삶 자체이다. 버스의 승객 누구도 뭐하는데 이렇게 출발이 늦어지냐는 항의를 하지 않는다. 수 세인트 메리 역에 짐이 있다는 운전기사의 말에 나는 연신 감사 인사를 하고, 감사의 포옹을 하고 헤어졌다.역 안에 있던 사람은 운전기사와 함께 내 짐 이야기를 하면서 깔깔 웃던 아줌마였다. 그녀는 다음 그레이하운드가 올 때까지 2시간이 남았다며, 10시 10분에 오지만 보통 20분 정도 늦게 온다고 말해주었다. 그녀 역시 매우 친절했다. 그냥 시골 아줌마들처럼 내 상황에 공감해주고, 미안하지만 다음 버스까지 문을 닫을 거라고 했다.

　나는 같은 건물에 있는 식당에 갈 요량으로 그곳을 나왔다. 건물은 길가에 있는 모텔이었다. 단층 모텔은 긴 복도와 각각의 방으로 되어 있고, 모텔 사무실이 바로 그레이하운드 업무를 대행하는 곳이다. 북미의 그레이하운드 역은 아예 버스터미널 안에 있기도 하지만, 작은 시골이라면 별도의 사무실을 두지 않고 일반 가게에 그레이하운드 간판을 걸고 간이역을 만드는데, 이 모텔이 바로 그런 역할을 하는 곳이다.

　식당으로 들어갔다. 역시나 매우 친절한 아줌마가 반겨주었다. 나는 진짜 맛있는 아침을 먹고 싶다고 말을 하고 짐 이야기를 하였다. 캐나다 사람들은 남의 안 좋은 일에 공감하고 위로하는 데 정말 천부적이다. 비록 말로만 하는 것이지만, 사람의 관계에서는 매우 중요한 것이 다른 사람에게 공감하는 한 마디이지 않은가. 그녀 역시 다음 버스시간과 그것이 보통 20~30분 정도 늦게 온다는 말을 잊지 않았다. 그곳은 아이언 브리지Iron bridge라는 마을이었다. 주변에 철교가 있고, 특별하지는 않지만 평화로운 곳이라고 하였다. 기분 좋은 아침식사를 먹고 동트는 아침을 바라보면서 캐나다의 시골을 즐겼다. 이윽고 미소가 따뜻한 그녀는 나가서 버스를 기다릴 시간이라고 일러주었다.

| 1 | 2 |
| 3 | 4 |

1 모텔사무실을 겸한 그레이하운드 간이역
2 친절한 운전기사 아줌마
3 모텔 옆의 시골 음식점
4 음식 솜씨가 좋다는 주인아줌마

길에 서서 버스를 기다리는데, 여인숙에서 잠을 자고 나온 아저씨가 웃으며 "네가 버스에서 잔 사람이구나" 하며 우헤헤 웃기 시작했다. 그리고 그는 버스가 20~30분가량 늦게 온다는 말로 마무리하면서 떠났다. 다시 아침 햇살을 받으며 혼자 놀다가 찬바람을 피해 모텔 복도로 들어가 기다렸다. 모텔을 청소하는 아줌마가 나를 보더니 "너 짐을 잃어 버렸지?"라고 물었다. 도대체 보는 사람마다 죄다 알고 있으니 이 마을이 사건 하나 없는 시골마을이거나, 나의 이야기가 그사이 방송에 나왔거나 둘 중의 하나인 듯싶었다. 아줌마는 여행객들에게 흔히 있는 일이라고 하면서 버스가 20~30분 정도 늦게 온다고 걱정하지 말라고 하였다. 이 마을 사람들은 신기하리만큼 같은 안내를 해주었다.

버스 시간에서 20분쯤 지나자 역 사무실의 아줌마가 다시 역을 열었다. 그녀에게 그동안 맛있는 아침을 먹었다고 하니, "그 식당은 작년에 문을 열었는데 그녀의 음식 솜씨가 좋으며……" 하며 말을 이었다. 이 마을 사람들은 순박한 표정과 느릿하고 정확한 발음으로 뭐든지 말해주고 공감해주고 걱정해주고 정보도 준다. 좋은 기운과 평화로운 기운이 있는 사람들인 듯했다. 묵으면서 노닐면 금방 친구를 사귈 것 같은 마을. 마침내 짐을 잃어버린 것이 내게 행운이라는 생각이 들기 시작하였다. 캐나다 시골의 작은 마을 역에서 일어나는 일상에 대해 알게 된 것이 대단한 일은 아니지만, 기분은 아주 좋았다.

버스를 타고 수 세인트 메리로 돌아오니 짐이 역 창구에 있었다. 토론토에서 서부 쪽으로 갈 때 선더베이 역 다음의 수 세인트 메리 역은 제법 중요한 교통 요지이다. 각 역은 적어도 7~8시간 정도의 간격으로 만들어져 있기 때문에 누구나 쉬어가야 하는 역인 셈이다. 하지만 수 세인트 메리 역 역시 조그마한 호텔에 세 들어 있었다. 이곳에서 다운타운은 버스로 20분 정도 가야 한다고 했다. 원래 시골에서는 가게와 은행 등이 일렬로 늘어져 있으면 그냥 다운타운이라고 한다. 이때 문득 눈에 들어온 간판. 팀 홀튼Tim Holton. 밴쿠버에서 자주 이용하던 팀 홀튼을 보니 왠지 반가운 마음에 간판을 따라 길을 길었다. 그러나 정작 들어가 앉은 곳은 '전원스타일Country style'.

커피 한 잔을 마시며 다음 여행지 정보를 모았다. 보통 여행을 하면서 잃어버리지 않도록 주의해야 하는 것이 여권, 돈, 짐이다. 짐을 잃어버렸는데도 그리 긴장되지 않았던 것은 캐나다 사회에 대한 믿음 때문인지 아니면 나의 무사안일한 성격 때문인지 모르겠지만 재미있는 추억이 하나 남았다. 그리고 내가 앉아 있던 그 카페 주변에는 웬 동양여자가 카페에서 오랫동안 커피를 마셨다는 전설이 남아 있을지도 모르겠다.

토론토 입성과
영어울렁증

수 세인트 메리에서 서드베리Sudbury를 거쳐 토론토에 입성하니 그리운 것이 허리를 펴고 잠을 자는 것이다. 이른 새벽 토론토의 아침은 차가운 바람이 불었다. 무거운 배낭을 지고 인터넷으로 미리 예약한 호스텔로 걸었다. 아침 출근을 서두르는 토론토 시민들을 보니, 지금까지와는 전혀 새로운 그림이었다. 그레이하운드 역에서 호스텔까지 가는 길은 토론토 시청과 캐나다 유수의 대기업 본사 건물 근처를 지나 엔터테인먼트 거리 한복판까지 가는 40분 정도의 길이다. 대도시의 차가운 공기를 가르는 도심의 일상이 피부로 다가왔다. 서울의 일상과 닮아 있는 토론토는 이제까지 캐나다라고 생각한 모든 것과 조금씩 달랐다. 토론토 사람들은 밴쿠버 사람들보다 정장을 많이 입고 있으며, 바빠 보였다. 얼굴이 마주치면 웃어주는 밴쿠버 사람과 달랐으며, 우리나라 사람처럼 화난 듯 보이지는 않았지만 긴장감이 풍겼다.

내가 예약한 호스텔은 캐나디안 백팩커 호스텔이라는 곳으로 캘거리에서 만난 친구가 대박이라고 추천해 준 곳이었다. 캘거리에서 묵었던 호스텔에 비하면 정말 좋은 곳이다. 공용욕실과 화장실을 쓰는 불편함은 여전히 있지만 그래도 훨씬 깨끗하고 개인 공간이 넓었다. 내가 묵는 호스텔은 점점 좋아졌다. 처음에 캘거리에서 21달러짜리에 묵다가 마침내 뉴욕에서는 43달러짜리에 묵었으니 숙소 형편이 좋아진 것은 당연하다.

첫 새벽의 토론토 시내 ▲
마침내 등을 대고 누울 수 있는 호스텔 ▼

캐나다와 미국의 호스텔을 다니다 보면 자주 만나는 국적의 사람들이 독일인과 프랑스인이다. 남자 여자 할 것 없이 정말 많은 젊은 청춘들이 워킹 홀리데이로 캐나다에 왔다가 배낭여행을 하곤 한다. 여행을 위해 1년 동안 접시를 닦는 등 아르바이트를 했다는 이야기는 기본이다. 그런데 의외로 젊은 한국인들은 만나기가 어려웠다. 50일간 여행을 하는 동안 한국인은 딱 두 팀을 만났는데 한 번은 여성 혼자 여행하는 경우였고 다른 한 번은 엄마와 딸이 함께 여행을 하고 있었다. 세계 도처에 가도 한국인을 볼 수 있는 현실인데, 내가 다닌 코스와 방식은 한국인들이 선호하지 않는 듯하였다.

물론 내가 묵던 호스텔을 벗어나 대학가, 극장가 혹은 코리안 타운 쪽에 가면 많은 한국 청춘들을 보게 된다. 그리고 특히 큰 도시의 스타벅스에는 많은 한국 젊은이들을 만나게 된다. 나는 그들에게 말을 걸면서 간단한 인사를 나누곤 했다. 밴쿠버에 있을 때에도 어학 학원을 다녔기 때문에 한국 학생을 많이 만나왔다. 한국 학생들은 대개 옷차림이 예쁘고 예의 바르다. 서양에서도 예의 바른 것은 굉장히 좋은 장점이다. 예의만 바르고 자기가 할 말도 못하면 그것은 부끄러움을 타는 것으로 읽히지만, 예의도 바르고 말과 행동에 자신감이 있으면 귀티 나는 것으로 평가되곤 한다.

그러나 때때로 안타까운 경우도 많이 있다. 어느 사회든 그 사회가 선호하는 젊은이상이 있기 마련이다. 아무리 서양세계가 자유로워 보이고, 영화를 보면 'f' 자로 시작하는 단어가 난무하지만, 그 사회의 평가 잣대는 의외로 엄격하다. 한국에서 온 어학연수생들이 생각하는 캐나다 사회의 청춘들은 자신의 의견을 거침없이 이야기하지만 의외로 엄격한 태도를 가지고 있다. 나는 다섯 명에 한 명꼴로 안타까운 청춘들을 만나곤 하였다. 미국 드라마의 저급한 태도를 흉내 내며, 의견이 없는 거리 영어를 배우는 경우도 있고, 아예 한국인끼리 몰려다니면서 그 틀에 안주하는 모습을 보기도 하였다. 또한 동양여성을 선호하는 밴쿠버에서 밀려드는 인기에 정신줄을 놓아버리는 여성들도 적잖이 있다.

한국의 청춘들이 어학연수를 할 때 문제는 다양한 곳에서 나오지만 가장 중요한 것은 언어에 잔뜩 주눅이 들어 있다는 점이다. 대부분의 한국 학생들은 영어에 겁부터 내고 가급적 공개적인 연습을 하지 않으려고 한다. 영어를 배우러 왔으면서 연습하는 것조차 부끄러워한다. 영어를 못하는 것이 무능하고 쪽 팔린 일이라고 생각하는 언어강박증은 우리 사회가 청춘들에게 저지른 일종의 범죄이다. 그리고 그 청춘들은 어학연수를 하러 온 캐나다에서조차 고통받고 있다. 하긴 우리 땅에서도 영어를 못하면 무시당하고, 쓰이지도 않는 영어 점수 스펙을 요구하기도 하며, 외국인이 길을 물어오면 영어를 하지 못하는 자신을 죽어라 미워하는 '영어울렁증'이 만연해 있지 않은가. 이 영어울렁증은 두 가지 근원을 가진다. 하나는 영어능통자에 대한 사회적 신화이며, 또 하나는 영어권 나라에 1~2년 살면 영어가 원활할 것이라는 환상이다. 이 모든 것을 신화와 환상이라고 썼으니, 분명 사실이 아니라는 이야기를 쓰고자 한다는 것을 독자들은 아시리라.

영어의 능통이라는 것이 어느 정도의 수준을 말하는 것일까? '능통'이라는 단어에는 목적어가 빠져 있다. 밥 사먹기에 능통인지, 여행하기에 능통인지 혹은 외국인과 공적·사적 대화를 통해 거래를 밀고 당기는 수준의 능통인지 묻지도 않고 말하지도 않는다. 외국인과 공적·사적 대화를 하는 전문직 수준을 말하고 누구에게나 이 전문직 수준의 영어가 가능하다고 생각하는 것이 바로 영어와 관련된 신화이다. 우리는 중요한 사실을 이미 알고 있다. 한국에 들어와서 사는 외국인들이 한국에서 3~4년 살았다고 해서 한국어 구사가 원활한 것도 아니며, 심지어 한국의 대학에서 공부를 하는 외국 학생들의 수학능력을 일반 한국 학생과 같은 선상에서 평가하기도 어렵다. 그것이 불가능하다는 것을 아는 사람들에게 능통의 기준은 영어 발음이라고 강조되기도 한다. 이것은 정말 웃겨서 자빠질 정도의 말이다. 그것은 어릴 적에 외국에 나가 살거나 그와 유사한 환경에 있어야 가능한데, 실상 그것의 의미는 그리 높지 않다. 한국은 김대중 대통령이나 반기문 유엔사무총장의 영어발음을 트집 잡는 유일한 나라이며, 이 꼬진 발음의 두 국제적 인물의 영어 실력은 '품위 있는 영어'로 알려져 있다. 목적하는 일을 할 수 있는 정도의 영어 구사능력, 말하고자 하는 내용과 의미를 소통할 수 있는 능력이 영어능통자의 능력이라는 말을 하고 싶다.

영어권에 살면 영어가 저절로 될 것이라는 환상에도 단단히 문제가 있다. 연수 1년으로 영어가 완성되는 것도 아니며, 약간의 의사소통이 되는 실력을 가지고 있어도 3~4년 지나면 말짱 '황'이 되는 게 언어이다. 진정한 의사소통을 위한 언어는 단지 스킬이 아니다. 언어는 생각을 담는 그릇이며, 문화적 소산 중 가장 으뜸이다. 영어 연수를 위해 현지 생활을 하면서 영어 공부를 하면 당연히 도움이 된다. 그러나 한국에 1년 살았다고 해서 한국의 문화를 익힐 수 있을까? 문화적 상징과 의미를 어느 정도나 습득할 수 있을까? 대답은 불가능하다는 것이다. 그러므로 언어를 배우고 다른 사람과 소통을 한다는 것은 언어와 시시각각으로 변하는 다른 나라의 문화적 상징까지 지속적으로 배우고 익히는 것을 의미한다. 한마디로 끝없는 레이스이기 때문에 생업과 관련되어 지속적으로 영어를 하는 환경에 있지 않는 한 불가능하다는 말이다. 명분이야 '국제 표준에 맞게 세계로 도약하기 위한 준비'라고 하지만, 실제 영어 능통이라는 것은 허황된 메아리에 불과하다는 것이 진실이다. 따라서 다양한 문화를 수용하고 배우는 태도를 가지고 최소한의 커뮤니케이션 스킬로서의 영어를 배우면 그만이다. 물론, 중요한 것은 다른 문화에 대한 수용성이지 스킬이 아니라는 것이다.

어학연수를 하는 학생들은 언어와 문화를 동시에 배울 생각을 해야 하며, 배운다는 것은 배우려는 자세를 가져야만 가능하다는 것을 명확히 알 필요가 있다. 진정으로 영어 능력이 필요하다면, 그냥 소통언어로서 배우면서 문화적 다양성에 대한 이해와 문화적 수용력을 습득하면 되는 것이다. 영어로 읽기, 쓰기가 안 되는 남미계 · 인도계 이민자들이 한국 유수대학의 어학연수생보다 소위 '국제 표준'에 맞게 타인과 소통을 잘하는 것을 보면 자명하다. 한국인들은 특유의 다른 문화에 대한 배타성, 영어울렁증이 동반되는 외국인 어지럼증으로 인해 과감하게 소통하지를 못하는 것이 가장 큰 문제이다.

이쯤에서 생각해 보자. 왜 이런 전염병을 그대로 방치하는가? 이 전염병의 전염원과 '전염경로'를 보면 우리 사회의 권력이 이 전염병을 방치하는 물론 확산시키는 것을 알 수 있다. 필요 없는 영어 능력을 요구하는 사회, 정부 그리고 이를 유포하는 교육체계. 전염원과 전염경로를 설명한 것이다. 도대체 젊은이의 열정을 이토록 포박하는 이유는 어차피 안 되는 영어능통 이데올로기를 통해 사회계급을 구분하려는 의도가 아닐까.

◀ 토론토의 독특한 택시 색상
▶ 겨울에 강한 토론토인의 의상

내가 캐나다에 있는 동안 조카가 어학연수를 왔었다. 나는 조카에게 몇 가지를 요구하였다. 일단 학원을 다니되 한국 학생들이 있는 일부 시내 학원을 피해 외곽의 학원을 소개했다. 두 번째, 한국 학생과 어울리지 말라고 하였고, 조카 역시 한국 학생이 한국말로 물어보면 영어로 대답하는 재수 없는 생활을 하였다. 세 번째, 일정 기간의 과정이 끝난 후 7월부터 10월 관광성수기에 로키산맥에 있는 밴프 근처의 알바를 추천했다. 다행히 조카는 이모의 뜻을 잘 이해하였고 과감하게 그곳 호텔에서 접시닦이와 웨이터를 거쳐 마침내 카운터 일을 했다. 조카가 4달 만에 밴쿠버로 돌아왔을 때는 내가 북미횡단 여행을 떠나기 며칠 전이었다. 영어 발음과 서양 문화를 대하는 태도에 있어서 확실한 변화가 느껴졌다. 말이나 행동에 여유가 생긴 것이다. 그러나 진정 달라진 것은 조카의 자신감이었다. 한국인이라고는 단 한 명도 없는 곳에서 기 죽지 않고 일했고, 돈도 벌었다는 결과는 그의 목을 다소 뻣뻣하게 만들 만큼 소중한 경험이고 누가 칭찬하지 않아도 스스로 자랑스러운 일이었기 때문이다. 조카는 한국 학생들이 너무 소심하고 영어가 늘기 어려운 방법으로 공부하며, 한국인 끼리만 어울리면서 다른 문화와의 소통을 두려워한다는 것을 로키를 다녀온 이후 더욱 강하게 깨달았다고 한다. 물론 조카는 지금도 영어가 잘 안 된다고 하며, 여전히 한국 사회에서 말하는 영어능통자도 아니다. 그러나 영어로 자신의 목적을 달성할 수 있으며, 다른 문화를 수용하는 태도를 배웠을 뿐이다.

우리는 영어를 못하는 점이 아니라 영어공포증을 앓는 점이 문제다. 언어는 정신을 담는 그릇이다. 우리가 영어를 모국어 수준으로 구사한다는 것은 실제로는 불가능한 것이다. 문제는 국민을 주눅 들게 하는 정책과 사회 환경이 청춘들로 하여금 일종의 외상 후 스트레스를 갖게 하는 것이다. 발랄하고 영리한 청춘을 멍청하게 만들려는 의도라면 성공한 셈이다.

토론토라는
곳

    리자이나, 위니펙, 선더베이, 수 세인트 메리를 거쳐 토론토에 오니 거의 죽을 맛이었다. 이동하는 중간에 나는 나름 씩씩하고 유쾌하게 지냈다. 잠도 잘 자고, 먹기도 잘 먹고, 다니기도 잘 다녔다. 그런데 내 몸은 그게 아니었나 보다. 토론토에 도착하니 안경이 꽉 끼고, 주먹이 쥐어지지 않았다. 몸은 피오나 공주처럼 부풀었고, 목은 오즈의 마법사에 나오는 깡통 로봇같이 뻣뻣했다. 나는 평소 눕기만 하면 3초 안에 잠이 드는 사람이라서, 잠자리 형편은 자기 전까지만 문제가 되는 집시스타일이다. 그런 탓에 몸이 저항하고 있는지 몰랐다. 몸의 활기를 만들기 위해 토론토에서는 게으른 여행자의 생활을 결정했다.

    거대한 땅과 다양한 인종, 다양한 언어가 존재하는 캐나다지만, 동서에서 캐나다의 경제적 사회적 중심 역할을 하는 곳은 토론토와 밴쿠버라는 데 이의를 다는 사람은 없다. 동서 캐나다가 매우 다르기도 하지만 뭔가 비슷한 분위기를 풍기는데, 그것이 느껴진 이유 중 하나가 이동통신회사의 이름을 딴 거대한 운동경기장 때문이다. 토론토의 로저스센터Rogers center라는 경기장을 보는 순간, 나는 밴쿠버의 로저스 아레나Rogers Arena가 생각났다. 말이 나온 김에 토론토의 로저스센터와 밴쿠버의 로저스 아레나를 이야기하련다. 일단 두 경기장은 로저스라는 이름을 가지고 있는 대규모 체육시설로서 대형 콘서트, 이벤트 등이 열리는 복합문화공간이다. 같은 점은 여기까지이다.

    밴쿠버의 로저스 아레나는 로저스 회사와 관련이 없다. 통신회사인 로저스가 경기장 이름 사용권을 산 것이다. 그러니까 카넉스Canucks라는 운동경기회사의 경기장이지만, 운영에 있어 티셔츠를 팔듯이 이름을 팔아 다양한 수입을 올리고 있는 것이다. 카넉스는 밴쿠버에 연고를 둔 아이스하키 팀의 이름이다. 카넉스라는 말은 미국에서 캐나다인을 부를 때 쓰는 말인데, 양키 같은 뉘앙스의 말이다. 북미 지역에서는 각 동네 사람들을 별명으로 부르는 것을 좋아한다. 그래서 밴쿠버는 밴쿠버라티Vancouverity라는 이름으로 불리곤 한다. 로저스 아레나는 밴쿠버 시내 남단에 위치한 랜드마크로서 밴쿠버라티들이 자기 팀이 지면 종종 폭동을 일으키는 곳이다. 순박하고 놀기 좋아하는 밴쿠버라티들이지만 이들은 하키 경기가 끝나고 시내에서 한바탕 폭동을 일으킨 전과 2범이다.

로저스 아레나의 전경(출처: 로저스아레나 홈페이지) ▶

내가 느닷없이 경기장을 비교한 것은 나의 여행 반경이 걸어서 구경하는 정도를 벗어나지 않았다는 방증이다. 그동안 신나게 돌아다녔지만, 발에 잡힌 물집은 걷기에 불편했다. 다리에서 태어나서 한 번도 만져본 적이 없는 딱딱한 물체가 잡히기 시작했다. 양쪽 종아리에 소위 알통이라는 근육이 잡힌 적은 있지만 허벅지 전체에 뭔가 딱딱한 물질이 부목처럼 둘러싼 느낌은 처음이었다. 근육을 두른 다리는 힘이 넘쳤지만, 어깨는 이를 감당하지 못하였고, 무엇보다도 나의 심정은 그냥 어디 한구석에 처박혀 쉬고 싶었다. 그래서 토론토에서는 호스텔에 박혀 있다가 잠시 나갔다 오는 소심한 탐구생활에 만족해야 했다.

토론토는 영국 중심의 경제 권력이 자리를 잡은 곳으로 캐나다 이주 초기 최대 도시였던 몬트리올과 함께 대표적인 곳이었으며, 이제는 몬트리올을 압도한 캐나다 최대의 도시이다. '봄은 밴쿠버, 가을은 토론토'라고 이야기되듯이 토론토의 가을이 무척 아름답다고 하는데, 영화 산업도 제법 발달되어 있어 토론토 영화제도 유명하다.

캐나다 최대의 도시인 토론토의 인구는 550만 명으로 1,010만 명 서울 인구의 절반 정도이다. 인구수가 많은 도시라는 것은 어떤 형태로든 삶의 질이 낮다는 얘기가 된다. 대도시의 인구는 도시 인구를 이야기하기도 하고 위성도시를 포함해서 이야기하기도 하는데, 어떤 경우이든 서울은 상하이 · 베이징 · 뭄바이 · 델리 · 자카르타 · 도쿄 등과 함께 최대 도시를 이룬다. 이들 아시아 도시를 제외하면, 런던 750만 명, 파리 217만 명, 뉴욕 810만 명이니 토론토도 큰 도시에 속한다. 그래서 캐나다 사람들은 토론토가 정말 어마어마한 곳이라고 믿는다. 사실 이런 믿음에 전혀 근거가 없는 것이 아닌 것이, 행정 기능을 오타와가 별도로 수행하고 있어 토론토는 경제 관광 기능만을 가지고 현재 규모를 유지하고 있다. 사실 캐나다의 인구가 남한의 약 70%, 남 · 북한 합친 인구의 약 47%밖에 안 되니 상대적인 어마어마함은 우리의 상상보다 매우 크다.

◀ 토론토의 로저스센터 야경과 경기장 벽면에 조각된 관객상(출처: 위키피디아)

토론토 거리를 걸으면 밴쿠버와 다른 몇 가지가 확 느껴진다. 우선, 사람들의 옷차림이 정장에 가깝다. 둘째, 인구 구성이 확연히 다르다. 밴쿠버는 동양인과 라틴계통의 인종이 정말 많다. 그러나 토론토는 흑인이 눈에 많이 띈다. 그러니까 인종적으로는 더욱 다양한 셈이다. 셋째, 대도시다운 느낌이 훨씬 더 강해 초고층 빌딩과 어둑한 뒷골목이 보다 적나라하게 대비된다. 그래서 토론토는 서울과 유사한 느낌을 준다.

토론토의 도심은 차이나타운, 패션 지역, 엔터테인먼트 지역, 비즈니스 지역, 대학 지역 등 지구별 테마에 맞추어 개성을 입고 있다. 한번은 차이나타운에 있는 비교적 저렴한 한국 식당에 앉아 감자탕을 시키면서 음식을 주문받는 사람에게 정겹게 "한국사람입니까?" 하고 물어보았다. 그렇다고 대답하는 억양에 조선족의 느낌이 났지만, 나의 두 번째 질문을 피하는 태도와 과도하게 표현되는 여성성을 보고 북한사람일 수도 있겠다 싶었다. 의외로 캐나다에는 북한 사람이 많은데, 망명을 한 사람들도 많지만 유학생도 많이 있다. 음식을 먹을 때 주방에서 들려온 그들의 소리에는 강한 북한식 억양이 있었다.

토론토라는 곳은 서로 다른 것이 함께 사는 곳이다. 서울과 다른 모습 중 하나가 홈리스들도 시민을 구성하고 있다는 점이다. 캐나다의 홈리스들은 굉장히 낙천적이고 나름의 철학을 당당히 표현한다. 홈리스들이 스타벅스 등에서 쉬는 모습을 흔히 보게 되는데 누구도 뭐라고 하지 않는다. 내 앞자리에 있는 홈리스는 졸다가 나와 눈이 마주쳤다. 내 옆에 사탕이 있는 것을 보고 하나 먹고 싶다고 했다. 10개 정도 남은 사탕을 봉지째 주었더니 모두 씹어 먹고 다시 졸기 시작했다. 캐나다의 다양성은 부자와 빈자 각각의 존재 자체에 있는 것이 아니라 공존할 수 있다는 의식에 있다.

토론토의
대학거리

토론토 시내에는 캐나다의 유명 대학인 토론토대학교가 있다. 미국의 아이비리그를 가본 적이 없어서 비교할 수는 없지만, 고풍스러운 건물들이 제법 멋진 분위기를 가진 캐나다의 명문대이다. 더구나 내가 갔을 때는 가을 단풍이 지기 시작하는 10월 하순. 벽에 그은 단풍 자국이 가을의 정취를 흩뿌리며 마음을 흔들었다. 토론토는 가을이 아름답다는 이야기가 빈말은 아닌 듯하였다. 바쁘고 쌀쌀한 토론토의 늦가을에 단풍을 만끽하니, 서울의 덕수궁 길이나 삼청동 길이 물씬 느껴졌다. 낯섦과 낯익음이 교차하는 토론토대학교는 여유와 바쁨이 교차했다.

오후 수업을 마치고 나오는 학생들이 휴식하는 모습을 바라보며 교정을 걷고 있는데, 내 눈을 사로잡는 한 장면. 어느 여학생이 자전거를 멈추고 전화통화를 하고 있는데 그녀의 앞에서 다람쥐가 한도 끝도 없이 기다리는 거다.

'인간을 사랑한 다람쥐.'

캐나다의 다람쥐는 두려움을 학습하지 못한 학습부진 쥐인 양, 사람을 두려워하지 않을 뿐 아니라 사람과 매우 가깝다. 나는 그녀와 그 청춘다람쥐를 카메라에 담고 그녀의 통화종료를 기다렸다. 마침내 통화를 마친 그녀에게 "다람쥐가 너를 좋아하는 듯해서 사진을 찍었다"라고 했다. 그녀는 유쾌하게 웃으면서 여전히 그녀를 바라보고 있는 다람쥐에게 "미안하지만 너는 안 되겠어" 했다.

▲ 토론토대학교의 가을 풍경
▼ 오랜 기다림 끝에 거절의 말을 들은 다람쥐

토론토대학교의 바로 옆에는 온타리오 주의사당이 있다. 늦가을 석양에 주의사당이 아름답게 보였다. 주의사당은 토론토 시내의 중앙대로를 바라보고 있다. 서울의 세종로 같은 이 길을 따라 걸으니 길 양쪽에 많은 병원이 있었다. 어느 건물 앞에 걸린 현수막.

'우리는 우리 시대에서 암을 정복할 것을 믿는다.'

간단한 문장이지만 왠지 참 믿음직스럽고 힘 있는 문장이다.

토론토 시내 북쪽에 위치한 토론토대학교는 대학이라는 경계가 없이 일반 다른 건물들 끝에 대학이 있다. 한국의 대학은 담장이 있어 그 대학 관련자가 아니면 들어가기가 적잖이 불편한 데 비해 서구 쪽의 대학은 도시와 함께 있어 일반인들의 출입도 상당히 용이하다. 대학이라는 장이 신분 상승의 기회라는 기본 사고로부터 출발한 입시천국 대한민국에서 대학은 인생의 첫 번째 고비이자 때로는 원죄가 되기도 하는 곳이다. 어찌어찌 대학을 간 사람들은 그렇다 쳐도 다양한 이유로 대학을 가지 못한 사람이나 원하는 대학을 가지 못한 사람들에게 대학의 담장은 각별한 느낌을 줄 것이라고 생각된다. 어떤 이에게는 대학의 담장이 엄청나게 높고 거대해보이기도 할 것이다.

어느 사회든지 대학의 담장은 실제 담장 크기와는 비교할 수 없는 상징적 크기를 가지는 듯하다. 프랑스의 사회학자 피에르 부르디외Pierre Bourdieu가 프랑스 사회의 보이지 않는 계급구조를 비판한 글들을 보면, 프랑스 사회 역시 크게 다르지 않다는 것을 알 수 있다. 부르디외는 그의 수많은 저서에서 대학사회가 가진 특권이 지배구조를 지속적으로 유지 계승하는 기제로 활용되고 있다고 비판하였다. 또한 이러한 고등교육시스템으로 인해 자유, 박애 그리고 평등이라는 프랑스의 이념을 진정으로 실현할 수 없음을 통렬하게 비판하였다. 대학이 가진 특권의 재생산구조라는 사실을 말하지 않고 비즈니스로 보더라도 대학은 엄청난 이익이 보장되는 아이템이다. 전 세계적으로 1960년대 이후 이보다 더 성공적인 수익을 담보하는 상품 항목은 없을 듯하다. 물론 교육시장이 더 이상 성장하지 않을 때 영세한 대학들이 몰락한다는 일반 시장이론이 작동하면 살벌해지기도 하지만.

대학은 이미 판매가 완료된 상품인 졸업생과의 연계를 통해 지속적인 특권을 유지하고 사회재생산의 등급을 매기는 역할을 해 왔다. 이를테면, 대학에 들어온 사람에게 그들이 평생 누릴 특권을 인증하고, 특권마다 차등적 격을 부여해 왔던 것이다. 가급적 좋은 대학에 가려는 발버둥에 그야말로 흐뭇한 미소로 답하며, 특정 대학의 신상품이 되려는 지원자들에게 높은 자격조건을 요구하고 있다.

대학의 서열은 비단 한국 사회 안에서만 특별한 것이 아니다. 사람들은 전 세계의 대학에 점수를 매겨 세계적인 명문대라는 기가 막힌 특권을 만들기도 한다. 대학의 수준을 꾸준히 평가하는 세계적인 기관들이 있다. 상하이 자오퉁 대학평가, 뉴스위크 평가, 더 타임스의 평가, 영국 QS대학평가 등이 나름의 권위를 가진다. 대학 랭킹이라는 것은 객관적 평가를 지향하면서도 일정한 경향성을 보일 수밖에 없는데, 크게는 교수들의 연구 능력, 교수-학습 환경, 학습 수요자의 현황 등이 반영된다. 이렇게 해서 하버드대학교, MIT, 예일대학교 등이 소위 명품 대학으로 완성되는 것이다. 캐나다에서는 몬트리올에 있는 맥길대학교MG와 토론토대학교UT, 브리티시컬럼비아대학교UBC 등이 바로 이 랭킹의 중상위권에 링크되어 있다. 물론 이들 대학은 세계와 인간에 대한 끊임없는 탐구를 통해 인간의 자유와 권리를 신장시켜 주는 인식과 기술의 발전에 기여해 온 것이 사실이다.

우리나라 대학들도 이 랭킹 안에 들어가려고 안간힘을 쓰고 있는데 아직까지 100위 안에 들어가는 것이 버거운 상태이다. 좋은 대학으로 인식되는 것은 바람직한 일임에 분명하지만, 이러한 노력이 대학 사회 자체와 한국 사회에 긍정적인 역할을 확대하는 데 기여하였으면 하는 바람이다. 대학의 장사를 위해 인문사회 분야를 축소하고, 경영·의대를 확대하는 상업적 전략만을 펴지 않기를 바란다. 교수 환경의 개선과 연구지원보다 오로지 건물 짓는 데 혈안이 되어 있지 않기를 바란다. 아니 장사를 해도 좋으니, 최소한의 균형은 유지했으면 좋겠다. 명품화를 통해 특권만을 확대하려는 것이 아니라, 대학 본연의 학문적 깊이와 폭을 넓혀 우리 사회에 기여하기 위해 끊임없이 정진해야 한다는 것이다.

점심 샌드위치를 파는 차량 ▲
토론토대학교 옆에 있는 온타리오 주의사당 ▼

길가에 떡 하니 나온 나이아가라폭포. 물이 밀려 내려갈 때와 떨어질 때의 느낌이 완연히 다르다.

나이아가라 폭포의
현실과 비현실

　토론토에서 5일을 머물면서 토론토 외곽의 도시들을 여행하였다. 그중 하나가 나이아가라 폭포이다. 캐나다의 자연경관은 아기자기와는 거리가 먼 장엄, 웅장, 거대한 아름다움이다. 아름다움은 곱고 섬세한 것에만 있는 것이 아니다. 천명관의 소설『고래』에는 거대한 것의 아름다움에 매료되는 여인의 다소 황당한 이야기가 나오는데, 아름다움이라는 것을 어떤 사이즈와 느낌으로 고정시켜 버리면 아름다움을 느끼는 우리의 미감이 매우 한정적으로 되거나 그 기능을 상실해 버리는 것만은 확실하다.

　아름다움을 여성의 전유물로 느끼는 감성은 최악의 촌스러움이다. 남성과 여성 손을 예로 들어보자. 적당한 살집에 피부입자가 고와 보이는 뽀얀 피부의 손을 가진 여성이 고무장갑을 끼고 걸레질을 하면 나라도 대신해 주고 싶을 것이다. 반면에 힘줄이 적당히 솟아 있는 거뭇한 손을 가진 남성이 힘을 다스릴 줄 아는 듯한 태도로 (말없이) 커피 잔을 건네줄 때 우리의 시선은 스치듯 그 손에 머물게 된다. 이런 이야기를 쓰면 내가 주변 남성을 힐끗거리고 다니는 주책없는 아줌마쯤으로 생각될지도 모르겠지만, 내 말의 요지는 아름다움은 매우 다양한 내용을 가지고 있다는 말이다.

아무튼 아름다움은 언제나 사람의 시선을 끌기 마련이다. 그리고 인간은 누구나 아름다움을 추구한다. 그런데 아름다움을 규격화·정형화시켜 버린다면 재미가 없어지고, 아름다움을 상품화해 버리면 아름다움이 지닌 내면은 증발해 버리고 만다. 그냥 보기 좋은 것과 아름답다는 것은 전혀 다른 것이기 때문이다. 일단 지속 시간과 지속 내용이 다르다. 세상에서 가장 강한 것은 세월이라고 한다. 세월 앞에 보기 좋은 것은 실상 아무것도 아니기 때문이다. 그러나 아름다움은 그 세월을 넘어 아름다울 수 있다. 그것은 내면과 외면을 아우름으로 보는 이의 눈과 마음을 움직이기 때문이다.

캐나다 자연의 아름다움은 장하도록 아름답다. 로키산맥에 대해 쓸 때 나이아가라 폭포를 언급하며, 동부와 서부에 있는 각각 세계적인 자연유산이라고 했지만, 당시 나는 나이아가라 폭포를 보지 않은 상태에서 그 명성만 듣고 썼다. 막상 나이아가라 폭포 앞에 섰을 때에는 나는 사뭇 당황하고 말았다.

나이아가라 폭포 일정은 토론토를 떠나 캐나다의 수도 오타와로 가기 전으로 배치했다. 원래 그레이하운드로 갈 예정이었으나, 몸이 좋지 않은 까닭에 토론토에서 출발하는 1일 패키지 관광을 이용하였다. 하루 60달러, 우리 돈으로 65,000원 정도로, 아무 생각 없이 따라다닐 수 있었다. 이 일일 패키지 관광은 호텔에서 연결해준 관광회사를 따라가는 것인데, 버스는 내가 묵었던 캐나디안 백패커 호스텔은 물론, 토론토 유수의 호텔 앞에서 사전 예약 한 승객을 태우고 나이아가라 폭포로 출발하였다. 우리나라와 마찬가지로 캐나다의 패키지여행도 주로 노인 분들과 가족들이 많았다. 젊은 친구들은 그냥 버스를 타고 자유롭게 돌아다닌다. 더구나 60달러라는 돈을 지불하면서 이용하기에는 부담스럽기 그지없다.

　토론토에서 나이아가라 폭포까지는 약 1시간 30분 정도 걸리며, 나이아가라 폭포를 사이에 두고 미국과 캐나다 국경이 나뉜다. 나이아가라 폭포는 북미 대륙의 소위 5대 호수 중에서 이리 호의 물이 온타리오 호 쪽으로 흘러가는 중에 생겨난 것이다. 두 호수를 연결하는 강이 나이아가라 강인데, 폭포는 이 나이아가라 강 중간에 있다.

　나이아가라 폭포에 도착했을 때 두 가지 장면이 놀라웠다. 우선, 나이아가라 폭포라는 것이 세계에서 높기로 유명한 폭포인데, 그냥 길을 따라 가다가 떡 하고 나오는 것이 아닌가. 원래 폭포가 물이 모이고 그게 위에서 아래로 떨어지려면 산의 깊이가 있어야 한다고 생각했었는데, 거의 평지나 다름없는 구릉지를 달리다 보니 그냥 폭포가 나와 버렸다. 신비주의 전략을 포기한 쿨하기 짝이 없는 폭포였다. 폭포가 산도 없고, 계곡도 없는 이런 방식으로 존재하다니. 무엇보다도 계단을 올라가지 않아도 된다니. 내가 본 폭포는 모두 우리나라 산천의 폭포라서 좁고 높은 곳에서 떨어지는 것이었다. 물론 제주 폭포는 다르긴 했지만 나이아가라 폭포를 상상할 수 있는 어떠한 정보도 제공하지는 못했다. 거대한 나이아가라 폭포는 길가에 떡 하니 있는 것이었다.

왜 이런 모양의 폭포가 만들어졌는지 아무짝에도 쓸모없는 호기심이 발동해서 찾아봤다. 내가 싫어하는 지리학에서는 이것을 케스타questa라고 하는데, 땅이 약한 층과 강한 층이 수평적으로 침식되어 있어 약한 층은 분지가 되고 강한 층은 구릉지가 되기 때문에 생겨난 지층구조라고 한다. 한마디로 말하면 이리 호수에서 강으로 뻗어 있는 곳에 하필이면 이런 지형이 있어 땅이 비현실적으로 푹 꺼져 있다는 것이다. 세월이 흐르면서 물이 떨어지는 힘에 의해 낙차는 더욱 커졌을 것이다. 나이아가라 강에서 폭포를 만나는 지점쯤에 고트 섬 Goat Island이 있는데 물줄기는 고트 섬을 휘감아 둘로 갈라진다. 그중에서 캐나다 쪽 폭포인 말굽 폭포는 높이 48m, 너비 900m이며, 미국 쪽 아메리카 폭포는 높이 51m, 너비 320m에 이른다. 그러나 90% 이상의 강물이 캐나다 쪽에서 떨어지니 관광의 정답은 캐나다 쪽이다.

두 번째 놀람은 앞의 놀람과는 상반되는 것이다. 놀랍게도 나는 폭포의 모양과 규모에 대해 이미 잘 알고 있었다는 것. 분명 여기에 처음 왔는데 이 폭포는 어디에선가 매우 많이 본 그야말로 구면. 물살의 정도, 떨어지는 세기, 심지어 폭포 뒤에 동굴이 있을 것이라는 것까지 마치 기억상실 환자가 일거에 기억을 되찾은 것처럼 또렷이 떠오르는 것이었다. 실제로 폭포 뒤에 동굴이 있는지 안내 책자를 찾아보았다. 있었다. 이제 내가 어디서 봤는지 생각해 내야 할 차례이다. 내가 전생에 아메리칸 원주민이었는지, 혹은 재미교포인 내가 한국에서 기억상실에 걸려 머물고 있었던 건지? 머릿속에 많은 그림이 스쳤다. 래프팅을 하던 배가 점점 폭포 쪽으로 밀려가는 장면. 폭포가 떨어지는 지점에서 삐져나온 나무뿌리를 잡고 살아나는 장면. 폭포 위에서 추격 받던 자가 떨어져 죽었을 것으로 추정하지만 사실은 살아 있는 장면. 폭포 뒤쪽으로 난 길을 따라 남녀가 추격자를 따돌리는 장면. 그동안 나는 미국 영화를 너무 많이 본 것이었다. 나이아가라 폭포는 내가 알던 그 어떤 폭포와 매우 흡사하여 그저 비현실적으로 느껴졌다.

감자칩을 먹으며 폭포를 구경. 매우 가까이서 들여다볼 수 있는 거리의 폭포 너머가 미국이다. ▶

이곳에 2시간 머물기로 한 일정을 마치고 차 앞에 갔을 때, 운전기사 아저씨는 차가 고장 났다는 말과 함께 이 멋진 장면을 단지 2시간 보는 것은 멍청한 일이라며 2시간을 더 보라고 했다. 누구 하나 군소리 없이 다시 폭포 쪽으로 갔다. 나는 쇼핑 시간이 나이아가라 폭포에 머무는 시간으로 할애된 상태에 만족하여 다시 폭포 앞으로 걸어갔다. 걸어서 다시 폭포 앞으로 가는데 소요되는 시간은 3분 정도. 심하게 대중친화적인 폭포이다.

이제 폭포에 말을 걸어보았다. 여전히 비현실적인 폭포는 내게 좀체 느낌을 전해주지 않았다. 폭포가 가장 잘 보이는 곳에 자리하고 커피와 과자를 먹으며 일상에서 바라보듯 하니 가히 장관이구나 싶었다. 떨어지는 물이 마치 서양의 페티코트처럼 화사한 볼륨감을 주고 있는 것이 면사포 같기도 하고, 드레스 같기도 했다. 주변 사람들을 돌아보니 백이면 백 폭포를 뒤로하고, "치즈" 하고 웃어대는 것이 영락없는 증명사진. 동서양을 막론하고 똑같다.

거대한 나이아가라 폭포 주변을 걷다 보니 수많은 호텔과 카지노가 나이아가라 폭포를 조금이라도 더 보려고 들쭉날쭉 나와 있었다. 야간 조명을 위한 장치가 있어 밤에는 또 얼마나 아름다울까 싶었다. 주변에 사과나무가 있었다. 채 익지도 않은 사과가 나무 주변에 널브러져 있었다. 마치 위로라도 해줘야 하는 것 같은 나무 옆에 앉아 함께 폭포의 소리를 들었다. 세상 소리 대부분은 아무것도 아닌 듯했다.

토론토 부자의 삶,
카사 로마

　토론토는 캐나다 경제의 중심도시이다. 캐나다 땅을 두고 프랑스와 대결했던 영국 식민 정부는 먼저 자리를 잡은 프랑스 세력을 피해 내륙 깊이 들어와 자리를 잡기 시작하였는데 그곳이 토론토였다. 일반적으로 온타리오 여행을 하는 여행객들은 온타리오 호 주변의 아름다운 도시들을 찾아가게 되어 있는데, 캐나다 전역에서 도시권을 형성하는 19개 도시 중에 6개가 토론토 주변에 포진되어 있다. 이는 이곳이 공업생산과 상업이 활발하다는 의미이며, 그만큼 부자가 많다는 뜻도 된다. 캐나다는 긴 역사를 통해 지주가 형성된 곳이 아니기에 상업과 공업을 통해 부를 축적한 사람들이 초기 권력을 형성하였다. 여기에 미국의 독립전쟁으로 인해 미국으로부터 대거 몰려온 부자 이주민들이 온타리오 주변 6개 도시에 자리를 잡았다. 인구 5만~6만 명의 도시인 런던London, 윈저Windsor 같은 도시가 그것에 해당되며, 그중에서 킹스턴Kingston은 온타리오 호에 천 개의 섬Thousand Island을 만나러 가는 여행객에게 잘 알려져 있는 도시이다.

　미국의 독립전쟁은 미국 땅에 사는 모든 사람들의 찬성 속에서 치러진 것이 아니었다. 미국에 이주한 초기 이주민 중에는 영국에 대한 충성심을 유지하고 싶은 사람들도 많았다. 이들은 독립전쟁이 시작될 즈음 미국 땅에서 캐나다 땅으로 영구 이주를 하였다. 이들이 캐나다로 대거 이주했다는 것은 미국의 부가 일거에 캐나다로 들어온 것이었다. 토론토는 영국 중심의 경제가 성장한 중심도시로 오늘날 캐나다 경제의 중추이다. 과거 토론토에는 영국 풍의 전통생활을 유지하고 싶었던 부자들이 많이 살았으며 그들의 의식과 지향은 캐나다 형성에 큰 영향을 미쳤다.

　이날 내가 가려고 마음먹은 곳은 그런 부자들의 삶을 엿보는 곳이다. 토론토의 부자 중에 헨리 펠랫Henry Pellatt이라는 사람이 있었는데, 그가 건립하고 살았던 주택 카사 로마Casa Loma는 토론토의 유명관광지 중 하나이다. 이 집은 말이 집이지 결코 집 레벨이 아니다. 정확한 명칭을 성이라고 해야 격에 맞다. 원래 초기 자본주의는 '돈 버는 자는 엄청 벌고, 굶주리는 자는 엄청 굶주리는' 잔혹성을 가지고 있다. 그래서 사회혁명에 대한 열망이 생기고, 이러한 사상과 실천이 사회주의나 공산주의라는 것이다. 따라서 사회주의나 공산주의는 자본주의의 쌍둥이라고 할 수 있다. 그러나 그 사회혁명이라는 것이 쉽지도 완전하지도 않았다. 그래서 일부 국가는 국가가 경제에 개입하고 자본주의를 통제하는 절충된 사상과 실천이 만들어졌다. 이것이 사회민주주의라는 북유럽식 사회경제 제도이다. 물론 자본주의 사회 내부에서도 다양한 복지제도가 만들어졌는데, 이것은 사회민주주의 사회제도와 달리 자본주의 사회정책의 일환이기 때문에 나라에 따라, 시대에 따라 고무줄처럼 왔다 갔다 한다. 그래서 복지제도는 언제나 감시와 투쟁이라는 고단한 과정이 필요하다.

좌우간 카사 로마는 캐나다 초기 나이아가라 폭포 수력 발전으로 돈을 번 어느 부자의 저택이다. 1911~1914년에 걸쳐 지어진 저택은 중세 유럽의 고성을 연상케 하는 붉은색의 지붕과 벽돌로 이루어져 있다. 저택은 토론토 시내의 북쪽 부촌지역에 있는데 나는 지하철 듀퐁 역에서 걸어갔다. 지역 자체가 나지막한 언덕 위에 있어 집의 이름도 카사 로마. 카사는 집이라는 의미이고, 로마는 언덕이라고 하는데, 언덕 위의 집이라는 스페인 말이다. 카사 계열의 가장 유명한 단어는 아마 하얀 집이라는 뜻의 카사블랑카Casablanca일 것이다. 모로코의 도시 이름이며, 백악관을 지칭하는 스페인어이지만, 잉그리드 버그만과 험프리 보가트가 나온 영화의 제목이기도 한다. 많은 이들에게 카사블랑카는 옛 사랑의 애절한 추억으로 상징되는 단어이다. 험프리 보가트의 무뚝뚝하지만 속 깊은 눈빛에 1950년대 전 세계의 웬만한 언니들이 죄다 쓰러졌다는 전설이 있다. 잠깐 딴소리지만, 속 깊지만 무뚝뚝한 남자는 참으로 별로다. 사랑한다면 표현하고, 고맙다면 사례는 못하더라도 말이라도 해야 한다는 것이 나의 지론. '무뚝뚝하지만 속 깊은 눈빛'은 오직 영화 속에서만 멋있다.

다시 본론으로. 내가 저택이라고 하지만 성에 가깝다는 한 이유는 방이 98개에 이르는 규모 때문이다. 우리나라에서도 민속촌 등지에서 99칸 대갓집을 보기도 했지만, 이는 99개의 방이 옆으로 펼쳐져 있어 보는 눈은 그리 놀랍지 않다. 그러나 이 저택은 98개의 방이 건물 안에 다 들어 있으니 눈이 압도를 당한다. 물론 여관방이 아닌 이상 주인의 공간과 일하는 사람의 방은 차이가 있을 것이다. 그러니까 방의 개수가 중요한 것이 아니라, 주인의 삶을 받쳐 주던 생활공간이 어떠했는지를 살피는 게 관점의 포인트.

카사 로마의 외관

1층에 있는 커다란 실내정원은 흙 밑에 난방시설까지 갖추었다.

현재 지하층에는 선물가게와 카페테리아가 있지만, 과거에 와인창고와 수영장이 있던 곳이다. 이곳에서 지하터널을 통해 길 건너편 온실로 갈 수 있다. 건물과 온실 사이에 굳이 터널을 판 이유는 토론토의 겨울이 너무 추워 지상으로 걸어서 가기 싫었기 때문이라고 한다. 캐나다 사람들은 추위 때문에 지하도로나 구름다리를 이용하는 게 하나의 생활 패턴이 되어 있는 듯하다. 70m는 될 듯한 터널을 따라 가면 온실과 자동차나 말을 탈 수 있는 곳이 나온다. 터널 안에는 이 거대한 집의 겨울을 책임질 발전기에 해당하는 난방 시설이 있지만, 워낙 추운 토론토의 겨울을 넘기기에는 역부족이었다고 한다. 이 집은 화려하고 매력적으로 설계되었음에도 함정이 있었으니 바로 창문이 이중창이 아니었던 것이다. 아무리 불을 때도 겨울은 혹독할 수밖에 없었다.

지하에서 1층으로 올라가는 계단이 있음에도, 이 집 주인이 직접 설계한 비밀 계단은 지하에서 1층 서재로 통하고, 다시 2층에 있는 침실로 통하였다고 한다. 이런 통로는 전 세계 사람들에게 익숙할 것이다. 서양의 큰 저택에는 있는 이러한 비밀 통로는 영화를 통해 충분히 알려져 있어 새로울 것도 없다. 그러나 막상 보니 신기방기. 호기심 많은 나는 문짝에 붙어 지하, 1층, 2층을 왔다 갔다 했다. 이 문 앞에서 까불면서 문을 닫았다 열었다 반복하며 얼마나 감쪽같은지를 실험하고 있는데, 나와 비슷한 정신세계를 가진 할아버지가 합세했다.

"와, 신기하다."

"넌 이게 문 같니?"

등 온갖 질문을 퍼부어대며 신나하셨다.

1층은 주인의 서재와 식당, 연회장, 실내 정원, 도서관, 응접실, 거실 등 온갖 시설들이 있었다. 구석구석 화려하고, 격조 있고, 세련된 분위기를 한껏 낸 장식들에 입을 다물지 못했다. 내게 인상 깊은 시설은 실내 정원이었는데, 실내의 한쪽 벽이 외부로 둥그렇게 밖으로 돌출된 곳에 있었다. 실내 정원은 대리석으로 되어 있으며, 대리석 밑에는 난방이 되고 있었다. 원래 식민지 침략시절, 영국의 귀족과 부자들은 열대지방에서 온갖 식물들을 본국으로 가지고 와서 관상용으로 키웠다. 이들이 열대 식물을 키우는 방법은 오직 온실. 그래서 서양 부자들에게 온실은 부의 상징이며, 고급 취향을 반영하는 것이다. 이 집 주인은 영국적 전통의 취향일 뿐 아니라, 그리스, 로마의 문화 원형역시 몹시도 사랑한 듯하다. 장식이나 조각 등에 그리스 신화의 흔적이 많이 남아 있었다. 예컨대, 서재의 벽난로를 장식한 헤라클레스상이라든가, 실내 정원의 문을 장식한 고대풍의 철제 장식이라든가. 1층 테라스를 통해 외부로 나가면 정원이 아름답게 펼쳐진다. 그런데 정원의 콘셉트가 두 가지. 집 앞에 있는 정원은 분수와 잘 다듬어진 정원수 등 프랑스풍의 정원 분위기를 풍기고, 측면으로 돌아가서 만나는 정원은 보다 자연적인 모습을 드러내는 영국식 분위기가 풍겼다. 정원 나무 이발이 잘되어 있고 기하학적으로 배치되어 있으면 프랑스풍, 이발을 자주 안 하고 구불거리는 자연성을 배치한 것을 영국풍이라고 보면 대개 맞는다.

지하에서 서재로 통하는
계단과 서재통로

모든 시설에 마치 사람이 사는 것처럼 갖추어져 있다.

2층으로 올라가니 주인의 침실과 안주인의 침실이 있었다. 일단 침실은 방만 덩그러니 있는 게 아니라 침실과 거실, 옷방, 욕실을 한 세트로 하여 부부가 각각 가지고 있었다. 주인아저씨 방과 주인아줌마 방은 정말 남녀 성구별이 확연하였다. 마치 성에 대한 과거의 고정관념을 보는 듯했다. 남자는 힘 있고, 멋있으며, 의젓한 분위기, 여자는 아름답고, 우아하며, 수줍어야 하는 분위기. 고정된 성역할은 하나의 억압이기도 하다. 다소 섬세한 남자나 약간 씩씩한 여자는 조롱의 대상이며, 차별받게 되어 있는 일종의 사회폭력인 것이다.

손님을 위한 방들이 있었다. 이 역시 세트로 되어 있어 중국풍의 방, 영국 왕실풍의 방 등 다양한 콘셉트의 방이 있었다. 중국풍의 방 역시 식민지 시대 서양 부자들에게는 하나의 트렌드였다. 당시 그리스 로마, 이집트, 중국풍의 장식이 대유행했는데, 상대적으로 생소한 중국풍의 장식을 가지고 있다는 것은 대단한 부의 상징이며 고급 취향을 나타냈다. 3층은 손님들을 위한 방과 집에서 일하는 하인과 하녀들을 위한 방이 있다고 한다. 2층을 다 둘러보았을 때 이미 3시간이 훌쩍 지났다. 토론토를 떠나야 하는 시간이 다가온 것이다.

3층을 보지 못하고 밖으로 나오니, 부슬부슬 비가 내렸다. 본격적으로 북상을 시작한 허리케인 샌디의 영향으로 토론토는 비바람이 불고 있었다. 카사로마는 1930년대 이후 최초 주인의 품을 떠나 수많은 주인을 거치다가 마침내 관광지로 개발되었다고 한다. 집주인이 애지중지하던 집을 포기한 이유는 1929년 대공황으로 가세가 기울어져 집을 압류당한 탓이라고 한다. 결국 그는 말년에 그의 차를 운전하던 기사의 집에서 살게 된다.

가동시키는 데 비용이 너무 많이 들던 이 집은 언덕 위의 집이라는 본래의 이름 대신 '언덕 위의 하얀 코끼리'라고 불리기도 했다고 한다. 그러나 이제는 토론토의 관광 명물이 되어 1900년대 토론토 부자의 삶을 엿보는 장소로 각광받고 있다. 나도 입장료 20달러, 그러니까 우리 돈으로 23,000원을 내고 들어갔으니까. 서민들 혹은 원주민의 삶을 외면하고 극도의 사치와 향락을 누린 삶, 이를 비판하면서도 그 매력에 이끌려 거금을 들이는 것이 참으로 아이러니다. 오늘날 과거의 아름다운 문화유산은 죄다 일련의 범죄적 행위의 결과이니 말이다. 카사 로마야 귀여운 정도의 사치지만, 베르사유 궁전이나 로마의 신전, 이집트의 피라미드 등은 모두 노예 노동을 착취한 결과이지 않은가 말이다. 오늘날 예산 낭비라고 말하는 대규모 공사들도 모두 후대의 아이러니를 만들고 있는 것일지도 모른다. 그러니까 신중하게 꼭 필요한 것을 하면 되는 일이다.

교도소의 추억
in 오타와

내가 토론토를 떠난 때는 비바람이 불기 시작한 때였다. 허리케인 샌디가 본 격적으로 북상하고 있던 때라 카메라를 들고 사진을 찍으려면 손이 흔들거릴 정도였다. 당시 미국에서는 2012년 대선을 앞두고 오바마와 롬니의 혈전이 치러지고 있었기에 북미 대륙은 어떤 방식으로도 치열하기만 했다. 토론토에서 오타와까지는 버스로 4시간 반가량, 그리 멀지는 않다. 그러나 해가 제법 빨리 지기 때문에 늦지 않게 도착해야 했다. 한밤중에 새로운 도시에 도착하는 것만 큼 난감한 일이 없다. 지도를 보니 버스터미널에서 숙소인 하이 오타와 호스텔 까지는 걸어서 40분 정도 소요될 것으로 보였다. 낯선 곳이기에 헤매는 것까지 감안하면 1시간을 잡아야 한다. 물론 한두 번쯤 택시를 탈 수도 있지만, 캐나다 는 택시비도 비싸거니와 팁 또한 만만치 않다. 그런 식으로 여행했다가는 금방 거덜이 날 뿐 아니라, 여행이 주는 진정한 맛을 경험하기 어렵다.

그러나 뉴욕 쪽을 강타하고 있는 비바람은 3시가 지나자마자 어둑한 밤을 만들고야 말았다. 토론토에서 오타와로 가는 길에 비는 오지 않았지만 잔뜩 흐 린 날씨 때문에 스산하기 그지없었다. 잠을 청하던 내가 눈을 번쩍 뜬 것은 차 가 휴게소에 멈추었을 때였다. 캐나다의 휴게소는 별다른 시설이 없는 그냥 카 페테리아이다. 팀 홀튼 간판을 보자마자 내려서 커피 한 잔과 베이글을 사서 요기를 했다.

내가 하이 오타와 호스텔Hi Ottawa Hostel을 예약한 이유는 호기심 때문이었다. 원래 인터내셔널 하이 호스텔 계열의 호스텔은 어느 나라에서든지 일정한 기 준 이상의 시설이다. 일단 시설이나 위치가 좋은 편이다. 오타와에 있는 이 숙 소는 교도소를 개조해서 만든 시설이다. 사진을 보니 진짜 교도소 풍경이었 다. 가만두어도 호기심이 자기증식을 하는 나에게 이 호스텔은 관심의 대상이 었다.

음산한 분위기가 물씬 풍기는 하이 오타와 호스텔

그레이하운드 터미널에서 숙소까지는 꽤 멀었다. 저녁 7시에나 오타와에 도착한 나는 저녁 시간을 가족과 보내고 일찍 잠이 드는 캐나다의 문화상 밤 산책을 하는 사람 정도만을 만날 수 있었다. 지도상의 거리와 실제 거리가 상당히 차이가 있으므로 길 묻는 것은 필수 중의 필수, 표정과 목소리 관리는 생존 열쇠. 마침내 오타와 강변에 있는 호스텔 근방에 도착했을 무렵, 길 가는 사람에게 호스텔에 대해 물었다. 그 사람은 바로 저 건물이라고 손가락으로 가리키더니, "너 아니? 거기 귀신 나오는 집이야." 그리고 낄낄 웃었다.

"물론 알지. 너 모르니? 나 귀신이야." 나도 낄낄 웃었다.

가까이 가니 과연, 뭔지 모를 음기가 와락 안기었다.

'음, 우리나라나 서양이나 교도소라는 곳은 역시 음산하군.'

그래도 입구는 제법 밝았다. 조심스레 안으로 들어가니, "아이쿠."

마침 핼러윈 시즌이라 온갖 괴기한 장식이 제대로 있었다. 숙박비를 지불하고 열쇠를 받아들었는데, 숙소 중앙문은 매일 비밀번호가 바뀌므로 아침마다 번호를 받아가라고 하였다. 교도소 분위기를 그대로 유지하고 싶었나 보다. 아마 그런 독특성 때문에 굳이 이곳에 숙박하는 사람들이 많은 듯하다. 하긴 나도 그런 사람 중의 한 사람이다. 육중한 나무문에 비밀번호를 찍고 들어갔더니 계단이 나오고, 나는 6층으로 향했다. 관광철이 지나고 더구나 주중이라서 숙소는 프런트를 보는 사람과 나만 있는 듯 몹시 조용했다. 순간 생각하지도 않은 기억이 머릿속에서 불쑥 솟았다.

1 교도소 냄새가 물씬 풍기는
숙소로 들어가는 문
2 오타와 하우스의 입구
3 내가 묵었던 6층 1호실

1980년 중반 어느 해 2월, 나는 서대문 구치소로 송치되었다. 아주 늦은 시간에 도착한 그곳은 어디가 어딘지 전혀 알 수가 없었다. 그저 사방이 조용하였고 차다고도 할 수 없을 정도의 귀기 어린 음산한 기운만이 핏줄을 타고 올라왔다. 나는 몇몇 수용자와 더불어 어느 방으로 인솔되었다. 방에 있던 어떤 여성 교도관이 불을 붙이면 금방 타버릴 것 같은 물기 제로의 건조한 말투로 옷을 벗으라고 했다.

'어디까지 벗으라는 건지……. 왜 벗으라는 건지…….'

나는 외투만 벗고 기다리는데 큰 소리로 "다 벗어" 했다.

'도대체 뭘 하는데 다 벗으라는 건지…….'

군복과 비슷한 교도관복을 입고 있는 사람이 옷을 다 벗으라고 명령하는 것은 뭔가 잘못되었다고 생각을 했지만 이미 나의 기세가 꺾여 있었다. 그래도 머뭇머뭇 망설였다. 다른 사람들은 빠른 몸짓으로 재빨리 업무를 수행하고 바르게 서 있었다. 속옷을 만지작거리고 있으니 버럭 하는 고함이 들렸다. 순간 나는 화들짝 놀라서 빛보다 빠른 속도로 마지막 속옷을 벗고 차렷 자세를 하고 말았다. 뭔가 아닌데 싶었지만 그 뭔가가 생각나지 않았다.

교도관은 수용자들 사이를 찬찬히 걸어다니며 깨알같이 몸을 훑어보았다. 그때 나는 치욕감을 느끼고 있었다. 그런데도 앞만 응시한 채 서 있었다. 교도관은 앉았다 일어서기를 반복하라고 하였다. 나는 다시 의아하게 주변을 돌아보았다. 어정쩡한 내가 답답한지 옆에 있던 사람이 조그맣게 속삭였다.

"안에 감추어진 것이 있는지 보려고……."

나는 안이라는 의미와 감추어진 것이라는 의미에 대해 의아한 눈빛을 보냈다.

"마약이나 담배."

어디서 들은 유언비어인지 그녀는 내게 그렇게 일러주었다. 그러나 그때 나는 뭔가 복종할 거리라도 생긴 듯 도리어 반가움이 밀려 왔다.

'아 여성의 질에 그걸 감추었나 보군' 하고 나는 앉았다 일어서기를 무한 반복하였다.

'그런 거 구치소에 가지고 들어오면 안 되지…… 그래서 이런 거 시키는구나! …… 그런데 그걸 어떻게 가져오나……. 비닐에 넣어서 가져오나? 아플 텐데…….'

내 나이 불과 스물둘이었다.

그들은 얇은 죄수복을 던져주었다. 그저 웃옷과 바지가 있는 마치 중국 인민복 스타일의 옷이었다. 나일론 소재의 옷인지 몸에 닿는 순간 머리끝까지 찬기가 올라왔다. 그래도 몸을 가릴 수 있다는 기쁨에 냉큼 입고 따라오라는 곳으로 걸어갔다. 참 길기도 긴 감방. 걸을 때마다 찬 옷은 몸을 스치듯 때리듯 하였다. 몸을 웅크리고 가급적 옷이 몸에 닿지 않게 찬기를 모면해 보려고 했지만 그러기에 구치소의 복도는 너무도 길고 긴 길이었다. 구치소는 복식으로 되어 있어 방 번호가 1호부터 15호까지 있고 다시 맞은편에 16호부터 30호까지 되돌아 번호가 매겨져 있었다. 내 방은 제일 끝 방, 15호실이었다.

모두들 잠든 밤, 방 안에 우두커니 앉아 방금 전에 있었던 일에 대해 생각해 보았다. 나는 구치소에 있었다. 안중근 의사처럼 당당하게 맞서리라 했지만 당당하기는커녕 발가벗겨진 채 뭔지 모를 감정을 가지고 방 안에 앉아 있던 것이다. 내 감정을 찬찬히 살펴보았다. 공포, 당황, 치욕감……. 그때 생각이 났다. 뭔가 잘못되었던 것, 도무지 생각나지 않았던 그것 말이다. 인권. 나는 나도 모르게 인권을 도둑질당하고, 수용자다운 태도를 훈련받고 방에 들어온 것이었다. 민주주의는 얻을 때 피를 흘릴 정도로 힘들지만, 잃을 때 도둑질당하듯 감쪽같이 놓치고 마는 것이다. 그 후로 나는 구치소 안에서 나의 위치를 어떻게 자리 매김할까를 고민하고 내 신념이 가리키는 대로 행동했다.

내가 구치소에 들어가게 된 이유를 설명해야 할 차례이다. 나는 전두환 씨가 대통령으로 있을 때 사람들이 많은 곳에서 직선제 개헌을 주장하다가 구치소로 가게 되었다. 1987년 대통령 직선제가 쟁취되던 때의 일이었다. 6층 1호실 1호 침대. 여행 중에 만난 감옥이었지만 마음이 무거웠다. 그날은 오랫동안 잠이 오지 않았다.

캐나다의 수도
오타와에서 그를 만나다

교도소 호스텔은 아침이 무료였다. 그 얼마나 고마운 일인가. 그러나 식사를 하는 나의 태도는 거의 엉망이었다. 얌전히 식사하기가 힘들었다. 토론토를 떠나는 날, 터미널 근처 스타벅스에서 컴퓨터 작업을 했는데, 제법 쌀쌀한 가을임에도 쥐벼룩 같은 것에 물린 모양이었다. 전신 80군데 정도가 벌레에 물려 굳이 말하자면 3도 충蟲상을 입었다고나 할까? 범죄 행적이 시간차별로 그대로 드러나는 것을 보면 맘 놓고 물어뜯은 벌레의 만행을 확인할 수 있었다. 나는 가려움을 참아가며, 때로는 피맺히게 할퀴면서 10여 일을 지내야 했다. 오타와에서는 가려움이 극에 달해 길을 걷다가 구석진 곳으로 들어가 숙달된 솜씨로 온몸을 긁기를 하루에도 수십 번. 아무튼 캐나다 모기는 찌질한 반면, 쥐벼룩은 정말 무섭다.

아침을 먹고 오타와 강변을 걷기로 하였다. 오타와는 몬트리올과 토론토의 중간쯤에 있다. 토론토에서 출발해 오타와를 거쳐 몬트리올로 가는데, 눈앞의 풍경은 영국풍에서 프랑스풍으로 바뀌어 있다. 캐나다가 영국 식민지에서 자치정부를 수립하던 1867년, 수도를 정하기 위한 논의가 있었다. 논의 초기, 과거 수도였던 퀘벡시티, 경제의 중심지 몬트리올, 영국계가 새로 건설한 토론토, 한때 임시수도였던 킹스턴이 물망에 올랐다. 그러나 불과 4년 전 프랑스계와 전쟁을 치르면서 통합 캐나다를 구성한 입장에서 사회통합에 맞는 지역을 골라야만 했다. 대놓고 영국 편향의 지역을 고를 수 없었던 정부는 딱 중간쯤에 위치한 작은 도시 오타와를 선택했다. 오타와는 행정중심의 도시이다.

강변을 따라 캐나다 연방정부 건물들이 줄줄이 있는 오타와는 아름다운 강변의 풍경과 고풍스러운 건물들이 어우러져 매우 낭만이 넘치는 곳이었다. 호스텔을 나와 오타와 강의 지류를 건너니 쇼핑몰이 나오고 오타와의 행정 중심지가 나왔다. 먼저 나는 국립예술회관 앞으로 갔다. 콘크리트 재질이 그대로 보이는 현대식 건물은 위용보다는 실용에 신경을 쓴 듯하였고, 화요일 오전이라 썰렁하기만 했다. 주변을 뺑그르르 돌면서 광고판도 보고, 조명장치도 보고……. 나는 과거 지역의 문화 공간 책임자로 일했던 습관이 있어 언제나 프로그램은 물론 하드웨어 관리를 살피게 된다. 오타와 인구가 77만 명에 불과한데 비해 규모가 매우 큰 것으로 봐서 아마도 국립아트센터의 위상을 염두에 둔 듯하였다.

다시 발걸음을 돌려 연방의회 건물 쪽으로 걸어갔다. 멀리서 보이는 연방의회 건물이 시원한 하늘을 배경으로 아름답게 펼쳐졌다. 그러나 연방의회 의사당 앞에 가보니 역시나! 캐나다는 정말 도로 공사가 많은 곳이다. 우리나라 같으면 가급적 밤에 하고 차량이든 보행자든 통행에 지장 없도록 조치를 할 것 같은데, 전혀! 아침 8시에 시작해서 4시에 딱 끝낸다. 노동자 권리가 워낙 강한 곳이라 초과근무, 야간근무의 부담이 있는 게 분명하다. 그래서 자연히 공사기간도 길고, 사람이 많을 때 같이 붐비기 마련이다. 오타와도 다르지 않았다.

말이 나온 김에 하는 소리인데 캐나다의 공공서비스는 우리나라와 분위기가 약간 다르다. 우리나라는 다양한 방식의 민원제도가 있어 공공서비스의 질이 대단히 높아졌고, 일부 남아있는 몰지각한 공무원도 발각이 되면 전국의 화제로 떠오르곤 한다. 최소한 고위층은 몰라도 민원 서비스는 상당한 수준이다. 그러나 캐나다는 도리어 반대이다. 공공을 위해 시민들이 양보한다는 분위기가 더 많은 듯하다. 웬만하면 다 참는다. 한 달이 넘도록 북미를 돌아다니면서 시간에 딱 맞추어 도착하는 버스를 본 적이 없지만 단 한 명의 항의자도 보지 못했다. 물론 공무원들도 입에 침도 바르지 않고 귀에 듣기 좋게 사죄를 하면서도 결코 민원인을 위해 서두르지 않는다. 심지어 보채는 사람이 있으면 별로 바빠 보이지도 않는데도 "내가 엄청 바쁘거든" 한다. 캐나다인들은 각종 업무에서 매뉴얼 이상의 서비스를 기대하지도 않으며, 공무원의 업무 방식을 공공의 질서 정도로 인식한다. 설사 재수 없게 느려터진 공무원을 만났더라도 그의 업무는 민원인의 권리만큼 보장되어 있다.

연방의회 건물과
그 앞을 가득 메운 관광객과
시위자

그래서 한국에 영어 교사로 왔던 캐나다인들이 한국이 좁고 복잡하다고 불평을 하다가도 서비스 이야기가 나오면 그립다고 난리법석을 떨곤 한다. 하지만 민간서비스는 캐나다가 더 죽여준다. 일반 카페나 가게에서는 방긋방긋 웃으면서 서비스를 해야 팁이 나오기 때문이다. 일반적으로 10%의 개념이지만 돈 많고 배포 큰 중국인을 만나면 팁을 엄청 주므로, 한중일이 같은 얼굴이라고 생각하는 그들은 엄청 친절하게 대한다. 그런 의미에서 보면 한국에서는 돈과 상관없이도 서비스 개념이 다른 개념과 불균등하리만치 앞서 나가버린 듯하다. 나는 이것이 1987년 민주화 이후의 권리의식의 신장과 관련이 있다고 생각하고 있다.

이제 길을 꺾어 오타와 강을 건넜다. 아름다운 오타와 강은 운하를 통해 대서양에서 퀘벡, 몬트리올, 토론토까지 이어지는 세인트 로렌스Saint Lawrence 강과 연결되어 있다. 워낙 넓은 땅 덩어리인 캐나다는 운하가 여간 실용적이지 않다. 강을 건너면서 아름다운 단풍이 펼쳐진 작은 섬을 유유히 산책하듯 걸었다. 행정수도 오타와지만, 생각보다 낭만적이었다. 걷기 시작한 지 2시간이 훌쩍 지났을 때 눈앞에 거대한 건물이 물결쳐 펼쳐지는 것을 보고 캐나다문명 박물관이라는 것을 직감했다. 박물관 내부로 들어가지는 않았지만, 밖에서도 훌륭한 감상을 할 수 있었다. 건물은 직선을 사용하지 않고 오직 곡선만을 이용하여 만들어졌다고 한다. 기둥이나 각층의 난간 그리고 계단까지 모두 원만한 곡선으로 운동감을 주고 있어 딱딱한 시멘트일 거라는 생각이 전혀 들지 않았다. 널찍한 도로와 깨끗한 환경, 제각각 아름다운 건물이 오타와 강변과 어우러지는 캐나다의 수도 오타와는 아름다운 의외의 주홍색으로 내 머릿속에 기억될 듯하다.

아름다운 오타와 강변 ▲
캐나다문명박물관의 독특한 곡선 ▼

오타와 강변의 어느 교회 앞에 있던 예수상

그러나 사실 오타와에 대한 짙은 기억은 다른 데 있다. 그분을 만난 것은 연방 대법원 건물의 맞은편에 있는 어느 교회 앞이었다. 대법원을 보고 돌아서는 순간, 길 건너편에 눈에 들어온 교회 건물. 나는 캐나다 식으로 길을 건넜다. 신호등에 누를 끼치지 않고 스스로 신호체계를 만들어 실행했다는 의미이다. 작고 평범한 교회 앞을 지나치려는 순간, 길거리에 누군가가 앉아 있었다. 지나가는 사람도 별로 없는 곳에 홈리스가 있다고 생각하는 순간, 조각임을 알게 되었다. 교회 앞의 홈리스 조각. 교회의 계단을 오르내리면서 가난한 이웃을 생각하라는 의미로 여겨졌다. 그런데 순간, 나는 그 자리에 굳어 버렸다. 1, 2, 3, 4, 5초. 마침내 숨을 내쉬었다. 예수님이었다. 나는 기독교인이 아니다. 그러나 세상 모든 사람이 그렇듯 기독교적 사고에 기반을 둔 근대 인권과 평등사상의 혜택을 보고 있는 사람으로서 예수님이 홈리스로 앉아 있으신 것이 심히 송구스러웠다. 마치 예수님과 얼음땡 게임이라도 하듯, 그 자리에 굳어져 섰다.

우리는 간혹 가난한 사람을 도울 때 뭔가 석연치 않아 한다. 열심히 일하지 않는다는 둥, 성실하지 않다는 둥, 남한테 의존한다는 둥, 마치 부자는 열심히 일하고 성실하며 용감하게 자기 삶을 헤쳐나간 듯이. 가난한 사람들을 도와주면 그들이 도덕적으로 해이해질 것이라고 걱정한다. 그러나 예수님이 떡 하니 앉아 계시니, 모든 논리가 무너졌다. 예수님 버릇 나빠지는 것까지 걱정할 수는 없으니 말이다. 그런데 정작 예수님 자신은 자선을 베풀지 않는 부자를 걱정했다. 그들이 구원받을 가능성을 낙타가 바늘구멍을 통과하는 것 정도로 걱정하셨으니 뭔가 논리가 뒤집어진 듯하다.

퀘 벡 에 서
만   난
프 랑 스

이제,
몬트리올

　오타와에서 몬트리올Montreal로 떠날 때 다시 한 번 찾은 그레이하운드 버스터미널. 오타와에 도착했을 때는 어두운 밤이기도 했고 워낙 지도를 달달 외운 탓에 정한 길 외에는 관심을 갖지 않았다. 그러나 다시 터미널을 와서 보고 황당하였다. 그레이하운드 버스터미널이라면 자전거 주차장 수준은 아닐진대, 눈에 띄는 안내가 전혀 없는 것이었다. 다른 나라는 어떤지 모르겠지만, 캐나다의 길 안내는 정말 불친절하다. 한국에서는 고속도로를 달리다 보면 사전 공지를 필요 이상으로 잘해줘서 마음속 스토리텔링까지 이끌어내게 한다. 물론 한국도로공사의 마케팅전략이지만, 우리나라에서 길 안내는 대개 매우 친절하다. 5km부터 단계별로 알려주니 말이다.

　그러나 밴쿠버 고속도로를 달리다 보면 500m 앞에서 느닷없이 표지판이 나온다. 그래서 나는 언제나 나가야 하는 출구의 다음 출구를 이용할 수밖에 없었다. 땅이 좁기라도 하면 어찌어찌 할 텐데, 다음 출구는 이미 멀고 먼 거리다. 온타리오는 좀 더 친절하지만, 한국에 비하면 어림없다. 그러나 이를 가지고 '한국이 더 좋아' 식의 생각을 하면 다양성을 수용하는 능력이 그리 높지 않은 사람이다. 캐나다사회는 이런 데 돈 쓰는 것을 좋아하지 않는다. 좀 과장해서 말하면 캐나다 전역에 있는 간판은 한국 전국에 있는 간판의 십분의 일도 안 될 것이다. 그나마 그 정도라도 확보한 것은 안전 관련 표지판이 워낙 많기 때문.

　이것을 한국식으로 생각하면 우열을 가리게 되고, 캐나다 식으로 생각하면 왜 다른지를 이해하게 된다. 캐나다는 다른 것이

간판에 관한 한 불친절한 오타와 터미널

너무나 당연한 사회라서 어느 누군가가 어떤 정치인을 지지한다고 해서 내가 열받을 필요가 없다. 같은 것은 비정상이거나 나치즘이라고 생각한다. 더구나 자기의 생각대로 밀고 나가는 것이 보장되어 있어, 나의 다양성을 드러냄에도 사회적 지위나 활동의 안녕에는 아무 문제가 없다.

오타와 그레이하운드 터미널에서 안내판 타박을 하던 나의 눈에 들어온 새로운 그림이 하나 있었다. 바로 쿠바 여행광고판이다. 캐나다는 쿠바 여행의 최적지다. 미국에서는 쿠바에 들어가지 못해도 캐나다는 쿠바행 직항을 가지고 있다. 캐나다 친구들이 쿠바의 권력자 카스트로가 죽으면 어떻게 될지 모르니까 지금 쿠바 여행을 하는 게 좋을 거라고 충고한 적이 있었다. 미국에 경제적으로 심하게 종속되어 있지만 다른 나라와 선린우호관계를 유지하려는 캐나다는 때때로 미국에 미움을 사기도 한다. 세계를 편 가르는 일이 캐나다의 사고방식에서는 불편한 일이 아닐 수 없다. 그래서 미국 바로 코앞에서 미국이 경제제재 조치를 취하고 있는 쿠바나 북한과 떡 하니, 그것도 다른 나라보다 앞서 수교를 하는 등 눈치 없는 짓을 수없이 하고는 멀뚱거리면서 '뭐가 잘못되었어?' 하는 식이다. 이는 사실 캐나다의 의도적인 국제사회 노선이다. 앞서 언급했던 캐나다의 전 수상 피어슨은 1960년대 국제연합 사무총장을 역임하면서 평화유지군을 만든 공로로 노벨평화상을 받았다. 그는 캐나다가 국제사회에서 평화유지자peace keeper의 역할을 하도록 설계하였고, 이것이 현재까지 캐나다가 고수하는 외교노선이다. 그리 머지않은 장래에 토론토 공항에서 쿠바행 비행기에 오르리라.

쿠바 관광 안내판 ▶

AUTÉNTICA
Cuba
AUTENTICACUBA.COM

PAST AND PRESENT
GET ALONG BEAUTIFULLY

f | ★ Cuba

astral

378

아무튼 오타와와 안녕을 고하고 몬트리올로 향하면서 마음을 다져 먹었다. 퀘벡 주를 가면 여태까지와는 사뭇 다를 것이라는 이야기를 들어왔기 때문이다. 일단, 그레이하운드는 몬트리올까지만 들어가고 퀘벡 주의 어디로도 다니지 않는단다. 여행 책자에서는 퀘벡 주에 도착하면 오를레앙 익스프레스Orléans express라는 버스로 다녀야 하므로 그레이하운드 버스 패스를 보여주고 필요한 만큼의 버스 티켓을 받으라고 되어 있었다. 몬트리올 터미널은 두 버스회사가 다 있는 곳이므로 그곳에서 일을 처리하리라 마음먹었다. 게다가 나는 여행의 진로를 몬트리올에서 정하기로 하였다. 나는 몬트리올과 퀘벡시티를 보고 대서양 4개 주를 빠르게 본 후 몬트리올까지 다시 와서 뉴욕으로 가는 방법과, 대서양 4개주를 포기하고 몬트리올과 퀘벡 주를 음미한 후 몬트리올에서 뉴욕으로 가는 두 개의 안을 들고 있었다. 몬트리올로 결국 돌아와야 하는 이유는 그레이하운드가 오로지 몬트리올까지만 다니기 때문이다. 어떻게 하든 11월 9일 전까지는 뉴욕에 가야 한다. 나의 패스 기한이 11월 8일이라서 그전에 가야 돈을 더 내지 않기 때문이다.

그러나 몬트리올에 도착하자마자 모든 것이 결정되었다. 비용의 문제가 그 첫 번째 터미널에서는 그레이하운드 버스 패스로 오를레앙 익스프레스 티켓을 받을 수가 없다고 했다. 별도로 티켓을 사야 한다는 것. 책에 그런 정보가 나와 있다고 하니까 '정말 내가 이런 이야기를 또 해야 하다니' 하는 표정으로 "너 그 책 3년 전 책이지?" 하였다. 내가 캐나다에 2년을 넘게 있었으니 3년쯤 된 책이 맞을 것이다. 직원은 3년 전에 그 제도가 없어졌단다.

그레이하운드는 캐나다 전역을 다니지 못한다. 퀘벡 주와 퀘벡 주 동쪽에 있는 대서양 4개 주, 즉 뉴브런즈윅, 노바스코샤, 프린스 에드워드, 그리고 뉴펀들랜드 래브라도에는 그레이하운드가 다니지 않는다. 그래서 퀘벡 주에서는 무료 티켓을 교환하고, 그것이 불가능한 독자지역 대서양 4개 주는 상황을 봐서 갈지 말지를 결정하려던 참이었다. 교환 제도가 없어졌으니 퀘벡 여행과 대서양 4개 주 여행 모두 별도의 돈을 들여야 하는 상황. 쫀쫀하게 그 정도의 교통비를 가지고 뭘 그러냐고 하겠지만, 캐나다 교통비는 정말 비싸다. 몬트리올에서 퀘벡시티까지 3시간 반 정도 걸리는 왕복기차가 우리 돈으로 근 10만 원 정도 드는 수준이니 매사에 신중해야 한다. 언제나 그렇듯 '이번 한 번만 하리라' 맘먹고 넘어가면 갑자기 지름신이 마귀 붙듯이 달라붙어 며칠이 지나면 어느덧 후회막급이 되기 일쑤다.

두 번째는 일정 문제였다. 세상 없어도 8일에 뉴욕으로 출발해야만 하는데 약 9일 동안 몬트리올, 퀘벡시티, 대서양 4개 주를 보기란 쉽지가 않다. 그레이하운드로 밤에 움직이고 낮에 구경하는 코스를 만들 수도 없고, 주마다 각각의 버스를 타야 하므로 시간을 맞추기가 쉽지 않아 주마간산 여행이 되고 말 것이다. 나에게 음미할 수 없는 여행은 '여행이 아니므니다'. 차라리 몬트리올과 퀘벡시티를 제대로 음미하자고 결론을 내렸고, 결국 대서양 4개 주 안에 있는 빨강머리 앤의 고향은 포기할 수밖에 없었다.

이렇게 5일을 머물게 된 몬트리올은 캐나다 여행 중 최고였다. 몬트리올의 숙소는 지금껏 이용했던 숙소 중에서 가장 편했다. 하지만 그곳을 찾는 것은 장난이 아니었다. 이미 길을 외웠지만, 프랑스어라서 입으로 되뇌기가 어려우니 영 외워지지가 않았으며, 내 프랑스어 발음을 알아듣는 사람 또한 아무도 없었다. 한참을 헤매다 도착한 숙소. 앞에 버티고 서있는 남성들은 모양새가 건달과도 같았지만, 그저 담배 피우러 나온 순진한 남성들이었다. 캐나다에서 담배에 관한 한 가장 관대한 곳이 몬트리올이지만, 여기서도 별수 없이 밖에 나와서 피워야 한다. 건달 같은 남자들이 지키고 있는 정문을 지나 들어가니 완전히 귀신의 집이었다. 핼러윈 전날이라 로비에는 핼러윈 장식이 주렁주렁. 그러나 이미 나는 숙소를 보는 눈이 생겼다. 시설도 매우 깨끗하고 좋을 뿐 아니라 뭔가 안락한 느낌을 주었다. 사 먹지는 않았지만 식당과 바bar가 함께 있어 술 냄새를 맡을 수도 있었다. 내가 신청한 4인실은 완전 쾌적, 깨끗했다. 더욱이 이곳에 머무는 5일 동안 단 하루만 다른 사람과 같이 밤을 보냈고, 4일을 홀로 지냈다. 완전 운수대통. 집시생활이 익숙해진 나는 이때부터 본격적으

로 음식을 만들어 먹기 시작했다. 그전에는 빵에 뭔가를 발라 그냥 커피와 함께 먹는 정도였는데, 이제 조리도 하기 시작한 것이다.

　보통 외국에서 국적을 물을 때 처음부터 일본인, 중국인 그다음 한국인이냐고 묻는 것이 일반적이다. 그러나 이상하게 몬트리올에서는 다양한 국적이 튀어나와 필리핀, 베트남 등 남방계로 보기도 했다. 아마 내가 여행 중에 살이 빠져 눈이 더 커보였나 보다. 한국인임을 안 외국인과 첫 대화를 할 때 많이 나오는 이슈 중 열의 아홉은 한국 회사들 혹은 북한이다. 많은 사람들이 삼성이나 현대기아에 대해 잘 알고 있었으며, 일정한 호감을 드러내기도 하였다. 그러나 북한 문제를 이야기할 때는 딱 두 가지 반응이었다. 하나는 북한은 괴물집단이라는 말하면서 남한을 동정하는 것인데, 두 나라가 통일하려고 것은 무모하지 않은가 하는 질문을 한다. 내가 '우리는 5000년 동안 같은 나라로 있었고, 60년 동안 미국과 구소련에 의해 분단된 채 지금과 같은 형태로 남아 있다'고 말해 주면, 급 통일지지자로 바뀐다. 또 다른 하나의 질문은 북한의 태도에 남한이 제대로 대처하는가에 대한 것이다. 내가 북한정권의 문제를 이야기하고, 인도주의적 지원에 관해 국내에서 벌어지는 논쟁에 대해 소개하면 대체로 남한 사회가 갖는 고민에 대해 크게 공감을 해준다. 나는 여행을 하면서 이런 질문에 대한 답을 십여 차례 이상 하였는데, 세계가 한반도 문제에 대해 매우 잘 알고 있다는 점에 놀랍기도 하고, 다른 한국 사람들은 어떻게 대처하는지 참으로 궁금해졌다. 어쩌면 이런 문제에 대해 우리는 진지한 토론의 기회를 갖지 못한 채, 논의 전개 이전부터 종북 혹은 꼴통으로 몰아붙이고 있지는 않은지 곰곰이 생각해 볼 일이다.

◀ 몬트리올에서 묵었던 숙소 내부의 쾌적했던 4인실

몬트리올
친구

나는 몬트리올에서 정말 좋은 친구를 만났다. 그를 처음 만난 날은 몬트리올에 도착해서 숙소를 찾고 있을 때였다. 그는 커다란 배낭을 짊어지고 지도를 하염없이 보고 있는 내게 유창한 영어로 길을 찾느냐고 물었다.

"아! 영어다."

산책 중이었던 그는 내가 숙소를 찾도록 도와주었고, 약 10분 정도 같이 길을 걸었다. 그리고 혹시 필요한 일이 있으면 언제든지 연락하라고 하면서 자신의 사무실 전화번호와 집 전화번호를 적어주었다. 사실 이런 경우 나는 쪽지를 받는 척하고 돌아서면 버리고 만다. 그러나 그는 아주 점잖은 얼굴로 진중하게 말을 하였고, 10여 분 대화를 하는 과정에서도 그 격조를 느낄 수가 있었다. 그는 자신이 변호사라고 하였는데, 캐나다에 대한 관심을 표하는 나를 재미있어 했다.

다음 날 나는 그의 사무실에 전화를 하였다. 그러나 프랑스어가 튀어나와 그냥 끊어 버렸다. 오후쯤에 다시 전화를 하였다. 프랑스어로 응대를 했지만 내가 영어로 인사하자 그는 곧장 영어로 대꾸를 하며 아주 반갑게 전화를 받았다. 그는 다음 날 식사를 하자고 하였다.

"점심이 좋으니, 저녁에 좋으니?"

"점심이 좋겠어요."

"좋아요. 저녁은 서로 불편할 수 있겠네요."

다음 날 점심 때 퀸 엘리자베스 호텔 로비에서 만난 그는 몬트리올 사람들이 주로 가는 식당에 가자고 하였다. 몬트리올 사람만 가기 때문에 식당의 간판도 작고 잘 알려져 있지 않은 곳이라는데, 어디 이상한 데로 끌고 가는 게 아닌지 내심 초조했다. 하지만 그는 아주 사려 깊게 내가 묵었던 숙소의 상태, 식사의 질 등을 물어보며 몬트리올에 대한 기본 지식을 알려주려고 무진 애를 쓰고 있

식당가는 길:
반라의 시위를 하는 맥길대학교(좌)와 간판이 없는 가게(우)를 지나며

었다. 우리는 몬트리올의 신시가지 쪽 맥길대학교 앞을 지나가며 작년에 있었 던 몬트리올 학생 시위에 대해 이야기했다. 마침 맥길대학교 학생 몇 명이 교 문 앞에서 반라 시위를 하고 있었다. 그는 작년의 시위는 전략적으로 틀렸다는 의견을 말하였다. 등록금 인하를 목적으로 한 시위였는데, 실제 캐나다의 등록 금은 미국에 비해 싼 편이라는 것. 외국인 학생에게는 옴팡 뒤집어씌우는 살인 적인 수준이지만 정작 자국민에게는 그리 높은 액수가 아니다. 어쨌든 그리 큰 성과 없이 끝났지만, 시위의 규모는 대단했다. 우리는 퀘벡대학교 근처까지 걸 어갔다. 보통 몬트리올에서 맥길대학교는 영국계 대학, 퀘벡대학교는 프랑스 계 대학으로 알려져 있는데, 내가 맥길을 명문대로 알고 있다고 하니 그리 달 가워하는 얼굴이 아니었다. 나중에 보니 퀘벡대학교 출신이었다.

　우리는 프랑스어로 쓰여 있는 길을 따라 걷다가 마침내 식당 앞에 도착했다. 간판이 작다고 해서 함바집 같은 곳인 줄 알았더니 아주 멀쩡한 식당이었다. 그 식당의 단골인 듯한 그는 전망이 좋은 자리를 부탁하였고, 잠시 기다린 후 에 자리 안내를 받았다. 여름에는 전망이 아주 좋은데 지금은 별로라고 일러주던 그 자리는, 그래도 돌출된 둥근 창 옆에 위치한 나름 좋은 좌석이었다. 메뉴판에서 맛보고 싶은 요리를 고르니 그는 요리에 대해 설명해주며 맛이 나쁘지 않을 것이라고 하였다. 빵과 애피타이저가 나오는 동안 와인도 한잔 하면서 여러 이야기를 나누었다. 이 글을 읽는 분들이 나의 영어 실력에 대해 오해하실 것 같아 한마디. 나는 영어를 나이 들어 배웠을 뿐 아니라, 발음도 매우 후지다. 그러나 대화는 영어만 잘한다고 되는 것이 아니라 바로 그 영어로 뭘 말할 것인가가 중요하다. 한마디로 스킬이 아니라 콘텐츠라는 것. 따라서 영어가 안 되더라도 캐나다에 대해 공부를 한 나는 그와의 대화가 어색하지 않았다. 생각해 보자. 외국인이 한글의 창제과정이나 일제의 강점과정에 대해 소상히 이야기를 하고 있으면 그것과 관련되어 10가지 이상 질문할 거리가 생기고, 그로 인해 2시간 대화는 문제가 없지 않은가 말이다.

드디어 나온 것은 송아지 요리. 프랑스식의 깊은 맛이 나는 치즈 소스와 담백하고 부드러운 고기 육질, 그리고 고소한 치즈 향이 나는 리조토도 있었다. 나는 다소 긴장이 풀리기 시작하면서 본격적으로 프랑스계 캐나다인이 느끼는 캐나다 다문화주의에 대한 궁금증을 풀어가기 시작하였다. 점심식사를 마치고 그는 이 식당이 운영하는 빵집을 구경하자고 하였다. 그는 내가 몬트리올의 진짜 크루아상을 먹어봐야 한다고 주장하면서 강제로 사주었는데, 정말 행복한 강요였다. 저녁에 숙소에 와서 먹어보니 진정 환상의 크루아상.

혹시 허망한(?) 상상을 하시는 분들을 위해 나의 몬트리올 친구의 사진을 공개한다. 만약 여행지에서 멋진 남자를 만나는 영화 〈비포 선라이즈Before Sunrise〉의 에단 호크를 상상했다면 실망이겠지만, 나도 줄리 델피는 아니다. 친구의 이름은 피에르Pierre였다.

제법 근사했던 점심 식사 ▲
몬트리올의 좋은 친구 피에르 할아버지 ▶

그와 즐거운 점심식사를 하고 왔던 길을 되돌아 걸었다. 그의 말처럼 간판이 없는 가게도 많이 있었다. 그는 같은 길을 가지 말고 다른 길로 걷자고 하였다. 아직 몬트리올 지도를 다 익히지 못한 나에게는 그 길이 그 길. 우리는 길을 걸으면서 여러 가지 이야기를 하였다. 그가 관심 있는 것은 캐나다에 대한 나의 흥미였다. 나중에 그가 결론처럼 내린 것은 캐나다 정부가 나에게 돈을 주어야 할 것 같다는 것이다. 그는 내가 캐나다 사회와 문화 그리고 사회이슈에 대해 진지하게 접근하고 한국 사회에 알리고 싶어 하는 점을 가상하게 여겼다. 나는 그로부터 몬트리올의 여러 정보를 얻고 싶었고, 무엇보다도 프랑코 캐나다인의 정서를 좀 더 자세히 알고 싶었다.

그러나 그런 이야기만 한 것이 아니다. 몬트리올 아트센터를 지나면서 몬트리올 재즈 페스티벌에 대한 이야기를 하고, 몬트리올 교향악단의 실력에 대한 이야기도 하였다. 그런데 한 가지 문제가 있었다. 한국인들은 서양인의 이름을 영어발음이 아닌 그 사람의 모국어 발음으로 부르고 있다. 예를 들어, 어떤 사람이 미국인이면 미국식 발음으로 프랭클린 루스벨트Franklin Roosevelt라고 부르고, 독일 사람이면 조앤 세바스천 박이 아니라, 독일식 발음대로 요한 세바스찬 바흐Johann Sebastian Bach라고 부르며, 프랑스 사람이라면 이브스 몬탠드가 아니라 그들의 발음대로 이브 몽땅Yves Montand이라고 부른다. 그러나 영어권 사람들은 죄다 영어식으로 읽는데, 상당히 오만한 언어습관이 아닐 수 없다. 다양한 국적의 사람들을 만나면 우리나라의 방법이 좋은 방법이라는 것을 알 수 있지만, 영어권의 사람들은 좀체 그런 방식을 취하지 않는다. 이것이 프랑스 사람이나 이탈리아 사람들이 아주 재수 없어 하는 미국식의 습관이다. 나 역시 외국의 도시나 사람을 모두 영어식으로 불러본 적이 없어 영어식 발음이 나오지 않았다. 몬트리올 아트센터 앞에서 우리는 바흐와 박을 서로 소통하려고 애썼다.

◀ 몬트리올 아트센터
▶ 올드 몬트리올로 가는 길에 있는 지하도시

　　몬트리올의 거대한 지하통로를 지나면 신시가지에서 구시가지로 가는 길
이 아주 가깝다. 몬트리올 시내는 지하철을 중심으로 지하 통로를 아주 잘 만
들어 놓았다. 소위 올드 몬트리올이라고 부르는 곳은 신시가지에서 지하 터널
몇 군데만 지나면 금방 나온다. 그곳은 세인트 로렌스 강변을 따라 형성된 초
기의 도시이고, 몬트리올을 찾는 관광객의 기대는 당연히 이 올드 몬트리올
이다. 마침 그의 사무실이 그 근처라, 거기까지 같이 걸어가면서 이야기를 나
누었다. 마침내 노트르담 거리에 다다랐을 때, 그는 "이곳에 나의 사무실이 있
어" 하였다.

　　그는 몬트리올 법원의 판사였고 주로 파산 문제를 다루는 판사였다. 몇 달
후 은퇴를 계획하고 있으며, 은퇴 이후에는 고향인 빅토리아로 돌아갈 생각이
라고 하였다. 결혼과 이혼을 한 차례씩 한 적이 있는 그는 삶이 복잡해지는 것
을 좋아하지 않았다. 한 곳에서 조용히 독서를 하는 스타일이며, 일요일 아침
에는 미국 NBA 뉴스를 꼭 시청하는 등 매우 규칙적인 생활을 하는 사람이었
다. 그래서 큰 배낭을 짊어지고 다니는 내가 불안해 보였던 것이다. 따라서 피

곤하지 않게 그레이하운드 대신 기차로 여행하라는 둥, 뉴욕은 허리케인으로 초토화가 되었으니 여행 계획을 신중히 세우라는 둥 거의 친정아버지 수준의 잔소리를 한 것이었다. 캐나다를 편견 없이 보려는 내가 가상했고, 그렇게 할 수 있게 도와주고 싶은 마음이었던 것이다. 그는 자기 사무실을 구경하고 가라고 나에게 권했다.

그의 방은 5층에 있었다. 그는 방안에서 몬트리올 시청을 가리키며 주변의 여러 건물의 역사에 대해 설명해 주었다. 세인트 로렌스 강의 항구가 보이는 그 방은 전망이 매우 좋았다. 방 앞에는 몬트리올 주기가 펄럭거렸다. 이 기는 캐나다 땅을 두고 영국과 싸울 때 앞장섰던 깃발이다. 지금도 프랑스 왕실의 백합문양이 선명한 몬트리올의 주기는 프랑스 본국보다 구 프랑스 전통에 가까운 퀘벡의 상징이다. 올드 몬트리올이라고 부르지만 모든 건물이 너무나 깨끗하였다. 올드하면서 깨끗한 도시는 품격 있고, 우아하기 마련이다. 건물 지붕들은 쓰레기 한 줌도 보이지 않을 정도로 깨끗했다. 사람이라는 게 다 비슷해서 법적으로 규제를 하지 않으면 이 정도로 깨끗하기는 어려울 것이라고 생각했다.

그는 자신의 법복을 일일이 설명해 주고, 전문서적에 대해서도 설명해 주었다. 영화에서 법관이 곱실거리는 하얀색 가발을 쓰고 재판을 하는 것을 본 적이 있다고 말하니, 그것은 아주 오래전의 일이라고 웃는다. 나는 그제야 공무시간일 텐데 내가 방해를 하는 것이 아닐까 하는 걱정이 들기 시작하였다. 그는 자신의 비서에게 오늘의 할 일을 묻더니, 오늘은 아주 한가한 날이라면서 조금 후에 누군가가 오지만, 방 밖에 있는 응접실에서 만나면 되니까 천천히 구경하라고 하였다. 그가 밖의 응접실에서 손님을 만나는 동안 나는 그의 컴퓨터로 내 블로그를 펼쳤다. 업무를 마치고 돌아온 그에게 블로그의 내용을 소개하자, 한글을 읽을 수 없는 그였지만 사진을 보면서 내용을 충분히 짐작하였다. 그가 꽂힌 대목은 피어슨 수상과 트뤼도 수상의 사진이 나란히 있던 부분. 자신은 피어슨 수상을 아주 좋아한다고 했다. 그리고는 갑자기 나를 돌아보면

피에르 할아버지의 사무실에서 본 퀘벡 주기와 법복

서 진지하게 물었다.

"너는 너의 얼굴과 이름이 노출되는 게 부담스럽지 않니?"

"나의 사생활이 노출되는 게 아니라 나의 생각을 다른 사람과 교류하는 거지요."

"내 평생 내 이름이 가장 많이 적히는 것은 판결문이야. 판결문은 언제나 인생의 고민이 담긴 내용이지. 내 이름이 적힌 것은 부담스러운 내용뿐이야. 그리고 밖으로 노출되는 것도 절대 안 되고."

그에게는 그런 문제가 있었겠다 싶었다.

"너의 딸들은 판사 같은 것 시키지 마. 모든 사람들이 내 앞에 와서 사죄를 하고 선처를 비는 장면을 수십 년 보다 보면 인간에 대해 회의가 느껴져."

그의 생기 없는 얼굴에 연민이 들었다.

그는 나를 쉽게 보내주지 않았다. 그를 따라 20층쯤에 있는 법원 도서관에 갔다. 캐나다는 각주의 법에 의해 재판을 하는 분야도 있지만, 파산 등 경제 문제는 연방법에 의해 재판하기 때문에 어느 주나 같은 잣대를 가지고 있다고 한다. 경제사범이 이 주에서 저 주로 도망 다니면서 경제 시스템을 교란시킬 수 있기 때문에 연방법에 의해 관리하는 것 같았다. 그가 자신이 주로 보는 것이라며 책이 가득 꽂힌 책장 하나를 보여주었다. 책장 바깥의 것은 거의 생각하지 않는다는 말이 참으로 자조적이었다.

도서관의 전망은 더욱 좋았다. 올드 몬트리올이 한눈에 내려다보이고, 영국계 이주민과 프랑스계 이주민이 400년이나 싸운 전설 같은 세인트 로렌스 강의 어귀가 내려다보였다. 더구나 아주 오래된 법전들이 주르륵. 몬트리올 법원의 법원장들의 사진도 주르륵.

도서관에서부터 16층에 있는 그의 법정으로 가는 길은 원래 외부인과 차단된 통로라고 한다. 법관은 안에 있는 엘리베이터를 통해 움직여야 재판을 받는 사람이나 그의 가족과 부딪치는 일이 없어야 할 것 같았다. 법정은 밝은 파란색 카펫이 깔리고 은은한 나무 빛이 나는 책상과 의자들로 채워져 있었다. 우리나라 법정의 풍경을 생각했던 나는 깜짝 놀랐다. 법정에 있어야 할 그것이 보이지 않았다. 나는 두리번두리번 찾았다. 그 어디에도 보이지 않았다. 나는 그에게 법관의 의자에 앉아서 재판할 때처럼 표정을 지어보라고 했다. 그는 어색해하면서 시키는 대로 앉아서 나를 쳐다보았다. 그리고 내가 사진을 찍도록 기다려 주기도 하였다. 법관의 좌석에 앉아 있는 그와 서 있는 나의 눈높이가 적당히 맞추어져 올려보거나 내려볼 필요가 없었다.

그랬다. 법관의 좌석은 높지도 않았고 방청석과 멀지도 않았다. 내가 법정에 당연히 있을 거라고 생각한 것, 바로 권위적 분위기가 없었던 것이다. 혹시 최근 한국 법정이 변했는지 모르겠지만 법정은 한국 사회에서 엄청나게 권위가 있는 장소이며, 법관은 우리사회에서 매우 권위 있는 사람이다. 그런데도 법정의 환경을 더욱 권위적으로 만들고, 법관이 만민 위에 군림하듯 행세하는 것을 오랫동안 봐왔다. 물론 사법 개혁을 위해 노력하는 분들도 많고 실제 변화하고 있지만, 몬트리올 법정은 내가 봐 온 법정의 분위기와는 사뭇 달랐다.

몬트리올 법원을 구경하면서 나는 더 이상 폐를 끼치면 안 될 것 같은 미안함이 차올랐다. 그에게 인사를 하자 내일 시간이 되면 식사를 같이 하자고 하였다. 아예 약속을 잡지 않고, 전화를 달라고 하는 말은 내가 거절하거나 약속을 피할 기회를 주겠다는 뜻 같았다. 면전에서 약속을 거절하기도 어렵고 거절받기도 불편하기 마련이니까. 그래도 신세를 졌으니 내가 다음 식사는 사긴 해야 할 것 같았다.

그와 인사를 하고 법원 1층으로 나왔다. 법원의 1층 사진 몇 장만 찍으면 좋은 것 같아 연신 셔터를 누르고 있는데, 문제가 생기고야 말았다. 역시 과하면 모자란 것만 못한 법이다. 경비아저씨인지 총각인지가 나를 불렀다. 법원 안에서 촬영은 일절 금지되어 있다면서 내 카메라를 보자는 것이었다. 나는 슈렉의 장화 신은 고양이 얼굴을 하고서 사진을 구출하고자 했지만 허사. 결국 내 친구가 여기 판사인데 친구 사무실을 방문해서 그의 허락을 받고 찍었다고 하니까 그들도 고민에 빠졌다. 마침내 법원의 로비와 법정을 찍은 사진은 지우고,

▲ 몬트리올 법원도서관
▼ 도서관에서 바라본 세인트 로렌스 강

판사의 개인방과 도서관을 찍은 사진은 그냥 두는 데 합의를 했다. 슬픔에 겨워 고개를 푹 숙인 나를 두 명의 경비가 위로하기 시작했다.

"정말 미안해. 나도 이러고 싶지 않아."

나는 삐친 듯이 "괜찮아" 했다. 그 모습이 지금 생각하면 우습다. 규정을 위반한 것은 나인데, 너무 속상해하니까 두 아저씨가 절절매다니. 좀 전까지 적극적으로 방어하던 내가 풀이 죽어 있자 내 눈치를 보며 "이건 괜찮아" 하며 넘어가 주기도 했던 것에 감사한다.

몬트리올의 거리와
지하도시

　몬트리올은 한눈에 매우 세련된 도시라는 것을 느낄 수 있다. 누군가는 이렇게 말했다. 몬트리올은 유럽과 비슷하지만 다른 점이 있다면 깨끗하다는 점이며, 퀘벡시티는 유럽과 똑같은데 다른 점이 있다면 깨끗하다는 점이라고. 몬트리올과 퀘벡시티는 놀랍도록 깨끗하다. 또한 도시를 만들고 운영하는 데 미적 고려를 깊이 하고 있다는 것을 느낄 수 있다. 그런 점은 캐나다의 다른 도시와 분명히 다르다.

　밴쿠버나 토론토, 오타와는 합리적이고 실용적인 요소에 기초해서 일부 지역에 미적 상징과 품위를 드러내는 방식으로 도시가 건설되어 있다. 다소 지저분하고 불편해도 그대로 둔다. 고장이 나면 때우고 기운다. 그러나 몬트리올은 요소 요소에 미적 가치가 반영되어 있다. 도시의 구성 자체가 미관과 분위기를 고려해서 구축되어 있는 듯하였다. 도시를 만든 후 각 요소에 예쁜 조각이나 기념비를 세운 것과는 다르다. 아예 기초 단계에서부터 이것을 음미할 사람들을 생각하였다는 느낌이 있다. 공사비도 많이 들고 시간도 많이 걸렸을 것이다. 그러나 응당 그래야 한다고 생각하는 것이 이들의 문화라고 여겨졌다. 그렇다고 몬트리올이 중세 프랑스 분위기가 나는 것은 아니다. 성당이나 일부 오래된 건물이 그럴 뿐 대부분의 건물들은 시멘트, 나무, 철재, 유리 등 지극히 현대적인 재료들로 만들어졌다. 오래된 것과 새것이 적절히 잘 어울려서 오래된 것은 새것을 세련되게 하고, 새것은 오래된 것을 고풍스럽게 한다. 내가 느낀 몬트리올의 미학은 '혹독한 추위와 식민전쟁의 패배에도 삶은 아름답다' 뭐 이런 것이다.

　사실 몬트리올은 캐나다의 그 어느 도시보다 춥고, 프랑스 식민지의 중심도시로 발달하였다. 캐나다 땅을 밟은 프랑스 이주민들은 이곳을 뉴 프랑스라고 명명했었단다. 몬트리올을 자세히 들여다보지 않고 도시의 느낌만을 볼 때 드러나는 두 가지 요소가 있는데, 하나는 세련된 거리이고 다른 하나는 아름다운 지하철이다. 몬트리올 지도를 보면 동쪽 세인트 로렌스 강 주변의 올드 몬트리올과 서쪽의 맥길대 중심의 뉴 몬트리올이 있다. 당연히 관광명소는 올드 몬트리올에 있고, 쇼핑가는 신시가지에 몰려 있다. 그래서 각각의 거리도 느낌이 다르다. 올드 몬트리올은 항구와 노트르담 성당Basilique-cathedrale Notre-Dame 등 고풍스러운 건물들이 즐비하다. 특히 노트르담 성당은 올드 몬트리올의 명물로 프랑스계 이주민의 역사가 그대로 묻어 있다. 캐나다 동부 대부분과 미국의 주요 땅을 차지했던 뉴 프랑스가 영국군에 의해 패퇴를 거듭한 끝에 실질적인 종말을 고한 곳이 몬트리올이었다.

올드 몬트리올의 명물, 노트르담 성당과 메이종누브의 동상

네 방향의 조각상

성당 앞에는 동상이 하나 있는데, 바로 폴 슘므데이 드 메이종누브Paul Chomeday de Maisonneueve의 동상이다. 프랑스인으로 캐나다를 처음 탐사한 자크 카르티에Jacques Cartier, 최초의 정착을 한 사무엘 드 샹플랭Samuel de Champlain, 그리고 몬트리올을 건설한 메이종누브는 초기 개척의 주요 인물들이다. 이들의 이름은 죄다 몬트리올의 길거리 이름이 되어 있어서 몬트리올을 방문하려면 외워두는 편이 좋다. 동상의 네 방향으로 프랑스계 이주민 그룹의 주요 상징적 인물들이 있다. 특히 원주민 동상은 영국군과 싸우던 프랑스 군이 프랑스인으로만 이루어진 것이 아님을 보여준다. 실제로 캐나다 초기인 1700년대, 프렌치와 인디안 전쟁French and Indian War이라고 명명된 전쟁은 프랑스계 이주민과 원주민이 싸운 것이 아니라 이미 원주민과 혈통적으로 결합한 프랑스 및 원주민 연합군과 영국군 간의 전쟁을 의미한다. 스페인의 무적함대를 능가하면서 점점 강성해지던 영국해군에 의해 대서양은 봉쇄되었고, 프랑스 본국의 지원을 기대하기 어려웠던 프랑스계 이주민이 북 아메리카 대륙에서 살아남기 위해서는 원주민들의 도움이 절대적으로 필요하였다. 이것이 이들 간의 인종적·문화적 교류를 더욱 강화하게 하였다. 특히 휴런족을 필두로 한 원주민과의 교류는 프랑스 이주민들의 아메리카 부의 원천이 모피를 쉽게 얻는 방법이기도 했다. 올드 몬트리올의 거리는 바다와 오래된 벽돌, 도로, 우아한 건물 등이 어우러져 한국인들에게는 이국적인 느낌을 물씬 풍기는 곳이다. 부두가 지저분하지 않은 것도 참 신기하였다.

올드 몬트리올을 걷다가 신시가지 쪽으로 오면 또 다른 느낌을 받게 된다. 물론 신시가지 역시 매우 깨끗하고, 현대화된 디자인과 간판들이 세련된 느낌을 물씬 풍긴다. 특히, 현대식 건물과 오래된 성당의 공존이 옛것과 새것이 어우러지는 또 다른 매력을 보여준다. 길에서 발견한 타파니 보석가게. 티파니를 보면 언제나 검정 드레스에 진주 목걸이를 한 오드리 헵번이 크루아상을 힘차게 물면서 보석으로 상징되는 상류사회를 욕망하는 영화장면이 생각난다. 〈티파니에서 아침을Breakfast at Tiffany's〉에서 아름다운 그녀의 모습이 진하게 각인되었기 때문이다. 아름다우면 멍청한 짓을 해도 용서가 된다는 것은 과연 뭔지. 물론 말년의 헵번은 지방시 드레스 대신 셔츠를 입고 아름다운 봉사를 하며 미를 완성하였으니 사람의 끝은 모르는 일이다. 그렇게 걷는 몬트리올의 큰길은 큰길대로, 작은 길은 작은 길대로 우아한 낭만을 담은 가게들이 많이 있다. 어느 것 하나 화보가 아닌 게 없다.

몬트리올 신시가지의
세련된 분위기

세련된 거리와 함께 몬트리올을 상징하는 또 하나의 명물은 지하철이다. 몬트리올의 인구 규모는 180만이 조금 넘는다. 광역 몬트리올에는 수많은 노선이 있지만 시내에서만 움직일 때는 4개의 노선을 이용하면 된다. 지하철은 매우 깨끗하며, 이용도 편리하다. 정기권과 일일권 모두 지하철과 버스를 동시에 이용할 수 있는 장점이 있다. 나는 3불, 즉 3,500원 정도 하는 일일권으로 다녔다. 한국인의 입장에서 보면 몬트리올 지하철은 좀 위험해 보인다. 예를 들어 지하에 기차가 지나가는 것이 위층에서 훤히 보인다든지, 기차가 지나가는데 안전 스크린이 없다는 것이 매우 위협적이기 때문이다. 그러나 이곳은 사고가 별로 나지 않는 건지, 아무도 이를 위험하게 보지 않는다. 안전 경고판도 요란하지 않은 것으로 봐서 지하철 인명 사고는 낮은 편인가 보다.

몬트리올에 있었던 때에는 뉴욕에 가본 적이 없었지만, 이 여행의 마지막을 뉴욕에서 보내면서 또 도쿄의 지하철을 떠올리면서 몬트리올의 지하철이 얼마나 아름다운지 절감하게 되었다. 지하철은 긴 벽면과 상하의 공간을 가지고 있는 공공공간이다. 지하철이 통과하는 천장 면은 2층의 정면이기도 한다. 모든 지하철의 벽면은 그 역의 환경과 역사, 주민 생활사를 반영하여 아름답게 꾸며져 있었다. 상하로 뚫린 공간 역시 시민들의 미적 향수공간이며, 도시의 아름다움을 드러내는 공간이다. 엘리베이터가 움직이는 공간은 의외로 긴 감상의 시간이다. 천장과 구석에 있는 조각이나 장식 역시 미적 쉼터가 된다. 공공미술은 불특정 다수에게 의외의 여유를 주는 도시의 중요 장치이다. 그래서 프랑스적 분위기와 북미의 실용적 분위기가 만나면서 몬트리올만이 보여줄 수 있는 미적 감흥을 전해주곤 한다.

몬트리올의 지하철 입구 ▲
벽면 공공미술 ▼

오늘날 지구촌에 사는 사람의 반 이상은 이미 도시 생활을 하고 있단다. 자본주의가 만든 현상 중의 하나이다. 도시에서의 삶은 과거보다 풍요로워졌지만 인간이 누려야 하는 사적 공간을 축소하고, 자연과의 단절을 낳고야 말았다. 따라서 삶의 질이 높아졌다고 단언하기 어려운 지점에 도달한 것이다. 그렇다고 "모두 자연 앞으로!" 할 수도 없는 일이다. 그래서 현대사회에서는 도시를 만들고, 그곳에 과거와 현재, 문명과 자연을 결합하여 인간이 누려야 하는 최소한의 환경을 확보하거나 확장하는 것이 중요한 문제이다. 6일 동안 돌아본 몬트리올로부터 이들이 가지고 있는 해답을 발견할 수는 없었지만, 도심의 모습을 보면서 미적 여유를 발견하기는 그리 어렵지 않았다.

몬트리올의 지하철은 지하철로 끝나지 않는다. 이곳의 지하철은 교통수단을 넘어 또 다른 도시가 되어 있다. 바로 몬트리올 지하도시Underground City이다. 사실 거창한 말로 지하도시라고 하지만, 도시 전체의 기능을 하고 있는 것은 아니다. 다만 도심의 지하철역을 서로 연결하여 거대한 도시 같은 모양이 되었다. 이는 레오나르도 다빈치의 아이디어에서 왔다고 하는데, 책자를 뒤지고 사이트를 찾아봐도 그 아이디어의 출처나 다빈치의 스케치는 찾아보기 힘들었다. 워낙 안 해 본 생각이 없는 다빈치인지라 그랬나 보다 하고 패스한다.

지하도시 계열 중의 가장 알려진 곳은 영화 스타워즈의 촬영장으로 유명한 터키의 카파도키아Kapadokia일 것이다. 언젠가 한번 가보고 싶은 이곳은 터키 고원지대의 화산 폭발로 생긴 연한 응회암과 용암층으로 구성된 곳이라 사람이 쉽게 팔 수 있는 연한 바위지대라고 한다. 집을 지을 목재가 없는 지역이니만큼 바위가 집짓는 재료가 되어 수많은 동굴 집을 만들게 된 것이다. 이 집을 지은 사람들은 이슬람의 박해를 피해 도망친 기독교인. 처음에는 이들도 지상에서 동굴을 만들어 살았지만, 이슬람교도의 침공으로 인해 지하로 숨어들어가 생활하였다고 한다. 카파도키아의 지하 동굴에는 지금도 초대 기독교의 벽화, 지하생활의 흔적, 끝없는 미로 등이 고스란히 남아 있다고 한다.

그러나 몬트리올은 종교 박해를 피해 숨죽이며 지하도시를 건설한 것은 아니다. 몬트리올 시는 1966년부터 지하철역을 상호 연결하여 지상 세계를 보완할 지하도시를 구성하기 시작하였다고 한다. 몬트리올의 안내 책자에는 하나의 몬트리올에 두 개의 도시라고 되어 있었다. 현재는 200개가 넘는 레스토랑과 1,700개의 의류가게, 30개의 극장, 박물관, 공공시설, 호텔 등이 10개의 지하철역과 결합되어 있다고 한다. 그러나 쇼핑 공간 때문에 엄청난 비용을 들여 지하를 깊이 파는 것은 땅이 넓은 캐나다에서는 그야말로 채산성에 맞지 않는 일이다. 그러나 혹독한 겨울은 계산법을 달리한다. 캐나다의 겨울은 춥기도 하고, 눈도 많이 와서 일 년의 3~4개월은 일상 활동이 쉽지 않다. 그래서 미국 국경에 바짝 붙어 도시를 만들고, 가급적 실내 공간을 넓게 만들어 일상생활을 유지하고 있다. 동부의 건물들은 다닥다닥 붙어 있지만 중부지방의 건물들은 서로 널찍하게 배치되어 있다. 그래서 캘거리같이 엄청나게 추운 지역은 건물과 건물 사이를 왕래하는 통로를 만들기도 하고, 에드먼턴 같은 곳은 북미 최대의 쇼핑문화공간을 만들기도 한다. 가급적 바깥으로 나가지 않겠다는 의지이다.

어떤 분들은 지하공간에 광활한 쇼핑공간을 만들었다면 우리나라의 지하상가와 뭐가 다를까 궁금할 것이다. 지하철 주변 지하를 이용해 상가가 들어선 것은 같은 점이다. 그러나 상가와 약간의 부속 시설만 있으면 그것은 지하상가이다. 몬트리올의 지하세계는 단지 상거래를 하는 곳이 아니라, 만남과 문화활동 심지어 공부도 가능한 생활공간으로 지하상가와는 전혀 다른 개념이다. 최근 들어 우리나라도 지하공간을 쇼핑과 문화공간의 개념으로 인식하고 있지만 캐나다는 1960년대부터 지하공간을 쇼핑과 생활 그리고 문화활동이 가능한 생활공간으로 인식하고 아예 지하도시Underground City라는 명칭을 쓰기 시작하였다. 그래서 우리나라의 지하쇼핑센터에서 문제시되는 탁한 공기, 석면들의 환경 문제나 뉴욕의 지하철에서 이야기되는 오염, 불결, 위생 등 환경적 난맥상은 존재하지 않는다.

지하도시에는 광장도 있고, 만남의 장소도 있으며 주요 역과 역이 연결되어 있다.

몬트리올의 지하도시의 특징은 몇 가지로 요약될 수 있다. 첫 번째, 역 주변에 형성된 지하상가와는 달리 몇 개의 역이 연결되어 도시를 관통하는 구조를 가지고 있다. 그래서 각 지하철역과 주요 건물의 출구는 지하 도시로 통하는 출입구가 된다. 몬트리올은 지하도시를 지속적으로 확장하고 있다고 하는데, 중간에 연결이 되지 않은 곳은 통로를 통해 갈 수 있다. 몬트리올 사람들은 땅 위로 걸어 다니지 않고 주로 지하로 다닌다. 지상으로 다니면 건널목에서 기다리고, 계단를 오르락내리락 하지만, 지하로 가면 그냥 걸어서 다니면 된다. 서울로 치면 종로에서 퇴계로까지 지하로 쾌적하게 걸어가는 것과 같다.

두 번째, 몬트리올의 지하도시는 단지 지하 한 층 또는 두 층으로 만들어진 것이 아니다. 지하 도시를 층의 개념으로 만든 것이 아니라 공간 개념으로 만들어 지하 길이 연결되는 지점마다 마치 광장 같은 곳이 나온다. 따라서 지하라는 답답함 없이 매우 입체적이다. 지상으로부터의 채광을 고려하여 해 질 녘의 어스름한 지상 광장의 느낌이 나는 게 신기하기도 하다.

세 번째, 지하도시에는 도시 미관과 같은 개념의 공공예술이 존재한다. 지상의 도시가 공원, 동상, 조형물 등을 조성하고 설치하듯이 지하도시에도 이에 해당하는 시설물을 조성하고 설치한다. 그런데 그것이 약간의 인심을 쓰는 정도가 아니고, 시민에게 행복감을 주는 정도의 미적 감흥이 있다. 예컨대, 노트르담가에서 지하철로 들어가면 커다란 분수가 있다. 이 분수는 물을 뿜어내는 분수가 아니라 거울처럼 물을 흘리는 거대한 분수다. '지하라서 분수의 모양이 이렇게 되었겠구나' 하고 탄복하였다. 지하에서 거대한 분수가 죄다 물소리를 뿜어내면 분수 자체는 아름답겠지만, 그 소음이 말도 못하게 요란해질 수밖에 없지 않은가. 커다란 분수는 주변의 조명과 함께 아름다움을 자아내는데, 샌드위치에 커피를 들고 주변에 앉아 즐거움을 만끽할 수 있다.

네 번째, 지하도시에는 커뮤니티 공간이 많이 있다. 단독 레스토랑도 많고, 푸드코트처럼 여러 식당이 모여서 하나의 공간을 만든 곳도 있다. 푸드코트에서는 음식을 사지 않아도 아무나 와서 자기 도시락을 펼쳐 먹는다. 그런데 그 주변은 완전히 편안한 서재의 분위기다. 그래서 그런지 사람들이 이런 곳에서 만나 줄곧 떠들다가 헤어지곤 한다. 가만히 보면, 몬트리올 아줌마나 한국 아줌마나 다를 게 없다. 술 먹는 문화가 남성의 문화라고 생각하지 않는 캐나다의 남성들 간에도 수다가 작렬하는 곳이 바로 지하 만남의 장소이다.

몬트리올의 지하도시에서는 길을 잃어버리기 쉽다. 새로운 곳에 가서 길을 잃어버리고 싶지 않으면 관광 패키지로 다녀야 할 것이다. 그러나 낯선 도시에서 지도 한 장을 들고 뱅글뱅글 맴돌다가 마침내 도시가 익숙해지는 것은 의외로 흥미로운 경험이기도 하다. 지하도시를 구경하면서 내가 느낀 것은 나의 눈썰미. 나는 빵집을 보며 길을 익히고 있었던 것이다. 아까 눈여겨본 조각케이크가 또 보이면 이번에는 왼쪽으로 갈까 하는 등 빵집이 이정표 구실을 했던 것이다. 혼자 헨젤과 그레텔을 연출하며 몬트리올에서 즐기는 빵 따라다니기 놀이. 배가 고프면 오랫동안 눈여겨본 빵을 사서 먹기도 했다. 그런데 너무나 신중하게 숙고하면 그야말로 '장고 끝에 악수'가 되기 마련이다. 그 많고 많은 빵 중에 '꽝'을 골랐을 때의 분노감, 그것 또한 지하 몬트리올에서의 추억이다.

내가 본 길 중 재미있던 것은 바로 구불거리는 길. 나는 이 길을 재미있게 걸으면서 길을 일부러 구불거리게 설계한 사람을 생각해 보았다. 아마 그 사람도 이 길을 걸을 사람을 생각했을 것이다. 그가 설계한 시간과 내가 걷는 시간은 다르지만, 그 공간에서 나와 그 사람은 기쁘게 만난 것이다. 만일 내가 건축가라면, 더구나 공공건물을 설계하는 건축가라면, 이 사람처럼 설계해보고 싶다고 생각했다.

몬트리올의 어느 결혼식과
야간데이트

원래 3박4일 체류하기로 한 몬트리올 생활이 6박7일로 늘어난 것은 대서양 연안 4개 주 여행을 포기하였기 때문이다. 그렇게 남게 된 4박 5일을 몬트리올과 퀘벡시티에서 더 보내기로 했다. 사실 나는 거리를 쏘다니다가 눈에 들어오는 것을 따라갈 때가 많다. 여행 책자에 나와 있는 뭐가 좋다는 둥의 안내를 따라다니면, 내가 여행까지 와서 책자에 끌려 다니나 하는 생각이 들어 자유사수의 구호를 외치게 된다.

오늘은 호스텔에서 멀지 않은 성당에 꽂혔다. 이 성당은 퀸 엘리자베스 호텔 옆에 있는 성당으로 마히 헨느 드몽드 성당Cathédrale Marie-Reine-Du-Monde이다. 바티칸의 성 베드로 대성당을 본떠서 만든 것으로, 외부뿐 아니라 내부까지 거의 흡사하다고 한다. 원작인 성 베드로 대성당은 바로크시대의 대표적인 이탈리아인 건축가, 베르니니Giovanni Lorenzo Bernini의 작품이다. 물론 150여 년 넘게 걸려 만든 건축물이니만큼 미켈란젤로를 포함해서 수많은 건축가가 책임을 맡았다. 그러나 최종 책임자는 바로 베르니니로, 그는 성 베드로 대성당의 마무리와 내부 장식, 그리고 성 베드로 대성당 앞에 있는 성 피에트르 광장 조성을 진두지휘한 사람이다.

잠시 이름이 나온 김에 내가 언젠가 감탄한 베르니니의 작품 두 개를 소개한다. 하나는 다비드상이다. 다비드가 골리앗에게 돌을 던지는 장면인데, 세상의 많은 조각가들이 다비드를 만들었지만 베르니니와 같은 역동성은 드물다. 그러나 내가 더 좋아하는 것은 바로 플루토와 페르세포네. 지하 세계의 신인 플루토가 언감생심 제우스와 데메테르의 딸인 페르세포네를 강제로 납치하여

◀ 퀸 엘리자베스 호텔 지하는 지하철역이며 기차가 출발하는 곳이다.
　그 옆의 마히 헨느 드몽드 성당이 있다.

아내로 삼은 내용을 담은 것으로 너무나 리얼한 납치 장면과 긴장감, 그리고 신체 묘사가 기절하리만치 정교한 작품이다.

마히 헨느 드몽드 성당의 상단에 있는 조각은 12개. 나는 당연히 12명의 제자라고 생각했다. 성 베드로 성당도 그러하니까. 그러나 이 조각상들은 이 교구성당에 소속된 각 소교구를 수호하는 성인들을 상징한다고 한다. 아무튼 내가 성당으로 들어간 것은 성당 앞에 있는 리무진 차 때문이었다. 결혼식을 하지 않을까 하고 들어가 보니 역시. 나를 아는 분들은 나의 호기심에 대해 익히 알고 있다. 내가 갑자기 호기심 충만 되었을 때 얼굴빛이 확~ 달라진다고 한다. 그때 가까운 사람들은 "또 냄새 맡았네" 하기도 하고, "최토커" 또는 "콜롬보 빙의"라고 말한다. 성당 안은 아주 엄숙한 모양이었다. 엄숙하지만 실내의 돔과 궁륭에 해당하는 부분은 적절한 현대식 조명으로 밝은 분위기를 연출하였다.

성 베드로대성당을 가 본적이 없으니 비교할 수는 없지만, 정면에 있는 청동으로 된 발다키노도 사진에서 본 성 베드로 대성당의 것과 똑같았다. 제단이 보이는 정면의 좌우 안쪽에는 따로 기도하는 곳이 있다. 여느 성당처럼 이곳에도 예수상 혹은 마리아상 앞에 조용히 묵상하기를 원하는 사람들을 위한 자리가 마련되어 있었다. 그러나 특이한 것은 성당 좌우 안쪽에 걸려 있는 벽화. 신대륙 선교에 대한 소명이 교회의 존재 이유였기 때문일 것이다. 예수의 고난을 담은 성화 대신 신대륙 선교의 장면이 그려져 있다. 그림을 해석하면 오직 십자가 하나 들고 하나님과 동행한 듯한데, 실상은 총을 들고 문화를 강요한 것이 아닌가. 뭐 그 시대의 논리니까……. 참 이상하게도 사막에서 일어난 종교들은 죄다 유일신이며, 이 유일신은 언제나 자신 아닌 다른 종교를 압박하여 갈등과 전쟁을 유발하곤 한다.

성당 안에서는 결혼식이 시작되기 직전이었다. 결혼식을 준비하는 사람들에게 "나도 결혼식에 참석해도 되겠습니까?"라고 물으니 환하게 웃으면서 "물론이지!" 하였다. 예식에 참석한 모든 남자들은 검은색 정장 차림, 여성들은 길

성당 내부와 벽면에 있는 성화들

거나 짧은 드레스 차림. 그러나 나만 청바지에 점퍼를 입고 있으니 왠지 무안했다. 그러나 '너네는 여행할 때 드레스 입고 가니' 하는 마음으로 그냥 앉아서 함께 축가도 부르고, 기도도 하고. 앞서 말했던 것처럼 나는 종교가 없다. 사람들은 종교적인 네트워크에 속하는 것이 사회를 요령 있게 사는 방법이라고 하지만, 아무데도 속하지 않음으로써 더 많이 보고, 느끼며, 자유로울 수 있다. 우리나라처럼 종교적 편견이 심한 나라는 더욱 그렇다.

나는 서양인들의 결혼식을 처음 보았다. 프랑스어로 식을 거행할거라는 생각과 달리 영어로 하니 나도 쉽게 동참했다. 결혼식을 시작하자 신랑 측 들러리들이 의자에 앉아 있다가 한 줄로 서고, 성당의 뒤편에서 신부 측 들러리들이 한 줄로 입장했다. 그런데 같은 색상의 드레스를 입은 8명이나 되는 들러리들이 한 명씩 들어오니 마치 신부의 예고편 같다. 마침내 신부가 들어오는 시간. 신랑은 벌써 신랑석에 있었다. 신부가 들어오니 모든 사람들이 일어났고 그중 몇몇 여성분들이 눈물을 닦아냈다. 신랑, 신부가 착석하고 신부님도 앉으니 남녀커플이 나와 뭔가 축사를 낭독했다. 내용은 이랬다.

"하늘의 새가 날고, 햇살이 눈부시며, 우리들 마음에 행복이……."

그다음은 생각도 안 나는 그냥 좋은 말이었다. 감격스러운 얼굴을 하고 뭔가를 낭독하는 것으로 봐서 가까운 일가친척 중 부부 한 쌍이 나와 축하의 말을 전하는 건가 보다. 그다음 웬 홍안의 미끈한 남자가 나와서 성경구절을 낭독하고, 신부님의 강론이 시작되었다. 신부님이 매우 재미있었다. 자기가 젊을 때 신부를 보았다면 사제가 되는 것에 대해 심각하게 고민했을 것이라는 둥. 그리고는 신부 찬사, 신랑에 대한 부러움, 서로 사랑할 것에 대한 당부, 하나님이 다 지켜본다는 일종의 경고를 하시고는 다시 기도하였다. 세상의 모든 결혼식은 많이 다르지 않았다. 신랑 신부의 들러리들이 연단에 올라가 신랑 신부를 에워싸고 축하 노래를 불렀고 주인공들은 기쁨에 겨운 얼굴로 결혼반지를 교환하였다. 반지를 끼워주면서 서로를 반려자로 호명하는 순간은 언제나 아름답다. 다시 모두 함께 혼배성사를 마치는 성가를 부르면서 결혼식이 끝나는 듯했다.

　하지만 그게 끝이 아니었다. 신랑, 신부는 제단을 내려와 누군가에게 설명을 듣더니 책상에 머리를 숙이고 뭔가를 하였다. 아! 결혼서약서 사인. 그 자리에서 곧장 하다니. 신랑이 사인을 하고 신부 차례가 되자 신부님이 잘 생각해 보고 사인하라고 하셔서 모두들 껄껄껄. 신랑, 신부의 들러리들이 한 쌍씩 짝을 지어 연단에서 내려왔다. 그런데 맨 앞에 내려온 남녀가 계속 행진을 하고, 두 번째 쌍은 좌석 앞에 서서 그들을 불렀다. 더 행진하면 안 되는데 행진을 하니 사람들은 웃기 시작하였고, 오로지 두 남녀만 듣지 못한 채 한동안 마냥 행진했다. 거의 자기네 결혼식인 줄 아는 분위기였다. 마침내 문 가까이에 이르러 뭔가 이상한 낌새를 느낀 그들은 다시 되돌아와 줄에 섰다. 그들은 좌석의 맨 앞줄에 서 있다가 신랑신부가 행진할 때 뒤를 따르는 역할이었다. 아마도 다음 결혼식은 이들이 아닐까. 신랑 신부의 행진과 사람들의 축하 박수 속에 결혼식은 끝이 났다. 약 40분 정도 걸린 결혼식은 아주 엄숙하고 진지하게 치러져 가톨릭 결혼식다운 맛이 있었다.

성당을 나와 시내를 돌아다니다 보니 시간이 벌써 6시. 호스텔로 돌아와 간단한 저녁을 먹고 판사친구 피에르에게 전화를 했다. 나는 지난번 식사 대접과 친절한 법원 안내가 못내 마음에 걸렸다. 전화는 했지만, 같이 저녁을 먹기가 부담스러워 일부러 7시쯤에 하였다. 캐나다인들은 5~6시 정도면 저녁을 먹는다.

그는 반갑게 맞으며, 전화를 기다리다가 자기 혼자 저녁을 먹는다고 하였다. 밤에 산책을 할 예정인데, 간단한 디저트를 먹자고 하였다. 찻값을 내면 되겠다 싶어 냉큼 좋다고 했다. 서로 정확히 알 수 있는 장소, 퀸 엘리자베스 호텔 로비에서 만나기로 했다. 낮에 갔던 성당의 바로 옆에 있는 호텔이며, 지난번에도 만났던 곳이었다. 나는 잽싸게 호텔 주변의 커피숍을 검색해 보았다. 내가 찻값이라도 내야 하겠다는 생각이었다. 그러나 내가 아는 곳은 오직 스타벅스와 팀홀튼뿐. 그냥 스타벅스의 위치를 외워서 호텔 로비로 갔다. 나는 그에게 지난번의 친절에 대해 감사인사를 하며 이번은 내가 낼 순서임을 주지시키고 스타벅스로 가자고 했더니 "스타벅스? 맛없잖아" 하고는 자신이 초대했다고 한사코 우기며 "몬트리올의 디저트를 먹어 봐야 돼" 하며 나를 호텔의 레스토랑으로 안내했다. 나는 그가 매우 기뻐할 정도로 맛있게 먹었다. 타르트와 닮았지만 달랐던 그 디저트는 실제로도 맛있었다.

나는 그에게 하루 종일 본 것을 이야기하고, 그는 몬트리올의 여러 가지를 보충 설명해 주었다. 나는 몬트리올에 과외선생을 모시고 있는 셈이었다. 내가 낮에 본 결혼식에 대해 이야기하니 요즘은 결혼만큼이나 이혼이 많다는 이야기를 하며 다음과 같이 말했다.

"예전에는 자녀들이 너무 많이 있었는데, 요즘에는 부모들이 너무 많이 있어."

부모의 이혼 후 잦은 재혼으로 인해 아이들이 혼란스러워한다는 이야기다.

"예전에 그렇게 많이 낳았나요?"

"프랑스계 사람들은 시골로 가서 농사를 지으면서 인구를 보존하려고 했으니까."

"영국계보다 수적으로 적으면 안 된다고 생각했군요."

"성당에서 특히 그것을 적극적으로 장려했지요. 대개 10명 정도는 낳았어요."

"사회적 · 정치적 힘을 유지하는 게 절실했군요."

"그렇지요. 그 애들이 결국 성장하여, 교육받고, 권리를 주장하고…… 뭐 그런 거지."

그의 이야기 속에 영국계와 프랑스계의 갈등과 충돌을 짐작할 수 있었다. 그 많던 아이들의 아이들이 권리를 주장했을 때가 1960년대, 바로 캐나다 다문화주의가 시작될 때였다.

일상의
몬트리올

몬트리올의 일요일이었다. 우리나라에서 아침과 점심 사이에 애매하게 먹는 식사를 아점이라고 부르듯이 영어에도 브런치brunch라는 게 있다. 오늘 피에르 할아버지와 브런치를 하기로 하였다. 우리는 또 퀸 엘리자베스 호텔 로비에서 만나기로 했다. 퀸 엘리자베스 호텔 아래의 지하도시는 서울로 치자면 서울역이 있는 자리다. 캐나다 유일의 대륙횡단 철도인 비아 레일Via Rail이 다니고 있다.

퀸 엘리자베스 호텔에서 만난 피에르는 좀 대중적인 음식점에 가자고 하였다. 방향을 동쪽으로 돌려 걸으니 웬 경찰 차량이 줄지어 서 있었다. 아마 오늘 무슨 단체가 시위를 계획하고 있나 보다. 주변에 몇몇 일찍 온 사람들이 퀘벡 주기를 준비하고 있었다. 나 혼자라면 당연히 밥이고 술이고 다 잊고 죽치고 앉아 시위대를 구경하겠지만, 시위에 도통 관심이 없는 일행은 동의할 리가 없었다. 피에르 할아버지는 캐나다의 보수 엘리트다. 퀘벡 출신이기 때문에 상대적으로 변화에 대한 욕구가 있지만, 그는 대체로 합리적으로, 소란스럽지 않게, 시간을 가지고, 평화롭게, 대화로 문제를 해결하려는 분이다. 그만큼 절박한 일이 그의 인생에는 없었던 것일 테지…….

그러나 좋은 보수는 다른 사람의 절박성을 알게 될 때 환상적인 자산과 격조를 가지고 '거뜬한' 타협을 만들어 내기도 한다. 호탕하게 웃으며 자신의 너그러움을 드러내는 특징이 있다. 좋은 보수가 그럴 수 있는 것은 스스로 재력과 사회관계를 가지고 있다는 자신감 위에 사회 내에서 분출되는 다양한 욕구에 대해 열려 있고, 그것에 대한 사회적 책임감을 가지고 있기 때문에 거시적 차원에서 타협안을 만들어 내는 능력을 발휘하기 때문이다. 그게 관용이다. 캐나다의 보수는 우리나라의 측정 체계로는 빨갱이에 가깝다. 그만큼 사회 전체가 변화에 대해 열려 있으며, 승자독식이라는 규칙을 위험하게 취급한다. 서양의 보수나 진보도 300년 이상 연습해서 자리 잡은 것이니 아직 비관하기에는 이르다.

시위를 준비하는 사람들 틈을 지나치자 성당 같은 교회가 나왔다. 무슨 성당이냐고 묻자 그는 성당이 아니라 영국 교회라고 하였다. 우리말로 하면 성공회 교회였다. 우리는 교회에 들어가 보았다. 캐나다 교회는 조용한 편이며, 성당과 비슷한 분위기였다. 영화 〈벤자민 버튼의 시계는 거꾸로 간다The Curious Case of Benjamin Button〉에서는 우리나라에 유입된 기독교 종파와 흡사한 교회가 나온다. 영화를 보신 분들은 벤자민을 키운 흑인 엄마가 그를 부흥회에 데리고 간 장면을 기억할 것이다. 복음성가와 통성 기도, 박수 소리, 안수기도. 깜짝 놀랄 정도로 비슷한 모습이 나온다. 영화는 부흥회 목사님이 좌중을 흥분으로 몰아가다가 뇌출혈로 쓰러지는 장면을 다소 희화화하여 보여주기도 한다. 캐나다에서는 그런 종류의 기독교를 본 적이 없다. 더구나 성공회 교회는 가톨릭과 유사성을 보이는 개신교파이다. 그래서 그런지 교회의 건물도 중세식의 모습이다. 나무로 올린 궁륭은 중후한 느낌을 주기에 충분하였고, 스테인드글라스로 장식한 성화 역시 가톨릭 성당의 분위기를 물씬 풍겼다. 하긴 종교개혁을 했다고 교회 건축이 하루아침에 바뀌는 것이 아니니 과도기가 있었을 것이다. 피에르 할아버지는 자기도 이곳에 살지만 처음 와봤다며 작지만 아주 아름다운 교회라고 즐거워했다. 묵직한 분위기에도 따뜻한 작은 교회. 만일 내가 몬트리올에 살았다면 가끔 찾아가서 조용히 앉아 있고 싶은 교회였다.

아담한 성공회 교회의 육중하지만 따뜻한 분위기▶

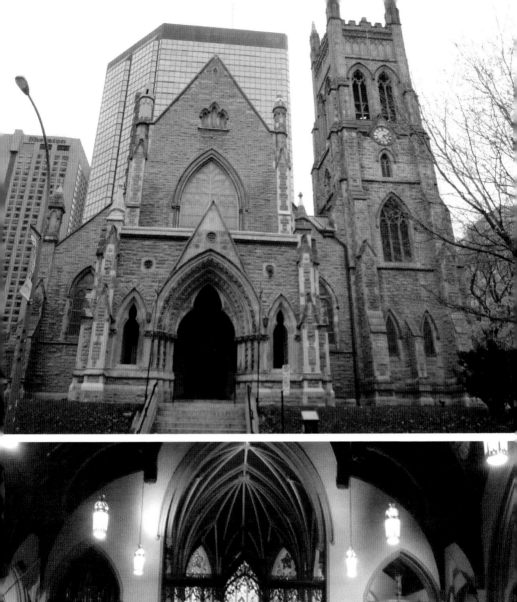

우리가 찾은 곳은 오래되고 묵직한 건물에 있는 세인트 휴버트St. Hubert라는 식당이었다. 프랑스 발음으로 상 위베르란다. 피에르 할아버지의 말에 따르면 몬트리올에서는 유명한 체인이며 퀘벡에 가면 자주 볼 수 있을 거라고 하였다. 세인트 휴버트라는 식당은 캐나다에서는 오로지 퀘벡 주에만 있고, 프랑스와 벨기에에도 체인이 있다고 하는데, 아마 프랑스문화와 가톨릭 지역에만 있는 식당인 듯했다.

피에르 할아버지는 나를 몬트리올의 전통적인 음식, 디저트 그리고 오늘날 퓨전화된 프랜차이즈 음식으로 안내하며 몬트리올의 맛과 분위기를 즐기고 존중하기를 바라고 있었다. 이럴 때 환상적인 반응은 필수이다. 맛이 있든 없든, 그 마음이 얼마나 고마운가. 사람은 환대를 받으면 감동하기 마련이다. 맛있다, 멋있다, 굉장하다, 예쁘다, 환상적이다, 완벽하다, 매력적이다. 내가 아는 영어 형용사를 엄청 써가며 기쁨 반사! 나는 인도식 퓨전 요리와 가벼운 화이트 와인을 주문했고, 피에르 할아버지는 지금은 생각이 나지 않는 음식에 맥주를 곁들였다. 저녁에는 와인, 낮에는 맥주란다. 우리나라에서는 가벼운 술이라도 낮술은 저어하는데, 이쪽 사람들에게 술은 필수다. 양이 너무 많았지만 음식 남기는 것도 습관인데, 그걸 배우지 못한 나는 배가 터져라 먹었다. 그는 내가 잘 먹어서 좋다며 한눈에도 칼로리 대박일 것 같은 메이플 파이를 디저트로 시켜주었다.

◀ 상 위베르의 브런치 식사와 디저트

식당을 나와 같은 건물의 지하 쪽으로 내려갔다. 이 건물은 바로 구 철도역 건물이었다. 철도의 대합실이 그대로 있고 오래된 철도역 사진들이 걸려 있었다. 이 건물의 대합실은 지금은 회의장소나 결혼식 장소로 쓰이고 나머지는 식당 등으로 임대를 준다고 한다. 대합실에는 밴쿠버 워터프런트 역에서 본 조각과 같은 것이 있었다. 피에르 할아버지는 캐나다를 위해 죽은 병사들을 하늘로 인도하는 것이라고 설명하면서 조각의 여성에게는 별명이 있단다. '죽은 자의 아내The wife of dead men'. 그 조각의 위쪽에 시계가 걸려 있었다. 대합실 벽에 걸린 오래된 사진 속의 시계와 내 눈앞에 보이는 시계가 같은 것이었다. 사진 한 장으로 그 기나긴 시간은 찰나가 되어 버렸다.

◀ 죽은 자를 인도하는 숭고한 여성상
▶ 그것을 지켜본 사진 속의 오래된 시계

몬트리올에서
퀘벡시티로

    지금 와서 나의 여행을 굳이 평가하자면, 여행을 출발한 후 여행에 익숙하기 위해 노력하는 시간이 꽤 오래 걸렸다. 내심 호기심과 두려움이 격렬하게 교차하는 시간이었으며, 혼란과 공허의 시간이었다. 나는 나를 알고 있었다. 그런데 익숙한 문화로부터 이탈한 나는 내가 알던 내가 아니어야 했다. 일단 엄청난 능력자가 되어야 했다. 나는 한국 사회에서나 어느 정도 익숙해진 캐나다 사회에서 나의 노력이 필요한 부분과 남의 노동을 사거나 의뢰할 부분을 구분해 왔다. 뭐든 다 할 필요도 없고 그럴 수도 없기 때문이다. 그러나 여행 중에는 세계와 나만 남는다. 뭐든지 매일, 생각하고 판단하며 결정해야 했다. 도움을 직접 조직해야 했고, 나를 위해 세계 전체를 사용해야 했다. 마치 날것과 같은 느낌의 삶, 그렇게 나는 새롭게 구성되어 갔다. 세상과 '맞짱'을 뜨면 3초 후쯤 죽을 것 같았던 나는 마침내 살아남아 심지어 그 시간들을 즐기게 되었다.

    그렇게 즐기기 시작했을 때가 10월 12일 출발한 여행에서 갓 20일이 넘기 시작한 11월 초, 몬트리올에서부터였다. 그러니까 20여 일 동안 나는 다음 날은 어떻게 살아야 할지에 대한 두려움, 내가 내 발등을 찍었다는 후회, 그리고 이 정도 했으니까 돌아갈까 하는 안전에 대한 폭풍 같은 갈구, 그런 것들에 시달렸다. 마침내 여행을 즐기게 되자, 여행은 현장 시찰과는 다른 질로 변화하였다. 몬트리올에서는 내가 현장의 일부가 될 수가 있었다.

    몬트리올을 떠나기 전에 몬트리올 박물관을 갔다. 몬트리올 박물관은 몬트리올의 신시가지 도심 한복판에 있는 곳이라서 넓은 잔디를 보유하거나 여유 있는 공간이 조성되어 있지는 않았지만, 조각상 등을 배치된 주변은 뭔가 색다른 분위기를 연출하였다. 박물관은 전시관과 교육관 등 여러 동의 건물이 주변의 건물들과 조화를 이루고 있는데, 서로 마주 보는 고전적 분위기의 건물과 현대식 건물로 이루어진 주전시관은 박물관의 콘셉트를 잘 보여주고 있다.

　대부분의 박물관처럼 상설전시와 기획전시가 진행되고 있었는데, 우리나라의 박물관과는 다소 분위기가 다르다. 우리나라 박물관에서 상설전시를 한다면 당연히 우리나라의 구석기 유물이 전시되기 마련이다. 그러나 캐나다나 미국은 자기들의 역사로 접근하는 것이 아니라 인류 전체를 포괄하는 전시를 한다. 문화적인 유산이 없기 때문이기도 하겠지만, 이민국이니만큼 북미 땅만을 기초로 하지 않는 포괄성과 보편성을 담고자 한다. 물론 그중에도 북미 원주민과 이주민의 초기 유물 비중이 높기는 하다. 그러나 전 세계 어디도 현재 북미 땅에 살고 있는 사람들의 문화적 원천이라는 생각이 존재한다. 하지만 뉴욕의 메트로폴리탄 박물관과 유사하게 이집트나 그리스 · 로마에 집중된 경향이 있고, 근대 문화는 유럽에 강조점이 있는 것이 사실이다. 중국 · 인도 · 이슬람 문화에 대한 부분적 관심은 그들의 기준에서 보편적이지 않은 것도 존재함을 느끼게 한다. 캐나다가 다문화주의라는 이념하에 세계 곳곳에 대한 끈을 놓지 않

큰길을 사이에 두고 개성 있는 건물들이 지하로 연결되어 있는 몬트리올 박물관

으려 하는 것은 사실이지만, 역시 취향은 여전히 유럽이다.

　몇 개의 상설전시가 이루어지는 곳을 기웃거리니 근대 인상파전과 현대미술 콘셉트의 의자전 등이 있었다. 우리나라에서도 인상파 화가들의 그림은 언제나 만원이다. 그러니까 신문사나 방송사들이 샤갈, 고흐, 르누아르, 마티스 등의 전시를 해마다 진행하곤 하는데, 사실 인상파 화가라고 해서 모두 인기가 있는 것은 아니다. 유럽 근대의 풍경이나 여인들의 모습을 담은 화가들의 그림이 보다 매력적으로 여겨지는데, 아마 그들의 그림이 교과서에서 친숙하게 다루어진 탓도 있지만, 문명의 중심을 이룬 근대 유럽이 주는 문화적 매력이 한몫하는 듯하다. 박물관에서 그림을 감상하는 몬트리올 사람들을 보면서 한국 사람과 취향이 크게 다르지 않다고 느꼈다.

몬트리올을 떠나 퀘벡시티로 이동하기 위해 열차를 탔다. 그레이하운드가 다니지 않기에 오를레앙 익스프레스를 타야겠지만, 비아 레일이라는 캐나다 열차를 타 보고 싶어서 열차 편을 이용하게 되었다. 그것은 피에르 할아버지의 강력한 주장이기도 했다. 힘든데 굳이 버스를 이용하는 게 납득이 안 간다는 그분에게 열차표를 끊었다고 하니 아주 만족해하셨다. 열차는 KTX와 비슷했다. 속으로 우리나라 KTX처럼 프랑스 테제베가 만든 것 아닐까 하는 생각을 했을 정도로 정말 비슷했다. 열차는 퀸 엘리자베스 호텔 지하도시에서 탔는데, 비행기를 이용하는 게 보편적인 나라라서 열차도 하루에 몇 대 없었다. 열차가 왔을 때 승강장과의 연결판을 승무원이 손으로 갖다 두기에 이런 것을 수동으로 하는구나 싶었는데 가만히 생각해 보니 사려 깊은 행동이었다. 우리나라 KTX는 계단을 두어 개 올라가서 승차를 하는데, 캐나다 열차는 땅을 깊이 팠는지 승강대와 열차의 높이가 비슷했다. 다만 사이에 발판을 두는데, 이게 바로 장애인, 유모차를 위한 배려. 캐나다는 장애인, 유모차의 보행권에 대해서는 정말 깊은 배려가 있다.

장애인이 타기 적합한 비아레일.
안의 모양은 KTX와 비슷하지만 자리 간격이 훨씬 넓었다.

중간에 몇 군데의 역에서 정차를 했는데, 기다리는 사람들과 방문 온 사람의 풍경이 정겨웠다. 열차의 분위기는 KTX 같지만, 오르내리는 분위기는 무궁화호 분위기라고 하면 딱 맞다. 그러나 똑같지 않은 것도 있다. 열차의 화장실에 붙어 있던 공공위생 포스터. 손을 닦을 때 물로 닦고, 비누칠하고, 물로 헹구는 것까지는 같다. 그런데 종이로 감싸서 수도꼭지를 잠그고, 문 손잡이를 연후 종이를 버리라고 되어 있었다. 지나친 위생관념이 아닐까 하는 생각을 했는데, 이게 캐나다 수준의 위생관념인가 보다.

드디어 도착한 퀘벡시티. 아름다운 퀘벡시티의 인상은 역시 아름다운 빨레역Gare du Palais에서부터 시작한다. 역이 약간 고풍스러우면서도 우아하였다. 퀘벡시티는 위도가 높아 겨울밤이 매우 길다. 도착한 시간은 6시도 안되었지만 벌써 깜깜한 밤이 되어 있었다. 숙소까지는 그리 멀지 않았지만, 초행길은 어디나 천릿길.

퀘벡시티는 다른 대도시와 달리 언덕과 골목이 많은 도시라고 한다. 역을 나와 걷기 시작하니 칼바람이 장난 아니었다. 화가들이 그림을 판다는 골목을 만났지만 너무 추워서 그냥 지나치기로 했다. 칼바람에 언덕길을 오르려니 갑자기 폐병이 든 사람처럼 기침을 하게 되었다. 폐부로 들이치는 찬바람에 덜덜 떨며 걷다가, 드디어 언덕 위에 보이는 숙소. 성냥팔이 소녀처럼 희미해져가는 불빛을 향해 마지막 힘을 내는 상상을 하면서 도착하였다. 낡고 오래되었지만 갈고닦인 격조 있는 분위기. 그게 퀘벡시티의 첫인상이었다. 결론부터 말하자면 몬트리올에서 여행의 즐거움을 배웠다면, 퀘벡시티에서는 여행의 외로움을 배웠다.

▲ 퀘벡시티의 기차역
▼ 거리의 화가들이 많은 골목

나는 숙소를 나와 거리를 걸었다. 퀘벡시티는 세계적으로 유명한 태양의 서커스단 본부가 있는 곳이지만, 겨울에는 그리 정열적으로 보이지 않았다. 퀘벡시티는 바다에서 내륙 깊숙이 들어갈 수 있는 길목에 위치하고 있으므로, 그야말로 요충지 중의 요충지다. 원래 퀘벡시티의 이름은 그냥 퀘벡이다. 강이 갑자기 좁아진다는 원주민 말에서 유래되었다고 한다. 그러나 주의 이름도 퀘벡인 관계로 그냥 퀘벡이라고 하면 퀘벡 주를 이야기하는 것인지, 퀘벡 시를 이야기하는 것인지 헷갈리기 마련이다. 그래서 시의 이름을 퀘벡시티라고 부르곤 한다. 흔히 말하는 퀘베커Quebeker라는 것은 사람을 지칭하는 말로 퀘벡시티뿐 아니라 퀘벡지방 사람을 이야기한다.

퀘벡시티의 밤거리는 안전한 편이다. 내가 물가가 싼 미국 쪽을 택하지 않고, 상대적으로 비싼 캐나다 쪽에서 북미횡단 여행을 결심한 것은 캐나다에 대해 비교적 잘 알고 있기 때문이었다. 캐나다는 서구사회 중에서 밤거리가 안전한 몇 안 되는 나라 중의 하나라고 한다. 어떤 사람은 캐나다도 무섭다고 하는데, 그것은 낯섦에 대한 두려움, 즉 자기 안의 두려움이지 캐나다 사회의 치안과는 무관하다. 그런 사람은 한국 사회도 무섭다고 할 것이다. 밤은 원래 무섭긴 하다. 사실 야생의 밴쿠버의 밤은 정말 무섭다. 내가 살던 UBC 교정의 아파트는 숲이 우거져 있었다. 해안가에 있는 학교이기에 곰은 나타나지 않지만, 너구리, 스컹크 등은 나타난다. 야행성 동물들이 눈을 번득이면서 나를 바라보고 있으면 당연히 무섭다. 특히 스컹크가 바라보고 있으면 아주 신중한 발걸음으로 물러서야 한다. 심지어 주행 중에 스컹크를 치었을 때에는 차를 폐차해야 할 정도로 냄새가 가시지 않는다고 한다.

퀘벡시티의 모든 길과 건물은 잘 다듬어져 있고, 미적으로도 아름답기 그지없었다. 퀘벡시티를 다녀온 사람들 모두는 퀘벡시티가 매우 아름답다고 한다. 어떻게 기타 의견도 없이 아름답다는 건지, 나에게는 호기심의 대상이 아닐 수가 없었다. 견해가 획일적일 때 나는 항상 그 실체를 의심하는 버릇이 있다. 어떠한 이데올로기가 있는 것이 아닌지 의심스럽기 때문이다. 사람이 다양한데,

어떻게 하나의 사물을 똑같이 볼 수 있다는 말인가? 그러나 그만큼 인간이 가진 보편적인 미적 본성을 자극한다는 말이 될 수도 있다.

퀘벡시티의 첫날과 둘째 날을 보내고 나니 눈에 확 띄는 몇 가지가 있다. 우선, 퀘벡시티는 성곽도시이다. 과거 한성이었던 서울에도 성이 있기는 하지만 전쟁을 대비한 성이라고 하기는 좀 뭣하다. 수원성은 요새와 같은 성으로 지금도 아름다운 성곽을 그대로 드러내고 있다. 그런데 퀘벡시티의 성곽은 분명 어제의 유산이지만, 오늘의 삶과 너무도 잘 어울리도록 도시와 함께 살고 있었다. 성곽이 문화유산이기도 하지만 퀘벡시티에서는 사람이 사는 배경이 되어 참 편안하게 느껴졌다.

둘째, 나의 눈을 붙잡은 것은 도시의 조명. 밤의 도심, 더구나 성곽에 둘러싸인 도시는 으슥하기 마련일 텐데, 전체를 밝히지 않아도 적당히 환하고, 지나치게 화려하지 않아도 은은한 빛으로 도시의 밤에 생기를 더하고 있었다. 조명을 사용하면 자칫 천박해지거나 분칠한 도시 같아 보이기 쉽다. 그러나 퀘벡시티의 조명은 화려했지만 천박하지 않았고, 밝았지만 번쩍이지 않았다.

셋째로 확인한 것은 퀘벡시티의 크기였다. 소위 관광의 대상이 되는 퀘벡시티는 바다가 보이는 구도심으로 성곽에 둘러싸여 있다. 성곽 밖 동쪽과 북쪽은 바다이고, 남쪽과 서쪽은 지대가 낮은 곳이다. 도시 전체를 내려다볼 수도, 올려다볼 수도 있다. 나는 길 가던 사람에게 다운타운 쪽이 어디냐고 물어 보았다. 그 사람은 나를 바라보면서 손가락으로 왼쪽을 가리켰다. 언덕 위에 서 있는 나의 왼쪽은 지대가 낮은 곳이었다. "이쪽이 다운타운" 그리고 지대가 높은 오른쪽을 가리키며 "당연히 이쪽은 업 타운" 했다. 퀘벡시티는 도심을 뜻하는 다운타운이 정말로 아래쪽에 있었다.

| 1 | 2 |
| 3 | 4 |

1, 2 구 도심인 성곽 안과 신도심의 외곽은 걷거나 차를 타고 다닌다.
3, 4 은은한 네온으로 도시는 낭만과 우아를 입은 듯하다.

넷째, 퀘벡시티의 슈퍼마켓에서 술을 팔고 있는 것은 일종의 충격이었다. 1920년대 북미 대륙은 복음주의 기독교를 중심으로 금주운동이 일어났고 금주법이 제정되었던 시기였다. 사실 일시적으로 절주 운동이야 있을 수 있지만 아예 법으로 정해 10여 년을 유지했다는 것은 상상하기 어려운 일이다. 인류 역사의 중요 유산인 술을 금한다는 것은 인간의 본성을 무시하는 행위이기도 하다. 하긴 종교와 사상은 그런 황당한 생각을 종종 정치화하였으니 새로울 것도 없는 일이다. 그런데 가톨릭계 퀘벡 주는 그런 것에 동참하기가 쉽지 않았다. 특히 몬트리올은 타락과 악마의 도시로 낙인찍히기까지 했는데, 프랑스권 문화에서 금주는 있을 수 없는 일이기 때문이다. 그 결과 지금도 캐나다의 모든 주 슈퍼마켓에서는 술을 팔지 않는다. 정부에 의해 허가된 알코올 취급점에서만 술을 살 수 있다. 그런데 퀘벡시티에 와 보니 슈퍼에서 판다는 것이다. 나는 자동으로 술을 한 병 구입하고 밤새 혼자 홀짝홀짝 마셨다. 말이 나온 김에 슈퍼에서 본 두 가지 특이한 것 중 하나는 자원 절약과 생산 원가 절감을 위한 우유 포장인데, 우유가 그냥 비닐봉지에 들어 있어 깜짝 놀랐다. 또 다른 하나는 몬트리올의 피에르 할아버지와 같이 갔던 식당을 보았던 것이다. 상 위베르 상표의 샐러드를 보고 어찌나 반가웠는지…….

퀘벡을 대충 둘러보고 이제 속도를 조절하면서 간 곳은 맥도날드답지 않은 분위기의 맥도날드. 이곳에서 혼자 커피를 마시는데, 옆에 있는 할아버지가 뭔가를 도와주고 싶어서 안달이 나셨다. 내 앞에 지도를 펴고 어디를 다녀왔냐고 묻고 싶어 하는 것 같은데, 영어를 전혀 하지 못하셨다. 나는 그분의 친절을 무시할 수가 없어 알아듣는 척을 했지만 전혀 알 수가 없었다. 캐나다 땅이지만, 영어를 전혀 하지 않고도 살 수 있는 곳이 퀘벡이다. 퀘벡의 상류층이나 젊은 층은 영어를 사용하지만, 어릴 적부터 영어를 배우지 않은 듯 프랑스식 영어발음을 구사하는 분이나 영어를 전혀 하지 못하는 분들도 많이 있다.

퀘벡시티의 예쁜 서점에도 들어가 보았다. 총 4층으로 된 서점은 한국처럼 책과 함께 CD, DVD, 팬시 제품 등도 팔고 있었다. 금주의 베스트셀러대에서 『스티브 잡스』도 보았고, 007시리즈를 죽 펼쳐 놓은 DVD진열대를 보면서 역시 007 중에 진리는 숀 코널리라고 머리를 주억거렸다. 옆에 덴절 워싱턴의 얼굴이 보였는데, 오바마에 관한 영화를 찍게 되면 주연으로 강력 추천하고 싶은 배우다. 진짜 출연하게 된다면 20kg은 감량해야겠지만……. CD 값이 착해서 몇 개의 CD를 샀다. 루이 암스트롱, 부에나 비스타 소셜 클럽, 라흐마니노프, 바흐 무반주 첼로. 더 사고 싶었지만 여행 중의 쇼핑은 패악에 가깝다. 아쉽지만 4장만 사기로 했다.

술을 파는 퀘벡의 슈퍼마켓
그리고 비닐에 든 우유와
상 위베르 상표 샐러드(왼쪽부터)

세인트 로렌스 강 입구의 높은 지대에 위치한 퀘벡시티는 요새 도시였다.

퀘벡시티 성곽에 비친
캐나다의 상처

퀘벡시티는 봄, 여름, 가을, 겨울 다 좋다고 하지만, 겨울에 이곳을 찾은 나는 여름에 찾지 못한 것이 아쉬웠다. 인터넷에서 퀘벡시티의 사진을 보면, 분명 퀘벡시티는 퀘벡시티인데 내가 본 그 아름답지만 스산한 분위기는 도무지 찾을 수가 없다. 어쩌나 생기발랄, 상쾌한 도시인지. 내 인생에 다시 한 번 이곳을 찾을 수 있을지 모르겠다. 지금부터 착한 일 많이 해야 할 듯하다.

오늘 내가 찾은 곳은 그중에서도 가장 스산한 지역으로 퀘벡시티에서 제일 높은 곳이다. 맨 위로 올라가니 성벽의 끝이다. 세인트 로렌스 강이 보이는 이곳은 아무렇게나 찍어도 화보가 된다. 가장 높은 지점에 올라 동서남북을 찍으니, 뒤쪽에는 집과 교회가, 앞쪽에는 세인트 로렌스 강이, 왼쪽에는 샤토 프론트낙 호텔이, 오른쪽에는 별모양의 특이한 요새 시타델이 찍혔다.

퀘벡시티의 모든 관광명소는 물론 관공서와 주요 시설이 모두 성 안에 있기 때문에, 흔히 퀘벡시티 여행은 성곽 안을 걷는 정도라고 한다. 그래서 대개 1박 2일이면 약간 모자라고, 2박 3일이면 조금 남는다고 한다. 나는 이런 관광방식에 동의하지 않는다. 캐나다의 다문화주의를 연구하는 사람으로서 거리를 돌아다니며 벽과 길이 기억하는 말들을 듣기 위해서는 좀 더 신중해야만 한다. 더구나 과거의 아픈 상처로 인해 퀘벡 주의 주민들은 '이제는 덮고 넘어가야 할' 그러나 '기억은 해야 할' 아픈 역사에 대해 이야기하는 것을 좋아하지 않는다. 과거를 다소 쿨하게 받아들이면서 객관화하는 습관도 있다.

내가 캐나다 다문화주의에 대해 관심을 가지는 이유가 바로 이것이다. 다른 나라의 다문화주의는 외부로부터 다양한 인종이 들어온 것과 관련이 있지만, 캐나다는 내적인 이유, 즉 내부의 팽팽한 다름과 갈등 때문에 출발하게 된 것이다. 캐나다 사람들이 착해서? 절대 NO! 캐나다의 권력도 차별할 만큼 차별하고, 모욕할 만큼 모욕했다. 그런데 그러한 갈등으로 자신의 것조차 지키기 어렵게 되었다. 이로 인해 불거진 것이 바로 1960년대 이후 퀘벡 주 분리운동이었다. 1968년 프랑스의 드골 대통령이 퀘벡을 방문하여 연설하던 중에 "자유 퀘벡 만세"를 외쳤는데, 이것이 퀘벡인의 가슴에 불을 댕긴 것이었다. 물론 이는 원래 있던 불이며, 프랑스계 캐나다인마다 자식을 10여 명씩 낳은 원천이 되던 응어리였다. 퀘벡 주에서는 분리 독립을 주장한 퀘벡당이 1970년 이후 다수당을 차지하고 있다. 그리고 1980년, 1995년에 걸쳐 캐나다 연방으로부터 퀘벡 주가 독립하는 안을 가지고 주민투표를 실시하기도 하였다. 두 번 다 반대가 과반수였지만, 사실상 찬성과 반대의 수는 언제나 팽팽했다. 실제 퀘벡 주가 독립을 하는 것이 목표인 사람에게는 통탄의 결과이지만, 독립을 원하든 아니든 이러한 세력화와 행동화의 정치적 효과는 엄청났다. 캐나다 사회의 중요세력으로 명실상부하게 정치적 위치를 확보한 것이다.

캐나다 다문화주의가 국가운영원리로 발표된 것은 1971년이었으며, 이는 초기의 단순한 이중언어 정책이 사회제도 및 문화에 이르기까지 전면화되는 것을 의미하였다. 사실 캐나다 연방의 입장에서 퀘벡 주가 캐나다 땅의 중간에 대형 구멍을 내고 캐나다 연방에서 사라진다면 국가 공동체가 매우 곤란할 수밖에 없다. 또한 퀘벡 주의 입장에서도 연방의 경제 시스템에서 배제된 채 떨어져가는 것은 많은 것을 포기해야 하는 것이다. 이렇게 1970년대 만들어진 다문화주의 정책의 토대는 사실상 퀘벡시티에서 벌어졌던 아픈 역사에서 시작되었다. 퀘벡시티는 영국과 프랑스 간에 캐나다 주도권을 쥐기 위한 쟁탈전의 최종리그가 있던 곳이다. 나는 다문화주의라는 규칙을 합의해야 했을 만큼 치열했던 현장을 보고자 했다.

퀘벡은 캐나다 땅에서 프랑스 문화를 만끽할 수 있는 곳이다.

샤토 프론트낙 호텔 ▲
퀘벡대극장 ▼

스페인계가 주로 정착한 중남미와 달리 1600년대 초반, 북미는 프랑스계가 깃발을 먼저 꽂았다. 1604년 지금의 대서양 지역의 섬에 아카디아를 건설한 데 이어, 1608년 퀘벡시티에도 프랑스 정착마을이 건설되었다고 한다. 그리고 1763년 영국에 의해 최종 패배하기까지 이곳은 프랑스의 식민지 '뉴 프랑스' 였다. 그런데 뉴 프랑스는 지금의 국경 개념보다 매우 커서 미국 남부의 루이 지애나까지 포함하고 있었다고 한다. 그래서 루이지애나는 미국에서도 색다른 문화, 즉 프랑스계와 스페인계 그리고 원주민과 흑인의 문화가 섞인 크리올 Creole 문화가 있는 곳으로 유명하다. 지금도 뉴올리언스에 가면 구 프랑스 식민지 시대의 중심가인 뷰카레Vieux Carré가 있다고 한다.

뉴 프랑스가 존재하던 약 200년은 프랑스 정착민과 원주민 혼혈인들이 몇 대째 살던 시기로, 최대로 확장기는 루이14세 치하라고 한다. 반면, 영국은 엘리자베스1세 여왕기의 안정적인 국가 운영을 기초로 뒤늦게 식민지 경영에 뛰어들었다. 영국은 유럽 내에서 서열을 정하는 각종 다툼에서 승리를 거두었고, 마침내 자국 식민 회사를 군사적으로 지원 관리하면서 세력을 확장해 나갔다. 그러나 프랑스는 루이14세를 정점으로 국내 정세가 불안했고 유럽 내 다른 나라와의 경쟁에서 계속 밀리기 시작하였다. 루이14세는 최고의 프랑스를 건설하였지만 자기 치하에서 프랑스의 모든 것을 다 소모하고 오로지 가난한 민중과 폭압시스템만을 남겼다고나 할까? 식민지 관리도 부실하게 되자 뉴 프랑스의 이주민들은 자력갱생으로 살아가고 있었다. 이때 북미에서 프랑스가 영국에 밀리기 시작한 것은 당연한 일. 영불 간의 패권다툼에서 1차 전쟁의 패배는 대서양의 식민지 아카디아를 넘기게 되었으며, 2차 전쟁의 마지막 전투는 퀘벡시티에서 치러졌다.

1차 전쟁의 결과 영국은 대서양 식민지에 영국인과 스코틀랜드, 아일랜드인을 이주시키고 프랑스계 이주민을 몰아내었다. 결과적으로 대서양의 식민지들은 영국에 대한 충성심이 높아졌지만, 그곳에서 쫓겨난 프랑스계는 모진 고생을 겪어야 했다. 유명한 롱펠로우Henry W. Longfellow의 에반젤린Evangeline은 아카디아인의 이산을 노래한 서사시이다. 어릴 적에 읽어 본 이 잔잔한 이야기는 대략 이렇다. 아카디아에 사는 에반젤린은 엄청 예쁜 아가씨인데 온갖 남자들을 물리치고 가브리엘과 결혼한다. 그러나 결혼식 날 전쟁이 일어나고 둘은 헤어지게 된다. 평생 가브리엘을 찾아 나섰던 아름다운 에반젤린은 노파가 되어 필라델피아의 어느 자선병원에서 일을 하는데, 그곳에 전염병으로 숨을 거두기 직전의 노인을 발견, 물론 가브리엘이었다. 그들은 나란히 죽음을 맞는다. 문학은 사랑을 이야기하지만, 현실은 아마 재산의 몰수, 가족의 이산과 굶주림과 추위, 질병과 죽음, 그런 것일 게다.

2차 전쟁은 대서양쪽을 빼앗기고 내륙 쪽에 다시 건설한 퀘벡 주에서 일어났다. 전쟁이 일어나자마자 몬트리올은 쉽게 함락당하고 마는데, 영국군과 최후로 싸운 퀘벡시티의 전쟁터는 아브라함 평원Plains of Abraham으로 지금은 전장공원Parc des Champs de Bataille이라고 부른다. 바로 성곽의 안쪽에 있는 언덕이다. 퀘벡시티에서 있었던 전쟁은 아주 치열했다고 한다. 영국군과 프랑스군의 대다수가 죽었을 뿐 아니라 양쪽 지휘관도 모두 전사한 3일간의 육탄전이었다. 퀘벡시티의 성곽은 북동쪽으로는 험준하지만, 남서쪽으로는 경사 5~15도 사이의 평지에 가깝다. 경사가 급한 곳은 경계가 쉽지만, 영국군이 쳐들어왔던 곳은 성의 낮은 지대였다. 이 공원은 지금 잔디와 비석을 세워 그대로 보존되어 있다. 공원을 따라 걸으면 성문을 나오게 되는데, 그곳에 퀘벡의 주의사당이 나온다. 퀘벡의 주도는 몬트리올이 아니라 퀘벡시티다. 캐나다는 경제와 정치가 한 도시에 집중되는 것을 경계하는 나라이다.

▲ 전장공원이 끝나는 지점에 있는 퀘벡 주의사당
◀ 거리 의류 쇼윈도에서 본 영불전쟁 모형

사실 영국과 프랑스의 식민지 다툼에는 '나는 공산당이 싫어요' 못지않은 증오의 이데올로기가 있었다. 그러나 이후 하나의 공동체를 만들기 위해 상호간에 무엇을 해야 할지 많은 고민이 있었던 것 같다. 캐나다는 현재 당시의 식민지 전쟁의 논리 속에 피 흘린 이들을 아와 타로 규정하지 않는다. 그저 캐나다를 만든 역사라고 여긴다. 과거를 역사로 객관화하고 같이 살자는 것이 다문화주의이다. 주로 이긴 쪽에서 반성과 성찰을 하는 것이 다문화주의이며, 그래서 캐나다에서는 다문화주의의 코드를 상대의 존재, 생태, 문화, 감정에 대한 인정recognition이라고 한다. 심지어 당시의 전쟁을 재연하는 축제나 행사도 열리는 등 쿨한 면모를 보여주는 것이 신기할 따름이다. 나는 캐나다의 다문화주의 역사를 보면서, 남북한에도 서로 포용하는 날이 올까라는 생각을 하게 된다. 어차피 깨알 같은 제압을 하기 어려운 게 현실이라면, 상호 인정이 가장 현명한 결정이라는 것이 캐나다가 내린 결론이다.

퀘벡시티에서 생각하는
캐나다 다문화주의

피겨선수 김연아는 캐나다와 인연이 깊다. 말이 많았지만 그녀가 한 단계 도약하는 데 중요한 역할을 한 것으로 짐작되는 브라이언 오서 코치도 캐나다 사람이고 아름다운 안무를 만들어준 데이비드 윌슨 역시 캐나다인이다. 김연아 선수는 밴쿠버 올림픽에서 금메달을 목에 걸었고, 2년여의 휴식 끝에 다시 재기에 성공한 무대도 캐나다이다. 이 정도면 캐나다는 김연아에게 제2의 고향이 아닐까.

내가 북미를 횡단하고 난 직후에 김연아 선수는 캐나다의 런던에서 멋진 복귀를 해냈다. 나도 다른 사람들과 마찬가지로 영상을 보고, 감동에 젖어 연아 선수의 그 멋진 노력에 공감하고 감사함을 느꼈다. 많은 한국인들이 팍팍한 삶속에서 일종의 힐링을 느꼈음을 우리는 잘 안다. 김연아의 성공은 그녀만의 것이 아니라, 우리 모두의 기쁨이었다. 그녀가 가진 실력이 스킬을 넘어 예술에 닿아 있기 때문이고, 그녀가 겪었을 심적 고통이 인간이 보여줄 수 있는 높은 수준의 투쟁이었음을 알고 있기 때문이다.

외국 방송에서의 경기 중계를 보니 그들 또한 감동하였다. 캐나다 국영방송과 미국과 유럽의 스포츠 채널의 중계를 보면서, 그들 모두가 밴쿠버에서 보여준 기술과 예술이 합치된 김연아의 수준 높은 무대를 기억하고 있는 것을 확인할 수 있었다. 쇼트 프로그램에서 다소 기대에 못 미치는 점수가 나오자 "오, 이런……", "점수가 좀……" 하며 의아해하였고, 프리 프로그램에 높은 점수가 나오자 만족스럽다는 듯이 "예~" 하면서 공감했다. 최고의 선수에게 경이와 찬사를 쏟아내는 것을 보고 흐뭇한 마음을 금할 수가 없었다.

그때 나는 우리나라의 모 통신사에서 쓴 다소 졸렬한 기사를 보고 웃음으로 넘기기가 매우 불편했다. 그 통신사는 뉴스를 각 미디어에 제공하는 곳이어서, 여러 매체에서 이것을 그대로 사용하고 있었기 때문이다. 기사에서 내 신경을 건드린 부분은 여기였다.

> 앞서 아사다 마오(일본), 케이틀린 오스먼드(캐나다)가 연기를 마
> 쳤을 때는 링크에서 몸을 푸는 김연아의 기를 죽이기라도 하려는
> 듯 맹렬히 자국 국기를 흔들며 소리를 지르던 일본·캐나다 팬들
> 도 탄성을 연발하며 뜨거운 박수를 보냈다.

읽어보니 실제 그랬다는 것이 아니라 기자의 느낌을 쓴 것 같은데, 보도기
사 중간에 기자의 조악한 감정을 삽입해도 괜찮은 것인지 모르겠다. 나처럼 감
상문이나 주장문을 쓰는 사람이라면 그렇게 써도 별 무리가 없지만, 보도기사
속의 이러한 내용은 무리라는 생각이 들었다. 이 기자가 가독성을 높이기 위해
졸렬한 국수주의를 사용하는 것은 아닌지.

일단 나는 일본인들이 어떤 심정으로 자국기를 열심히 흔들었는지 모르겠
다. 과연 김연아의 기를 죽이려는 의도를 가지고 일본기를 흔들까 싶다. 도리
어 아사다 마오를 응원하는 일본인을 보고 김연아의 기를 죽이는 것처럼 느낀
기자의 정서에서 뭔가 심각한 혐의가 느껴진다. 나는 아사다 마오가 푸르딩딩
한 눈 화장을 하고 나와, 뭔가에 쫓기듯 연기하는 것을 보면 마음이 조이곤 했
다. 스케이트를 즐기면서 타던 10대 후반 아사다의 귀여운 모습이 자꾸 오버랩
되어 더욱 안타깝기만 했다.

캐나다인들이 김연아를 기죽이려는 의도가 없다는 것은 너무나 쉽게 생각
할 수 있다. 일단 자국 선수들의 경기를 보는 캐나다인의 태도를 보면 잘 알 수
있다. 캐나다는 남자 싱글에 최고의 스타를 내보냈고, 여자 싱글에는 어린 선
수가 출전했다. 캐나다 여자 피겨의 기대주 오스먼드는 실상 정신 사나운 경기
로 거의 달리기 하듯 연기를 해서 누가 보더라도 어린 소녀의 흥분된 연기였
다. 그래도 캐나다인들은 그녀의 그 많은 실수 때마다 격려했고 그녀 역시 다
끝나고 나서는 마치 완벽한 무대라도 끝낸 듯이 아이처럼 기뻐했다. 남자 싱글

의 우승자가 된 캐나다의 챈도 프리에서 실수를 많이 했다. 그래도 폭풍 격려를 보내며 박수를 아끼지 않았다. 캐나다는 경쟁적인 분위기가 아니라, 각각의 노력을 격려하는 나라다. 더욱이 캐나다는 다양성을 즐기는 것에 익숙하다. 경기가 열린 오타리오 주의 런던은 영국풍의 도시로서 전통적인 캐나다 도시이다. 객석을 가득 메운 백인 할머니, 할아버지들은 캐나다 다문화주의가 시작되고 발전하는 것을 경험한 사람들이다. 나의 것이 존중되듯이 다른 사람의 것도 존중된다는 것을 그들의 평생을 통해 배우고 익히고 실천하였다는 것을 의미한다. 그러한 과정은 다른 문화에 대한 감수성과 수용성을 요구한다. 곧 다름에 대한 날카로운 각이 호기심으로 변하는 것을 의미한다. 그들은 경기를 즐기러 왔지 결코 경합에 초점을 맞추지 않았을 것이다. 나는 문화적 수용성이 부족한 기자의 기사가 다른 신문사로 퍼져나가는 것을 보면서, 씁쓸한 마음을 감출 수가 없었다.

　나의 북미횡단은 나의 인생 후반기를 준비하는 여행이면서 캐나다 사회를 들여다보는 기회였다. 캐나다의 가치인 다문화주의가 그 대상이었다. 앞서 말했듯이, 캐나다 다문화주의는 이주민이 증가해서 제기된 것이 아니다. 식민지 전쟁에서 승리한 영국계가 프랑스계를 끌어안는 사회통합의 과제가 너무나 시급해진 때가 바로 1960년대였다. 그래서 처음에 생긴 것이 영어와 프랑스어를 공용어로 하는 이중 언어정책이었다. 그러나 이에 반발하는 세력이 있었는데, 우크라니아계였다. 이들의 강력한 반발과 다른 소수 민족의 동조로 인해 이중 언어정책은 다문화주의로 확대되었는데, 이때는 1970년대였다. 바로 전 세계적으로 인권의식이 들불처럼 번져가던 시기였다. 빈부문제, 세대문제, 여성의 지위 문제, 아동의 권리, 장애인의 권리, 노인의 권리, 성소수자에 대한 차별 철폐 등의 요구가 제기되기 시작한 시기였다. 또한 이들이 스스로의 문화를 생산하는 문화 주체로 서기 시작한 시기였다.

　여기서 더욱 중요한 것은 특정 문화에 정상 혹은 비정상의 잣대를 들이대는 사회통념을 백인-남성-영국적 통념의 잣대라고 규정하기 시작했다는 사실. 그

◀ 퀘벡시티의 작은 버스
▶ 바닥의 주차공간 표시

래서 탄생한 것이 문화적 다양성cultural diversity이다. 캐나다 다문화주의는 문화 다양성 속에 만들어진 정치적 이념이며, 문화 다양성은 인간에 대한 존재론적 접근에 기초하고 있다. 이것은 인류학에서 문화상대주의라는 개념으로 표현되고 있는 말이다. 그러나 그 모든 것의 핵심 용어는 다양성이다.

이 주제의 글을 마치기 전에 반드시 써야 할 내용이 있다. 만일 내가 밴쿠버에서 캐나다 다문화주의에 대해 결론을 내렸다면 여기까지 썼을 것이다. 그러나 캐나다 전역을 다니고 마침내 퀘벡에 와서 보니 그것은 반쪽짜리 다문화주의이다. 다문화주의는 오로지 인정과 수용을 의미하지 않는다. 다문화주의의 다른 얼굴은 자기 정체성을 드러내거나 최소한 자기 정체성에 맞지 않는 것을 거부할 수 있는 것까지 포함될 때 완성된다. 그리고 그 근저에는 보편인권이 있으며 보편성을 벗어난 다양성은 다양성의 가치를 가질 수 없는 것이다.

퀘벡시티를 머물 때 날씨가 참 추웠다. 어느 날 저녁 불현듯 슈퍼에서 고기 한 점을 샀다. 다음날 아침에 고기를 먹어야겠다고 생각한 것. 1cm 두께 정도의 고기가 '1.79달러+세금'이니까 우리 돈으로 2,200원 정도 한다. 다음날 아침 파스타와 함께 고기를 구워서 흐뭇하게 먹고 나니 기분이 좋아지고 삶의 탐구 능력이 회복되었다. 다시 시내를 다니면서 퀘벡의 이국적인 분위기를 자세히 관찰하였다. 퀘벡시티에는 독특한 분위기가 있다. 차도와 인도 그리고 주차공간에 줄이 그어져 있지 않다. 큰 도로에는 더러 차선이 그려져 있지만 웬만하면 상징으로 표시한다. 그래서 캐나다인 스스로 퀘벡시티를 가장 아름다운 도시로 꼽기를 주저하지 않는다. 말없이 권유하는 부드러움이 있기 때문이다.

또한 모든 건물들이 다 자기의 얼굴을 하고 말을 건넨다. 물론 프랑스어로. 나는 못 알아듣는다. 그래도 편안한다. 다국적 기업의 간판도 퀘벡의 분위기에 젖어 있다. 아마 시에서 강력하게 색상을 규제하지 않고서 이럴 수가 없지 않을까 싶다. 그러나 중요한 것은 아무리 이질적인 문화라도 퀘벡에서는 퀘벡화한다는 것. 영어 간판이 반가워 들어간 맥도날드는 이전까지 내가 알고 있는 맥도날드가 아니었다. 내부에 무언가 퀘벡적인 느낌이 가득하고, 실내임에도 실외 분위기를 내는 인테리어, 벽장식 역시 퀘벡 느낌이었다. 스타벅스도 뭔가

다른 스타벅스이다. 캐나다 동부의 유명 커피집인 세컨드 컵도 다른 곳과는 다르다. 들어가 커피를 마시면 그 맛도 다르게 느껴진다. 그러고 보니 각 도시를 지나고 인종의 구성이 바뀌며, 캐나다의 도시들은 제 각각의 얼굴을 하고 있었다. 퀘벡시티에 와서 보니 그것이 확연해졌지만, 다른 것을 받아들이는 수용성이 자기 정체성을 옹호하는 것과 짝을 이루어 성장한 듯했다. 짙은 코발트색이 상징이었던 몬트리올과 짙은 청록색의 퀘벡시티는 분명 같은 문화권임에도 서로 달랐다. 자기 문화를 드러내지만 우월감이나 열등감이 존재하지 않으니까 다른 문화에 대해서도 관대하게 되는 것이다. 그것이 문화다양성이며, 다문화주의 정책의 핵심이다.

맥도날드(좌)와 스타벅스(우)도 퀘벡시티에서는 퀘벡스럽다.

10

마 침 내

대 서 양

뉴욕은
부록

퀘벡시티에서 몬트리올로 돌아온 것은 뉴욕을 가기 위해서였다. 대서양 4개 주를 포기하는 것을 정말 아쉬운 일이었으나, 몸도 하나이며 주머니 답도 하나였다. 한정된 예산에 별도의 교통비를 들여야 하는 대서양 4개주를 포기하고 뉴욕을 택하니 세상없어도 월 패스가 만료되는 11월 8일에는 뉴욕으로 가야 했다. 이제 '캐나다 횡단'은 퀘벡시티로 마무리되고 타이틀이 '북미횡단'으로 변경되는 순간이었다. 만일 내가 책을 출판할 목적을 가지고 있었다면 캐나다 여행을 계속하는 것이 좋았을 것이다. 그러나 이 고요한 여행의 방향은 뉴욕으로 향하고 말았다.

정직하게 말하자면 이번 여행의 최종 행선지는 원래부터 뉴욕이었다. 시간과 일정상 대서양 4개주를 들러 뉴욕으로 가는 것이 불가능했을 때 하나의 지역만 선택해야 했다. 나는 상대적으로 비용이 적게 드는 곳을 선택했지만 내심 미국 대통령도 소개령을 내릴 정도로 강력했던 허리케인 신디가 지나간 뉴욕의 현장을 가보고 싶었다. 뉴욕의 속살을 보고 싶었다고나 할까? 언제나 그렇듯이 호기심은 논리적이지 않다.

어찌되었든 캐나다 쪽 바다나 뉴욕의 바다나 같은 대서양이다. 나는 대서양을 봐야만 했다. 영화 〈원 위크〉처럼 바다에 이르렀을 때 마침내 이 여행의 결론이 내려질 것 같았다. 태평양에서 대서양까지 버스와 기차 그리고 걸어서 하는 대륙 횡단의 마지막 피날레는 대서양 바다를 봄으로써 완성되는 것이다. 그래서 뉴욕은 이 여행의 부록이기고 하고, 에필로그이기도 하다.

몬트리올을 떠나 뉴욕을 향할 때는 11월 8일 저녁 8시였다. 뉴욕에 도착하면 이미 11월 9일이니 월 패스의 시한을 넘기고 만다. 11월 8일이 지났다고 이미 탄 버스에서 끌어내리지는 않겠지 하는 심정으로 버스에 앉아 있었다. 버스는 나이아가라 폭포 앞의 다리를 건너 미국으로 들어갈 것이다. 이상하게 캐나다에서 미국으로 들어갈 때 언제나 긴장이 된다. 미국 검문소에서 예기치 않은 불상사가 일어날 것 같은 느낌은 많은 영화를 본 후유증일 것이다.

한국 사람이라면 누구나 그렇듯이 국경을 걸어서 넘는 것에 대한 낯섦이 있다. 우리는 삼면이 바다라고 하지만 나머지 북쪽 면은 바다보다 못한 심리적 금단의 땅이다. 그러니 한국에서 다른 나라를 간다는 것은 언제나 비행기나 배를 이용해야 하는 외딴 섬의 심리가 있다. 그러니 걸어서 국경을 넘는 게 얼마나 이상한가 말이다. 하긴 2007년 당시 노무현 대통령이 국경이라고 할 수 없지만 국경보다 더한 휴전선을 걸어서 넘던 장면은 참으로 비현실적으로 보였다.

나는 그동안 캐나다와 미국을 몇 번 왔다 갔다 해보았다. 그러나 언제나 캐나다에서 미국으로 건너갈 때의 기분은 긴장된다. 미국에서 캐나다로 건너갈 때는 차 안에 앉아 주차비를 지불하듯 용무만 말하면 넘어가게 되어 있지만, 미국으로 들어갈 때는 검문이 장난 아니다. 일단 전원이 차에서 내려 이민국 사무실로 이동하여 사진 찍고, 지문 찍고, 간단한 인터뷰도 해야 한다. 그동안 검문소 직원은 차를 일일이 수색하고 문제가 되는 것들은 죄다 수거한다. 폭탄이나 총기만 그런 것이 아니라, 차 안에서 먹던 귤이나 오렌지도 압수를 당한다. 그러나 이날은 분위기가 좀 달랐다. 나는 가장 험악해 보이는 아저씨 앞에서 검사를 받게 되었는데, 그 아저씨는 인상과는 달리 상당히 친절했을 뿐만 아니라, 여권을 보고는 "안녕하서여" 하는 인사까지 하였다. 한국말 발음이 좋다고 칭찬해 주고 생글생글 웃었더니 붙잡고 안 놔줘서 이 수다 저 수다를 떨게 되었지만, 그 아저씨는 과거에 좋은 한국인들을 만났던 분임이 틀림없다.

드디어 미국. 시애틀로 들어가는 미국과 달리 뉴욕으로 들어가는 미국은 공기부터 달랐다. 미국이나 캐나다나 서부 쪽은 아무래도 헐렁하다. 그러나 동부의 느낌은 뭔가 빠르고 바쁘며 힘차다. 밤을 달리고 새벽에 도착한 미국의 첫 그림은 많은 홈리스. 왠지 캐나다 홈리스에 비해 미국의 홈리스는 더 침울해 보였다. 터미널에 빽빽이 있는 홈리스들은 무심한 얼굴로 잠을 청하고 있었지만, 뉴욕 모험을 시작한 나는 온통 두리번거리기만 하였다. 들은 바가 너무 많아 공포가 머릿속에서 자동 생산되는 뉴욕에서 정신 바짝 차려야 한다는 생각에 정신줄이 팽팽하게 당겨져 있었다.

터미널에서 지상으로 올라오니 거리는 온통 소리 지르는 사람뿐. 경찰이 소리 지르고, 택시 기사가 소리 지르고, 낄낄대는 흑인 청년들이 소리 지르고. 태풍 허리케인이 휩쓸고 간 뉴욕은 의외로 활기가 넘쳤다. 여행 기간에 한 번도 택시를 탄 적이 없지만, 내가 미리 예약한 숙소까지는 다리를 건너야 하기 때문에 이번만큼은 택시를 타야 했다. 카드 결제가 가능한 택시를 타자마자

나는 만약의 사태를 대비해서 전화를 하는 척했다. 한국말로 통화하는 척을 하면서 택시기사로 하여금 행선지와 택시에 대해 설명하고 있다는 것을 알도록 영어 발음만은 미국식으로 하려고 애를 썼다. '혹시 범죄를 생각했다면 목격자가 있으니 포기하세요'라는 사인. 전화를 끊고 택시기사에게 대화를 시도했다. 역시 두려워서였다. 사람을 미지의 세계로 두고 있으면 공포가 더 커지는 법이니, 대화의 상대로 만드는 것이 훨씬 안전하지 않은가.

그는 아주 유쾌하게 대화에 응했다. 허리케인으로 피해가 심할 줄 알았는데 도심은 괜찮아 보인다고 하니 엄청나게 심각하다고 특히 남쪽으로 가면 매우 심각해서 이런 뉴욕은 뉴요커들도 처음 본다고 하였다. 그러나 그의 뒷이야기는 역시 뉴요커다웠다.

"그렇지만 여기는 뉴욕이야. 이 세상에서 제일 생명력이 강한 것들만 살아남는 곳이야. 태풍이 지나간 다음날 모든 것이 다시 살아났어. 지금 살아나고 있을 뿐이야. 그게 뉴욕이야."

에피소드
in 뉴욕

| episode 1 | 월스트리트 황소는 어디에?

　뉴욕을 처음 가 본 사람들은 다들 이런 기분일까? 영화나 드라마 혹은 사진, 광고 등을 통해 우리는 이미 뉴욕에 대해 굉장히 많은 것을 알고 있다는 것에 상당히 당황스럽기만 했다. 우리 감각의 많은 부분이 알게 모르게 뉴욕을 향해 자라고 있는 것은 아닌지. 내가 뉴욕에 머문 20일 동안 탐색했던 지역은 뉴욕 시를 이루는 5개의 구boroughs 중 하나인 맨해튼Manhattan에 불과했다. 그러나 우리는 사실 맨해튼에 대해 많은 것을 알고 있는 듯했다.

　나는 맨해튼의 거의 모든 지역을 순시하듯이 혹은 사열하듯이 돌아다녔다. 영화 〈나 홀로 집에〉에 나오는 센트럴파크와 비싼 호텔들, 고급 아파트를 체크 하고, 과거 흑인들의 거주지였던 할렘Harlem 지역을 확인한 후 다시 남하하여, 타임스스퀘어를 중심으로 한 극장가를 점검하였다. 가난한 공장들이 즐비하던 소호Soho거리도 검열하고, 5번가의 비싼 명품점과 유명 기업의 본사도 점검하였다. 물론 월Wall가를 중심으로 한 금융가와 9 · 11테러 현장 역시 빼놓을 수 없는 곳이었다. 정말 맨해튼을 이루는 구역들에 대한 정보가 알게 모르게 나에게 쌓여 있었다. 그리고 대부분의 정보들이 매우 정확했다. 그러나 의외의 정보가 있었다.

　월가와 9 · 11테러 현장을 방문한 날이었다. 나는 9 · 11 현장에 늘어선 줄을 보고 현장 구경 대신 주변을 돌아보는 것으로 만족하고 월가로 발을 돌렸다. 허리케인 신디가 휘젓고 간 지 3일밖에 되지 않은 월가는 물을 푸기도 하고 간판을 다시 거는 모습도 보였다. 그래도 뉴욕은 나와 같은 여행객을 받는 데 신속함을 보이고 있었다. 나는 월가를 하나하나 살펴보았다.

1 월가의 자전거 거치대
2 주변에 앉아 있는 퍼포먼스 예술가
3, 4 맨해튼을 강타한 허리케인 신디에도
맨해튼은 엄청난 속도로 다시 살아난다.

트리니티 교회Trinity church에서 월가로 들어서면 만나는 페더럴 홀Federal Hall
과 증권거래소New York Stock Exchange 앞은 많은 관광객이 몰려 있는 곳이며, 누구
나 할 것 없이 증명사진을 찍는 곳이다. 나는 생각보다 좁은 이 지역에서 의외
의 것을 발견하였다.

하나는 트리니티 교회에서였다. 트리니티 교회는 세계 경제의 심장부에 있
는 교회이다. 오래된 이 교회는 지역의 명소이기는 하지만, 교회 건물 옆에는
여느 교회나 마찬가지로 묘지가 있었다. 생각이나 해봤을까 뉴욕 한복판 그것
도 월가에 묘지라니. 우리나라 같으면 건물 혹은 길을 넓히기 위해 분묘개장
공고를 내고, 연락이 없으면 그냥 무연고 처리하고 말 일이었다. 그런데 교회
묘지가 떡 하니 있는 것을 보니, 혹시 이 나라의 자본주의는 우리나라에 수입
된 자본주의보다 덜 사나운 것은 아닌가 하는 생각이 들었다.

두 번째 의외의 그림은 바로 페더럴 홀이었다. 사진에 많이 나오는 이 빌딩
을 촘촘히 살펴보면서 어디서 많이 본 듯한 그림을 발견한 것이다. 어느 성화
에선가 본 듯한 모습, 바로 예수님이 갯세마네 동산에서 기도하는 성화와 매

우 유사한 모습이었다. 미국 초기 건국의 지도자나 자본가를 상징하는 듯한 말
쑥한 복장의 사람이 신실한 모습으로 기도하는 그림이 이 월가의 대표건물이
라고 생각하니 좀 아이러니하게 보였다. 신을 대신해 인간을 지배하는 가장 강
력한 자본주의가 신봉하는 이윤, 즉 돈에 무슨 신성이라도 부여한 듯한 그림은
약간 코미디스럽기도 하였다. 근대 서양의 모든 상징 건물들이 대개 그렇듯이,
이 건물 역시 서양 근대 사상가나 예술가의 로망인 그리스로마 건물의 모양을
하였다. 그러나 딱 한 겹만 떼 내면 전혀 다른 상자 건물이 나온다.

1	2	3	4	5

1, 2 트리니트 교회의 문
3 교회 묘지 뒤로 보이는 뉴욕증권거래소
4 월가 입구 쪽에 있는 구 증권거래소 건물
5 벽면 조각상

그러나 월가에서 가장 놀란 것이 바로 세 번째 것이었다. 나는 월가를 돌아다니다가 성난 황소 상Bowling Green 을 찾기 시작하였다. 월가에 있어야 하는 그 녀석이 보이지가 않았다. 사람들에게 물어보니 어느 방향으로 가라고 했다. 나는 왜 나를 월가가 아닌 곳으로 가라는지 알 수가 없었다. 심지어 방금 나에게 방향을 가르쳐 준 사람의 눈을 피해 다른 사람에게 물어보았다. 그러나 같은 대답. 결국 월가를 벗어나 그들이 알려준 대로 브로드웨이 방향으로 걸어갔다. 북미 대륙에서는 동서 방향으로 난 길을 애버뉴Avenue, 남북 방향으로 난 길을 스트리트Street라고 한다. 또한 사선으로 난 길을 웨이Way, 해안가에 난 길을 드라이브Drive 그리고 휘어지거나 큰길이 아니면 로드Road라고 부른다. 그 외 작은 길은 패스Path라고 하며 골목에 난 뒷길을 알리Alley라고 한다. 그러니까 나는 맨해튼의 거의 남단에 난 월가Street에서 전체 맨해튼을 대각선으로 지르는 길, 브로드웨이 쪽으로 걸어갔다. 그런데 정말 그곳에 그 성난 황소상이 있는 것이었다.

누군가 나에게 월가에 황소상이 있다고 이야기한 사람은 없었다. 그런데 누구나 월가에 황소상이 있는 것으로 알고 있는 것은 뭐지? 사람들은 왜 월가에 있다고 믿고 있으며, 왜 그 누구도 월가가 아니라 브로드웨이라고 정정해주지 않는지 모르겠다. 그냥 성난 황소는 미국 금융가를 상징하는 것으로 믿어버리고 싶은 건지. 성난 황소는 월가에 있지 않고 브로드웨이 26번지 앞에 있었다. 나는 황소상 앞에 있던 경찰에게 "황소가 뭘 보고 화가 났냐"고 물었다. 황소는 분명 브로드웨이 남단에서 북서 방향을 보면 화를 내고 있었다. 경찰은 "글쎄 저기 있는 것은 유엔 관련 건물인데……. 그런데 너처럼 묻는 사람은 처음이야" 했다. 뉴욕은 듣던 바와 비슷하지만 조금씩 달랐다. 역시 사람은 알고 있는 만큼 보기도 하지만 믿고 싶은 대로 말하는가 보다.

뉴욕에서 며칠을 보내면서 날짜에 혼동이 생겼다. 머물고 있던 호텔을 연장해야 하는데, 그만 시간을 놓치고 주말을 맞이했다. 당연히 내가 묵던 호텔에 방이 다 차버린 것. 나는 토요일 하루 머물 곳을 찾아야 했다. 그러나 짐을 들고 이리저리 다니느니, 어차피 다시 일요일부터 머물게 되어 있는 호텔이니 짐을 맡기고 하루만 어디에 가 있을 생각을 하였다. 이때 든 나름의 영리한 생각. 숙박비가 비싼 뉴욕은 숙박비와 함께 숙박세도 내야 한다. 그래서 돈을 내다 보면 보통 배가 아픈 게 아니다. 하루치 숙박비를 아낄 기회라는 생각에 하루 24시간 스타벅스 같은 곳에 머물 생각을 했다. 24시간 사람이 다니는 길은 당연히 브로드웨이. 나는 타임스스퀘어 앞 스타벅스와 맥도날드를 거사 장소로 선택하고 반반씩 머물 생각을 했다.

대략 12시가 넘자 맥도날드에 머무는 사람들의 모습이 달라지기 시작하였다. 좀 전까지 관광객이 넘치던 그곳은 이제 밤일을 하는 주변의 시간제 노동자 같은 사람들과 젊은 여행객으로 나뉘었다. 물론 정말 다양한 인종 중에 동양인은 나 하나. 새벽 3시가 넘자 여자는 딱 둘. 건너편에 앉아 있던 여성과 나는 여러 차례 눈이 마주쳤다. 결국 우리는 자석처럼, 운명처럼 서로 끌리고 있었다. 그녀와 나는 서로 있어줘서 고맙다는 듯이 각각 컴퓨터를 하였다. 그런데 4시가 넘자 청소를 위해 모두 나가라는 청천벽력 같은 말이 떨어졌다. 주섬주섬 짐을 챙겨 나오는데, 어떤 흑인 남자가 그 여자에게 말을 걸고 있었다. 나는 그것을 피하려는 그녀의 태도를 확인하고는 그녀에게로 돌진하여 "뭐하고 있어 엘레나. 빨리 가자" 하고 팔짱을 끼고 브로드웨이 길을 휘리릭 건넜다. 그녀는 아주 가볍게 나에게 몸을 맡기고 함께 뛰어주었다. 길 건너에는 스타벅스가 있었다. 스타벅스도 청소를 위해 문을 닫았지만 1시간가량만 기다리면 문을 열 것이었다. 프랑스 학생인 그녀와 나는 인사 등 모든 의례를 생략하고 그 후 4시간 동안 머리를 맞대고 있었다. 깊은 동지애로 말이다. 하룻밤을 같이 보낸 소피와 헤어진 나는 센트럴파크로 갔다. 호텔 체크인 시간인 2시까지 몇 시

간이 남아 있었기 때문이다.

　센트럴파크는 소위 맨해튼의 부촌이다. 사실 어마어마한 정원을 둘러싸고 있는 집들과 호텔이 쪽방촌과 싸구려 여인숙일 리 없지 않은가 말이다. 센트럴파크는 대한민국 대표 추석특선 〈나홀로 집에〉 뉴욕 편을 통해 우리나라 사람들에게는 충분히 알려진 곳이다. 나는 센트럴파크를 하염없이 거닐면서 늦가을 마지막 순한 태양을 만끽하였다. 그리고 어느 벤치에 앉았다가 깜빡 졸았다. 그리고 다시 산책을 즐기다가 지하철역으로 가니 지갑이 없었다.

  센트럴파크는 넓어도 너무 넓었다. 공원경찰서에 가서 신고한 후 여러 조서를 쓰는 동안 확실히 안 것은 경찰도 찾아 줄 길이 없겠다는 것. 결국 포기하고 나니 내게 필요한 것은 딱 3달러 50센트 지하철비였다. 나는 가방을 뒤져 캐나다 돈 28달러를 찾았다. 그것으로 외부 보급이 올 때까지 환전을 해서 살아야 한다. 어느 가게 앞에서 일요일에 환전하는 곳을 물어보다가 한참 이야기를 나누었다. 그런데 맘씨 좋은 주인이 나에게 더 늦기 전에 브로드웨이로 가야 한다며, 차비를 주고 나머지 돈을 잃어버리지 않도록 조심하라는 당부까지 하였다. 이런 일을 당하면 문득 드는 생각은 나도 누군가에게 이것을 돌려줘야 할 것 같은 의무감. 고맙다는 말이 부족한 상황은 이런 경우이다.

  뉴욕 한복판에서 신용카드를 재발급받아 보려던 노력은 아무 소용이 없었다. 우리나라 은행 중 1위와 2위 은행의 뉴욕 지점은 일반 국민에게 아무짝에도 쓸모없는 물건에 불과했다. 그들은 일반 업무는 하지 않고 기업 업무만 한단다. 캐나다 신용카드를 재발급받아 보려고 시도도 해봤다. 그러나 내가 가지고 있는 캐나다 카드도 미국에서 재발급이 안된다고 했다. 결국 밴쿠버에 있는 조카가 은밀하고 위험하게 현금을 내게 부쳐주는 방법이 가장 유력해졌다. 그러나 그 돈이 도착하기까지 4일이 걸리며, 나는 일요일 환전비용 5달러를 제외한 23달러로 은행카드 재발급이 불가능함을 알 때까지 은행방문업무를 보고 있었다.

물론 각지의 성원도 답지했다. 내 사정을 안 호텔의 사람들이 무료 음식을 가르쳐주기도 하고, 도처에 있는 스타벅스는 설탕의 수급처이기도 하였다. 페이스북과 블로그에 나의 처량한 사정을 생생하게 올리니 서울에 있는 주변의 모든 사람들이 다양한 해결책을 제시하고, 도움을 주려고 하였다. 그러나 결정적인 도움은 신비하게 내려졌다. 나의 친구 김지나 선생님이 꿈을 꾸었는데 내가 배낭을 메고 자기도 모르는 자기의 집 앞에 앉아 있는 꿈이었단다. 꿈에서 깬 친구는 페이스북을 통해 나의 상태를 알게 되고 뉴욕에서 공부 중인 아들을 그림처럼 보내주었던 것이다. 정말 이런 일이 있나 싶을 정도로 호텔로 나를 찾아온 건실한 청년의 얼굴을 보고 어찌나 반가웠는지. 더구나 의젓한 친구의 아들은 나를 데리고 나가 밥도 사주고, 비상음식, 돈도 주고……. 정말 메시아처럼 뉴욕에 강림하였던 것이다. 그리고 마침내 5일째 되는 날 조카의 원조금이 도착했다. 정말 베토벤의 교향곡 환희가 하늘로부터 울려 퍼지는 순간이었다. 그날 다시 한 번 생각했다. 착하게 살자.

| **episode 3** | 그래서 **뉴욕**

  탐구생활과 모험생활의 전 과정을 마치고 나니 뉴욕의 열흘이 훌쩍 가버렸다. 뉴욕에 가면 누구나 가보는 몇몇 유명한 것들을 봐야 할 것 같은 생각이 드는 것은 그것을 추종하기 때문은 아니다. 허명과 허망이 넘치는 세상에 대한 호기심이 작동한 것이며, 누군가의 말처럼 호기심은 또 다른 삶의 자극이기 때문이다. 사실 해 아래 새로운 것이 없는 세상이지만, 누구에게나 뉴욕은 호기심의 대상이 되는 것 일게다.

  뉴욕에 가면 누구나 가는 곳이 자유의 여신상, 엠파이어스테이트 빌딩, 메트로폴리탄뮤지엄, 구겐하임미술관, 미국자연사박물관, 뉴욕현대미술관 등일 것이다. 여기에 5번가에 가서 명품 쇼핑 혹은 유수의 대기업의 본사구경도 한몫한다. 그러나 뭐니 뭐니 해도 브로드웨이 뮤지컬 관람이나 센트럴파크 구경, 월가 및 9·11테러 지역 방문은 매우 인상적인 장소가 아닐 수 없다. 영화나 책혹은 뉴스에서 본 그대로를 마치 영화나 책으로 들어와 혹은 뉴스에 접속해 있다는 착각도 매우 재미있는 놀이였다. 마치 뉴욕에서의 주인공놀이 같은 것이다. 5번가에서 얼굴을 가릴 만큼 큼직한 선글라스를 끼고 크루아상을 베어 무는 오드리 헵번을 연출해도 되고, 지하철 통풍구 위에 서서 발암물질이 많을 것으로 추측되는 바람을 맞는 매릴린 먼로를 연출해도 된다. 확실히 뉴욕의 거리를 걷다 보면 수많은 기념품 가게나 노상가판대에 가장 많이 걸려 있는 사진은 헵번과 먼로이다. 초상권에 문제가 있을 텐데 자본주의의 심장도 그러한 정도의 거래는 문제 삼지 않는 듯하다. 스타일이 전혀 다른 두 여배우와 함께 걸려 있는 사진은 언제나 근육과 박력의 상징 킹콩인데 이는 뉴욕의 상징 중 하나이다. 물론 킹콩을 연출하는 것은 쉽지 않은 일이지만 말이다.

  맨해튼에서 조금만 돌아다니다 보면, 화려함의 이면을 볼 수 있다. 그것이 각종 중고가게가 있는 지역이다. 뉴욕 곳곳에 많은 중고가게가 있다고 하는데 나는 남부 맨해튼의 17번가 주변에 있는 중고 가게들을 돌아다녀 보았다. 뉴욕의 물가가 상당히 비싼데 가난한 사람들은 어떻게 사는지 궁금하던 차에 중고

◀ 영화 〈티파니에서 아침을〉의 티파니 보석가게
▶ 킹콩의 곤봉 연기가 빛났던 엠파이어스테이트 빌딩

가게를 구경하고 나니 세상 어디나 부자들이 사는 방법과 가난한 사람들이 사는 방법은 다 있기 마련이라는 생각이 들었다. 사실 서구사회는 기독교적 금욕과 검약정신을 바탕으로 한 작은 소비와 재활용 정신이 아직도 많이 있다. 우리가 서구사회를 자본주의와 겹쳐서 이해하고 있을 때 그것을 찾아보기 어려울 따름이지 많은 서구인들이 돈을 쓰는 데 무척 꼼꼼하고 철저한 면이 있다. 그들의 눈에는 한국인이나 중국인들의 통 큰 씀씀이가 몹시 놀라울 따름이다. 나는 공공의 사회안전망을 만드는 데 주력해 온 캐나다 사회와 달리 소비가 미덕이라는 것을 강조해 온 미국은 훨씬 소비중심적인 사회이지 않을까 하는 생각을 해 왔다. 그런 면이 어느 정도 있겠지만, 맨해튼의 여기저기를 다녀보니 어느 사회나 다양한 얼굴을 가지고 있다는 생각이 든다. 맨해튼에 있는 그 많은 중고 가게에는 확실히 우리 사회에서 중고 가게를 찾기보다 쉬웠으며, 아주 일상적으로 이용되는 곳이라는 생각이 들었다. 오랜 여행으로 옷이나 신발의 교체가 필요한 내게는 더 없이 좋은 기회였다. 명품 브랜드는 아니지만 갭GAP 이나 바나나 리퍼블릭Banana Republic 같은 브랜드의 스웨터 등을 만 원 정도의 가격에 살 수 있는 가게가 도처에 있다는 것은 뉴욕 시민 경제에는 여러 층위 가 있다는 것을 보여주는 단면이다.

그렇지만 내게 신선하고도 즐거운 충격을 준 것은 메트로폴리탄뮤지엄과 뉴욕현대미술관 그리고 구겐하임미술관의 피카소 전이었다. 우리가 유명 예술품을 보면 그게 정말 멋져서 감탄하는지 아니면, 이미 만들어진 명성 때문에 감탄을 해야 할 것 같은지 헷갈릴 때가 있다. 심지어 명성에 비해 보잘것없을 때 우리는 좌절한다. '나야 예술을 모르지만……'

　예술품의 가치는 들인 재료의 비용이나 오래된 정도 혹은 희귀한 정도에 따라 다르기도 하지만, 한 번도 본 적이 없는 새로운 방식 혹은 첫 시도 등으로 각각 다르게 평가될 수 있다. 그렇기 때문에 모든 예술품은 단 하나의 가치로 평가될 수는 없다. 심지어 작품을 소유하고 있는 사람이 작가의 가치를 높이는 공작도 있기 때문이다. 그래서 정말 좋다는 작품에 실망하는 것은 아주 자연스러운 일이며, 나에게 아름답거나 의미 있는 예술품이 진짜 나의 애호품이 될 수 있다.

　그런데 나는 박물관과 미술관에서 명성 그대로 말려버렸다. 고흐의 작품 "스타링 나이트Staring Night"를 보고 감탄했다. 코발트색의 하늘이 그토록 요동치고 있는지 사진을 통해서는 느낄 수가 없었기 때문이다. 격동의 밤에 빛나는 별을 한동안 바라보면서 고흐의 명성이 허명이 아니라는 사실을 확인했다. 또 한 사람의 명성을 확인했다면 그것은 렘브란트였다. 나는 곰브리치Ernst H. J. Gombrich의 서양미술사를 통해 그가 그린 "현자상Aristotle with a bust of Homer"을 기억한다. 가장 지혜로운 사람의 얼굴을 그려달라는 부탁으로 그린 현자는 아리스토텔레스이며, 렘브란트는 얼굴에 빛을 부드럽게 퍼뜨리면서 그의 지혜와 지성을 표현하고자 했다는 설명에 깊게 공감한 적이 있었는데 정말 아리스토텔레스의 얼굴은 부드러우면서도 깊이 있는 얼굴이었다. 이것조차도 곰브리치의 설명으로 이미 길들여진 시각일지도 모르는 일이지만 말이다.

　구겐하임미술관은 아니었지만, 대개 뉴욕의 모든 박물관과 미술관에서 가장 인상적인 것은 사진 찍기를 허용하는 정책이었다. 나는 당연하고도 지당하게 사진을 찍으면 안 될 것 같아서 눈치를 보고 있는데, 여기저기서 사진을 찍

▲ 메트로폴리탄뮤지엄
▼ 렘브란트의 "현자상"의 얼굴 부분

어대는 소리에 깜짝 놀랐다. 하마터면 "여기서 사진 찍으면 안 됩니다" 하고 나댈 뻔했다. 그런데 가만히 보니 플래시만 터뜨리지 말라는 안내가 붙어 있는 게 아닌가. 갑자기 사진을 찍지 못하게 하는 박물관의 정책과 이들의 정책 사이에 심한 혼란이 일었다. 그리고 인류의 문화유산을 자유스럽게 감사하게 하는 그들의 태도, 자유로운 감상을 보장하게 하는 그들의 작품 보존 기술과 정책에 무한 감동을 받게 되었다. 그동안 내가 다닌 수많은 박물관이나 미술관에서 했던 작품의 손상을 우려한다는 말은 다 뭐란 말인가? 그곳은 그만 한 기술이 되지 않은지도 모를 일이지만, 저작권의 문제로 인해 사진 촬영을 금지시키는 것일지도 모를 일이다. 만일 저작권의 문제라면, 개별 예술가의 저작권을 지키면서 이를 공공의 재정으로 보존해 줄 필요가 있나 하는 생각이 든다.

◀ 뉴욕현대미술관의 고흐 작품
▶ 피카소의 작품을 찍는 관람객

뉴욕의
캐나다인

뉴욕은 전 세계 관광객이 모이는 곳이기에 정작 맨해튼에는 뉴요커가 별로 없다고 한다. 그러나 당연히 거짓말이다. 그것은 명동만 보고 서울에 서울 사람이 없고, 중국인만 넘친다고 말하는 것과 다를 바 없다. 관광객이 가장 많이 모이는 브로드웨이의 타임스스퀘어는 매우 정신이 없다. 여행을 떠나기 전 캐나다 친구들은 뉴욕이 정신없어서 곧 죽을 것처럼 말을 하곤 하는데, 복잡하고 사람으로 북적대는 것에 익숙한 한국인들에게는 그저 뉴욕의 풍경일 뿐이다.

타임스스퀘어에서 한국인들이 가장 인상 깊게 보는 장면이 무엇일까? 최근 가장 주가를 올리고 있는 〈라이언 킹〉이나 〈위키드〉 같은 뮤지컬의 간판? 아니면 세월이 지나도 여전히 무대에 올라가는 〈애비타〉나 〈애니〉 같은 뮤지컬 간판? 혹은 거리를 활보하는 예술가들의 모습? 동물 옷을 입고 허그 한번에 1달러에서 10달러까지 받는 거리의 허그꾼? 나는 절대 아니라고 생각한다. 적어도 한국인의 정서(자부심과 그것의 반대감정이 섞인)로 보았을 때 아마 타임스스퀘어 정면의 삼성과 현대 그리고 LG의 광고판이 아닐까.

늦은 근대화와 식민의 역사 그리고 모든 식민지국가가 겪은 분열의 트라우마는 한국에 깊은 내상을 안겼다. 그래서 우리나라 사람만큼 외국에 어떻게 보이는가가 중요한 사람들도 없는 듯하다. 남의 시선을 지나치게 개의치 않은 태도도 매우 문제가 있지만, 타인의 시선에 묶여 포박되는 것도 참으로 문제가 있다. 미국의 심장부 뉴욕 맨해튼의 타임스스퀘어를 장식한 현대와 삼성, LG가 나의 일상과 아무 관련이 없고 도리어 자국 시장의 많은 부를 쓸어가고 있는데 자신과 동일시하는 것은 참 과한 일이 아닐 수 없다. 모든 나라 사람들이 다소 그러한 경향을 가지고 있다고 해도 아마 우리나라 사람은 따라가기 어려울 듯하다.

1 브로드웨이의 뮤지컬 간판
2 길에서 허그를 하고 일당을 챙기는 인형 앵벌이
3 타임스스퀘어 한복판에 있는 현대와 삼성 광고판

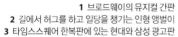

그러나 우리가 도저히 따라가기 어려운 것도 있다. 브로드웨이를 걷다가 우연히 마주친 아줌마들이 있었다. 나는 한눈에 그들이 캐나다인이라는 것을 알았다. 사람 좋게 생긴 얼굴로 길거리 카페에 앉아 있었던 그들에게 다가가 "당신들 캐나다 사람 맞지요?" 했다. 그러자 정말 한국 아줌마 같은 분위기의 세 분이 동시에 어떻게 알았냐고 탄성을 질렀다. 나는 "당신들 가슴에 꽃이 있잖아" 했다.

내가 뉴욕에서 그 아줌마들을 만났을 때가 11월 18일이었다. 11월 8일에 뉴욕을 왔으니 열흘이 지났을 때이다. 그 아줌마들은 세 분 다 가슴에 빨간-깜짝 놀랄 정도로 유치한 분위기를 가진- 꽃을 달고 있었다. 이것이 양귀비꽃이다. 캐나다인들은 10월 20여 일쯤되면 인구의 40%가 이 꽃을 달고 다닌다. 그것도 거의 한 달 가까이 달고 다니는 통에 이 꽃에 대해 알고 싶지 않아도 모를 수가 없다.

뉴욕의 노상 카페에서 차를 마시는 캐나다 아줌마들.
그들의 가슴에는 빨간 꽃이 있다.

길거리에서 만난 양귀비꽃

11월 11일은 캐나다의 현충일이다. 이날은 1차 대전 종전일인데, 어느 전투에서 캐나다군이 장렬히 싸우다 거의 전사했다고 했다. 그 지역에는 양귀비꽃이 만발했다고 해서 11월 11일 전후해서 많은 캐나다인들은 양귀비꽃을 가슴에 단다. 그리고 정말 그들은 캐나다의 이름으로 전사한 이들이 있기 때문에 캐나다가 있을 수 있다는 다소 초등학생 같은 말을 손발이 오그라들게 하는 것이다. 아주 진지하게 말이다. 대개 카페나 편의점에 플라스틱 양귀비꽃과 모금통을 두면, 원래 가격과 상관없이 5~20달러 정도 내고 산다. 일종의 기부인 것이다. 그래서 10월 초순에 시작하여 11월 중순을 넘긴 나의 여행길에서는 이

꽃을 아주 흔하게 보게 되었다. 위니펙 거리 스타벅스에 벗어놓은 외투에도, 퀘벡시티의 어느 식당에서 일하는 요리사의 가슴에도, 토론토의 지하철에서 졸고 있는 아저씨의 가슴에도 얹어진 것이다.

우리가 현충일에 추모 리본을 몇 명이나 달까? 도대체 우리의 공동체와 사회를 위해 헌신한 사람에 대한 사회적 합의가 있기는 할까? 나라를 위해 희생하였고, 그들의 행위가 결국 나라에 중요한 밑거름이 되었다는 이유로 많은 죽음이 현충원이나 망월동묘지에 묻혀 있다. 그러나 그것을 관통하는 우리 사회의 합의가 존재하는지 생각해 볼 문제이다. 망월동 묘지에서 "임을 위한 행진곡"을 부르면 큰 문제가 나는 것처럼 생각하는 것도 우습지만, 월남전 참전 병사들을 가벼이 모욕하는 것도 참으로 소아병적인 태도이다.

각설하고, 마침내 나는 뉴욕의 한복판에서 양귀비꽃을 달고 있는 아줌마들도 만났다. 양귀비꽃을 달고 있던 캐나다 동부 출신 아줌마들에게 양귀비꽃에 대해 아는 체를 하니 그들은 감동에 젖었다. 그러나 그들을 더 감동에 젖게 한 것은 내가 한국인이라는 것. 모든 캐나다인이 그런 것은 아니지만, 이들은 특별한 감정을 가지고 있었다. 그들은 꽃을 선물하고 싶다며 나에게 주었다. 이제 한국인이 그 꽃에 관심을 갖는 것에 왜 자부심을 갖는지를 말해야겠다.

국가가 성립된 지 200년도 되지 않은 캐나다는 역사상 네 번의 큰 전투에 직접 투입되었다. 남아프리카전, 1차, 2차 세계대전 그리고 한국전. 남아프리카전과 1차 세계대전은 영국군의 이름으로 출전하였다고 하는데, 2차 세계대전과 한국전은 바로 캐나다군의 이름으로 출전한 전쟁이었다. 그 이후에도 많은 전쟁에 캐나다군을 보내지만 전투에는 참여하지 않았다. 영화 〈호텔 르완다〉에서는 평화유지군으로 참전한 캐나다 장교를 연기한 닉 놀테가 양민들의 위험 속에서 수비할 뿐, 아무런 효과적인 작전을 펴지 못하는 대목이 나오는데 바로 이런 연유에 기인한다. 캐나다의 현충일에는 1차, 2차 세계대전과 한국전에서 전사하거나 부상당한 사람들에 대한 기념을 하곤 하는데, 아마 이때가 한국에 대해 가장 많이 이야기되는 기간일 것이다. 물론 외국인의 입장에서 한국

에 대해 가장 흥미로운 관심은 남북 간 긴장과 북한의 의외적인 행동이며, 캐나다 역시 크게 다르지 않다. 그러니 캐나다인으로서의 자부심이 높고 한국인을 별로 만난 적이 없어 보이는 캐나다 동부 아줌마들에게는 몹시 반갑고 뭔가 피드백으로 느꼈을 것이다.

사실 한국전에 가장 많은 희생자를 낸 나라는 당사국인 우리나라를 제외한다면 중국이며 그다음이 미국이다. 캐나다는 전쟁에서 상대적으로 소수의 인원이 희생되었다. 그러나 나라마다 그 희생을 기억하는 방식이 참으로 다르다. 캐나다 사회에서는 매우 높게 평가되고 있다. 나는 그것이 나라에 대한 자부심과 신뢰가 높기 때문이라고 생각한다. 자신들이 긍정하는 국가공동체를 유지하는 데 기여하거나 희생된 사람에 대해 기억하고 그들을 영웅으로 대접해 주는 그 동화 같은 문화가 있다. 비단 캐나다만은 아니겠지만, 전장의 언덕을 피로 물들인 캐나다군의 영웅적 행동을 기억하고자 하는 그들의 빨간 양귀비꽃에서 우리와 다른 애국심을 보게 된다. 무릇 애국심의 본질은 자부심이다. 민주주의와 인권이 존중되는 사회 더구나 정의로운 사회를 만들려는 자기 나라의 노력을 인정하고 더 나아가 다른 나라의 평화를 위해 노력하였다는 자부심, 그것이 그들이 가진 애국심의 본질이 아닐까.

대서양 뒤편으로 지는 해가 만드는 색깔이 정말 황홀하기만 하다.

　　캐나다 밴쿠버에서 시작한 나의 여행은 캐나다를 거쳐 마침내 뉴욕에서 종지부를 찍는다. 캐나다 횡단이라기보다는 북미횡단이 되어 버렸다. 사실 뉴욕도, 캐나다 대서양변도 가보지 못한 사람에게 더 끌리는 것은 뉴욕이다. 만일 내가 뉴욕을 다녀온 적이 있었다면 나는 별수를 써서라도 캐나다 대서양변행을 감행했을 것이다. 그래도 거대한 땅 아메리카를 횡단하였다는 자부심이 나를 기쁘게 했다. 좁은 중미 쪽으로 넘은 것이 아니라 아메리카 대륙의 어깻죽지를 건넌 것이다. 그러나 나에게는 또 하나의 과제가 있다. 대서양을 보는 것이다. 태평양에서 대서양까지라는 '간지'를 달성하고 싶은 마음도 있지만, 무엇보다도 나의 인생에 터닝 포인트를 찍고 싶은 마음이 있었다. 하긴 대서양 본다고 무슨 터닝 포인트를 찍는가마는 자기 결심을 어디에다 대고 의미 부여를 하면 좀 더 그럴 듯해 보이고 정말 하나의 계기가 될 수 있을 것 같기 때문이다. 무엇보다 나는 이제 열정보다는 지혜에 기대야 하는 나이를 바라보고 있기 때문이었다.

　　나의 마지막 뉴욕 일정은 자유의 여신상을 보는 배에서 마무리하였다. 자유의 여신상은 나에게 큰 의미가 없다. 더구나 허리케인의 영향으로 자유의 여신상에는 올라갈 수가 없었다. 배를 타고 그 주변을 휘~익 돌아보는 정도였다. 굳이 공들여 여행을 했으니 뭔가 건져야 한다는 강박은 큰 의미가 없다. 느끼는 것을 강제로 표현하고자 깊이를 버리는 것은 바보 같은 짓이며, 우리가 매일매일 느끼는 희로애락의 감정과 나의 문화 속에 안착되어 나의 정체성을 형성하는 것은 전혀 다른 것이기 때문이다. 나는 내 인생에 반란 같은 이 여행이 나의 내부에 안착되기를 바라는 마음이다.

　　그러나 내심 바라던 것이 있었다. 무엇보다도, 나의 성격과 습관이 가진 전근대적 흔적들을 흔들고 싶었다. 나는 뭔가 하려고 결정하면 대체로 하는 편이며, 중간에 이러저러한 핑계를 대는 것을 무척 싫어한다. 다소 정리되어 있는 것을 좋아하는 편이며, 포기하고 내려놓는 것을 잘 못하는 성격이다. 이것은 목적의식적이고, 일사분란한 것을 선호하며, 은근과 끈기로 끝을 보는 편이라고도 이야기할 수 있다. 적어도 내가 초 · 중 · 고교를 다니는 동안 권장되어 온 인간형이다. 나는 학창시절 이러한 인간형으로 길들여져 이러한 성격을 끈기 있게 지켜왔다. 그러나 이러한 인간형으로 맞추어진 경우, 언제나 옳고 그름을 가리고 싶어 하고, 머릿속에 있는 규정된 상像과 차이가 있는 다양한 것의 접근을 저어하기 마련이다. 또, 실현되기 어려운 하나의 이상理想에 매몰되기 십상이다. 우리 사회에는 나와 같은 사람들이 진보이든 보수이든 상당히 많이 살고 있다는 데 어려움이 있다. 그러나 우리가 사는 사회는 그렇게 단순하지도 않으며, 근대적 인간의 머릿속에 있는 것과는 다른 것이 매일매일 수도 없이 만들어지고 있다. 한마디로 세상의 패러다임이 달라지고 있다는 뜻이다. 캐나다에서의 일상은 그 많은 다른 것들이 어떻게 어우러지고 있는지를 확인하는 시간이었다. 다양함을 받아들이면 훨씬 넓어질 수 있다는 것이 내가 캐나다의 생활과 여행을 통해 배운 가장 중요하고도 귀한 교훈이었다. 책을 통해, 생각을 통해 이미 알고 익혀 왔지만 나의 삶과 생활은 받아들이지 않고 있었기에, 이번 여행이 나의 몸에 기억을 남기는 여행이 되기를 기대한 것이다.

◀ 자유의 여신상으로 가는 배를 타는 배터리 공원의 조각
▶ 가로등 전기를 쓰는 사람들

둘째, 캐나다라는 나라에서 부러운 점의 의미를 정리하고 싶었다. 우리 사회는 오랫동안 일본에 대한 부러움과 서구에 대한 열망을 가지고 있었다. 물론 열망하는 서구도 차이가 있다. 미국이나 영국과 같은 사회를 향하는 사람도 있지만, 핀란드나 노르웨이와 같은 북구유럽을 향하는 사람도 있다. 그러나 어떤 경우에도 그 사회의 여러 제도나 의식은 그 사회의 산물이며, 오랜 문화적 DNA가 만든 복잡한 공시적이며 통시적인 역학관계의 결과이다. 때문에 어떻게 열망해도 그것은 현상으로부터 미끄러지게 되어 있다. 캐나다도 부러움을 사는 나라 중 하나이다. 일단 아이들의 조기유학지로 혹은 어학연수지로 각광을 받는 곳이다. 이는 미국식의 영어를 쓰고 미국과 근접하다는 측면이 있지만, 안전하고 평화롭다는 이미지도 작용한다. 캐나다는 다문화주의 국가라서 다른 문화에 대해 상당히 개방적이라는 측면이 한층 신뢰감을 주고 있다. 더구나 다문화 이슈가 본격적으로 등장한 2005년 이후 캐나다에 대한 관심은 한층 높아졌다고 볼 수 있다. 그러나 이는 캐나다의 문화적·사회적 맥락을 이해하지 못하면 절대 접근하기 어려운 일이다. 현재 우리 사회도 다문화주의라는 용어를 쓰고 다문화정책을 입안하고 있지만 캐나다의 그것과는 전혀 다르다는 것만 봐도 명확한 것이다 나는 캐나다의 다문화주의를 이해하기 위해 역사와 문화적 내용, 일상의 방식을 찾아보고 싶었다. 그리고 내릴 수 있는 결론은 다문화주의가 옹호하는 다양성Diversity이라는 것은 보편성Universality과 짝을 이루어야 하는 것이며, 바로 민주주의와 인권, 사회 정의와 분배 등의 문제에 대한 국민적 합의 없이 진전되기는 어려운 일이라는 점이 보다 분명해졌다.

영화 〈원 위크〉는 모터사이클을 끌고 토론토에서 밴쿠버로 횡단했지만, 나는 그레이하운드를 타고 밴쿠버에서 퀘벡을 넘어 뉴욕까지 왔다. 그래서 '투 먼스Two months'. 그리고 다시 긴 여정을 시작한다.